BLACKIE
BOOKS

Editado por Tom Morris y Matt Morris

LOS SUPERHÉROES Y LA FILOSOFÍA

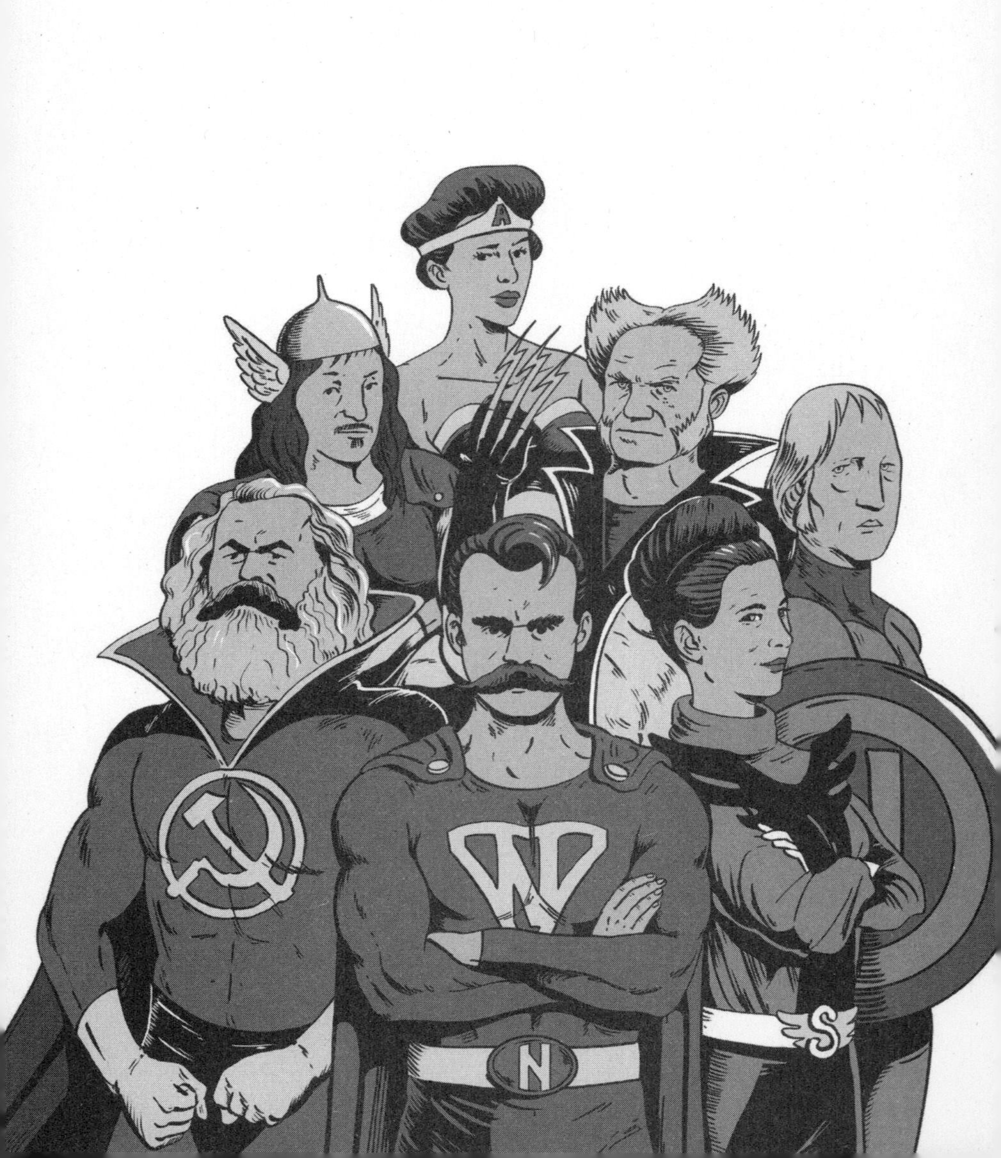

Del hogar del superhéroe

Aunque pueda parecer lo contrario, los superhéroes no pertenecen a la esfera de lo divino, sino a la de lo mundano. Son de papel, se crean en despachos y su historia es indisociable a la de los gigantes de la industria norteamericana del cómic: Marvel y DC Comics.

En el número 432 de la Cuarta Avenida de Manhattan nació un día de 1934 National Allied Publications, hogar de héroes como *Batman* y *Superman* y responsable de la cabecera *Detective Comics*, cuyas siglas formarían el nombre bajo el cual la compañía ha sobrevivido hasta hoy: DC Comics. A pocas manzanas de allí, en la calle 42, el empresario Martin Goodman supo captar la pujanza que experimentó el cómic durante las décadas de 1930 y 1940 (época conocida como 'la edad de oro del cómic') y fundó Timely Publications, años más tarde renombrada como Marvel Comics, como el título de la primera publicación que puso en el mercado. En la familia de Marvel no faltaron tampoco superhéroes de la talla de *X-Men*, *Los 4 Fantásticos* y *Spider-Man*.

Desde su nacimiento y hasta hoy, ambos sellos han mantenido un pulso por asegurar un futuro para la humanidad y ser objeto de la fascinación del público a través de sus personajes: DC hizo debutar a *Superman* en el número uno de *Action Comics* y a

Batman tan solo un año después en *Detective Comics*. En 1941, Marvel contraatacó la hegemonía de DC con la creación de Capitán América, que de manera inmediata se convirtió en una estrella del panorama. Durante la década siguiente, el cómic de superhéroes entró en crisis en detrimento de otros géneros como la ciencia ficción, el terror o el western, hasta 1960, año en que DC relanzó sus personajes de marras y Marvel, bajo la batuta del editor y guionista Stan Lee, dio vida a *Los 4 Fantásticos*, que rápidamente se posicionó en el número uno de ventas. Stan Lee será recordado por subvertir los roles del superhéroe tradicional: le despojó de divinidad y le dotó de humanidad. En 1962 y bajo esta premisa, Lee también ideó el personaje de *Spiderman* junto a Steve Ditko y sin el beneplácito del director de Marvel, Goodman, a quien la idea le pareció pésima: según él, todo el mundo detestaba las arañas. Por suerte para sus seguidores, su indiscutible éxito posterior acabó por demostrar lo contrario. Por si quedaba alguna duda de dónde se sitúan las fronteras del país de los superhéroes, desde 1981 la denominación *Super Hero* se convirtió una marca registrada, compartida por DC y Marvel. Y así sigue siendo.

Editado por Tom Morris y Matt Morris

LOS SUPERHÉROES Y LA FILOSOFÍA

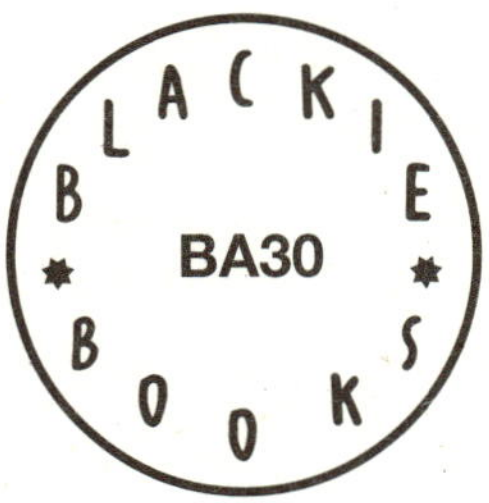

Traducción de Cecilia Belza y Gonzalo García

Título original: *Superheroes and Philosophy*

Diseño de colección y cubierta: Setanta
www.setanta.es
© de la ilustración de cubierta: Cristóbal Fortúnez

© del texto: Carus Publishing Company
© de la traducción: Cecilia Belza y Gonzalo García
© de la edición: Blackie Books S.L.U.
Calle Església, 4-10
08024 Barcelona
www.blackiebooks.org
info@blackiebooks.org

Maquetación: David Anglès
Impresión: Liberdúplex
Impreso en España

Primera edición en esta colección: diciembre de 2022
ISBN: 978-84-19172-46-4
Depósito legal: B 8832-2022

Índice

Segunda parte
El mundo existencial del superhéroe

Hombres con mallas brillantes entablan combates volantes, raudos e impresionantes, ¡y también algunas mujeres extraordinarias, claro está!

¡Miren! ¡Allí arriba, en la pantalla! ¡O por allá, en la estantería! Es un superhéroe, superhéroes a porrillo, superhéroes por cientos. ¡Santa cultura pop! ¿Qué está pasando aquí?

El país entero se está enterando del secreto que había mantenido con vida, durante muchos años, un pequeño núcleo de aficionados a los cómics: las historietas clásicas de superhéroes —que continúan creando algunos de los mejores escritores y artistas de nuestro tiempo— pueden ser extraordinariamente divertidas y emocionantes, mantenernos en suspenso o incluso movernos a reflexionar con hondura. Al igual que Platón y Aristóteles, Superman y Batman han llegado para quedarse. También Spider-Man, Daredevil, Los 4 Fantásticos y la Patrulla X, entre muchos otros héroes míticos con mallas.*

* La traducción al castellano de los nombres de los superhéroes, como la de los títulos de sus obras, ha cambiado bastante a lo largo de los años. Algunos nombres, como el de Superman, no se han traducido casi nunca, pero los que hoy se publican como *X-Men* comenzaron siendo la *Patrulla X*. Por otro lado, la sucesión de editores y etapas editoriales hace que ni siquiera las traducciones castellanas existentes sean estables (además de ser difíciles de encontrar, en muchos casos). En los últimos años, apenas se traducen: los personajes tienden a mante-

Uno de los rasgos más llamativos que ha desarrollado la cultura pop actual es el poderoso resurgimiento del superhéroe enmascarado como icono cultural y de ocio. Un reciente artículo de prensa sobre este giro, que se distribuyó en periódicos de todo el país, comenzaba con una frase apabullante: «Vivimos en un mundo de cómic». La referencia globalizadora es apropiada: son muy pocos los personajes de ficción que, a lo largo de la historia, han obtenido un reconocimiento internacional ni remotamente similar al de Superman o Batman. Estos dos titanes de los cómics han servido de inspiración a otras obras de radio, televisión, cine y música desde que aparecieron por primera vez, a finales de la década de 1930. En casi cualquier rincón del mundo, y en algunas de las circunstancias más extraordinarias, puede verse a alguien que viste una camiseta de Batman o Superman. En la actualidad, muchos de sus colegas más jóvenes están ocupando lugares en la gran pantalla y algunos se están convirtiendo por sí solos en enormes franquicias cinematográficas y de promoción y comercialización de productos derivados. La primera película de Spider-Man sorprendió a la comunidad cinematográfica al obtener, en su primer fin de semana de exhibición en Estados Unidos, los mayores ingresos brutos de la historia en esta categoría. Y *Spider-Man 2* todavía rebasó esa marca en las taquillas mundiales. Se prevé que esta tendencia continuará en los años inmediatamente siguientes con secuelas,

---

ner su nombre inglés original e incluso, quizá a la estela del cine actual, se ven títulos sin traducir, como *Kingdom Come*, aun a pesar de que no se trata de una creación poética, sino de una simple cita del Padre nuestro, «Venga (a nosotros) tu reino». En consecuencia, en la traducción de este volumen se han primado los nombres y títulos ingleses, por ser los únicos con garantía de estabilidad y, en los casos que se han creído más o menos consolidados, conviven Wonder Woman y la Mujer Maravilla, Silver Surfer y Estela Plateada. En el índice alfabético final se hallarán las remisiones pertinentes. (*N. de los t.*)

lanzamientos muy esperados y nuevas películas centrados tanto en los superhéroes menos conocidos como en todos los iconos principales de este mundo.

Los superhéroes se han convertido en parte de nuestro lenguaje cultural. En la serie de televisión *Seinfeld*, tan popular, se reponen a menudo conversaciones de exhibición entre Jerry y George, a propósito de alguna trivialidad de los superhéroes. La sintonía de la popular comedia *Scrubs*, de la NBC, hace una referencia al paso a Superman. El rock, el rap y el pop contemporáneos abundan en alusiones a los seres que visten tejidos elásticos. Hay librerías especializadas en venta de cómics en todas las grandes ciudades, las zonas residenciales y los centros comerciales de la mayoría de poblaciones, que reúnen a un sorprendente despliegue de aficionados. Las grandes ferias del cómic que se celebran anualmente por todo el país, que antaño congregaban a unos centenares de participantes, han alcanzado asistencias de récord en los últimos años: en fechas recientes el salón de San Diego, buque insignia de estas ferias, gozó de la asistencia de unos ochenta y siete mil aficionados durante tres o cuatro días.*

Lo que resulta aún más importante es que entre los actuales aficionados a los superhéroes del cómic se cuentan algunos de los creadores de opinión y tendencias más destacados del momento; actores que arrasan en taquilla rivalizan por representar a sus superhéroes favoritos, novelistas respetados salpican sus narraciones con referencias a estos personajes y al menos un célebre director cinematográfico, el siempre ingenioso Kevin Smith, está escribiendo algunos cómics de superhéroes de notable popularidad.

---

* En lugares más próximos al lector, la 28.ª edición del Salón Internacional del Cómic de Barcelona se cerró con una afluencia total de unos cien mil visitantes, según datos del propio salón. (*N. de los t.*)

La filosofía en los relatos de superhéroes

Los cómics de superhéroes constituyen una de esas formas de arte originales de Estados Unidos que, como el jazz y el blues, *muscle cars* como el Mustang o el Challenger, o los dónuts Krispy Kreme, se han exportado por todo el mundo y han causado un impacto inconfundible en gran cantidad de culturas. Incluso el observador más despreocupado sabe que son relatos llenos de acción, aventuras, intriga y un trabajo artístico de primera. Pero lo que no se ha comprendido aún con la debida claridad es que también merecen una atención intelectual seria, porque nos presentan temas e ideas hondamente filosóficos y lo hacen de un modo fascinante. De veras. Sin bromas.

Los mejores cómics de superhéroes, además de resultar tremendamente entretenidos, introducen y desarrollan de forma vívida algunas de las cuestiones más importantes e interesantes a las que se enfrentan todos los seres humanos: cuestiones relativas a la ética, a la responsabilidad personal y social, la justicia, la delincuencia y el castigo, el pensamiento y las emociones humanas, la identidad personal, el alma, el concepto de destino, el sentido de nuestras vidas, cómo pensamos sobre la ciencia y la naturaleza, la función de la fe en nuestro turbulento mundo, la importancia de la amistad, el significado verdadero del amor, la naturaleza de una familia, virtudes clásicas como el coraje y otros muchos temas de relevancia. Ya es hora de que se reconozca el mérito de los mejores libros de cómic y se aprecie cómo, de maneras innovadoras e intrigantes, exponen estas inquietudes humanas tan profundas y lidian con ellas.

Los cómics de superhéroes clásicos y actuales, aunque ya gozan de una popularidad inmensa entre los jóvenes de hasta unos treinta y tantos años, merecen contar con un público aún más amplio de lectores adultos. La mayoría de adultos admitirá haber leído con placer las aventuras de los superhéroes en su juventud, pero ha permitido que otras formas de entretenimiento, junto con las exigencias de la educación formal, el trabajo y la vida de familia, arrinconen y expulsen de su vida esta experiencia distintiva. Es una tragedia estética moderna. Los cómics y las novelas gráficas ocupan un espacio artístico único, sin igual en el espectro de la narrativa de ficción. Al igual que el cine y los espectáculos de televisión, usan poderosamente la imaginería visual, pero al igual que las novelas y los relatos, nos permiten dictar el ritmo de nuestra experiencia como receptores. La trama de prosa y arte es potente y su vívida presentación de ideas puede resonar mucho después de haber cerrado sus vistosas páginas.

Las mejores historias de superhéroes tratan de temas con los que los seres humanos se han enfrentado siempre, pero algunos son cuestiones que todos deberemos encarar, de maneras llamativamente nuevas, en el futuro más inmediato. Si en nuestro mundo existieran de verdad personas con superpoderes extraordinarios, ¿cómo reaccionaríamos ante ellos?, ¿cómo creemos que afectarían a nuestra vida y actitudes? Hagámoslo aún más personal. Si usted, lector, se encontrara de pronto con unos poderes increíblemente aumentados, ¿qué haría?, ¿cómo reaccionaría si se le ofreciera la ocasión de alterar genéticamente a su bebé, en sus primeros estadios embrionarios, para potenciarlo de modo que fuera capaz de hacer el bien a una escala inédita... o causar daños terribles? La investigación genética y la nanotecnología quizá no tarden en despertar, en el mundo real, algunos temas centrales con los que los cómics de superhéroes han estado lidiando desde hace mucho tiempo. ¿Estamos acaso preparados, filosóficamente, para un futuro tan radicalmente potenciado? ¿Podemos encarar las decisiones a las que es probable que tengamos que hacer frente algún día? Tal vez nos convenga reflexionar con más detalle sobre las lecciones de los superhéroes.

Los autores que han contribuido con este volumen aprecian el poder de los superhéroes por dos razones: por su capacidad de deleitarnos y por su capacidad de hacernos pensar. En estas páginas el lector hallará algunos ensayos provocativos de algunos de los más brillantes aficionados al cómic que cabe encontrar en el mundo académico, así como aportaciones asombrosas de algunos de los mejores pensadores que cabe hallar en el mundo de los cómics. Profesores de filosofía, grandes editores de cómics, autores perspicaces, historiadores y aficionados se reúnen en el presente volumen para luchar con algunas de las más apremiantes cuestiones que despiertan tanto las páginas de los cómics como las películas de superhéroes más recientes. Confiamos en que estas incursiones en la filosofía de los superhéroes contribuirán a las reflexiones del lector, mientras disfruta de las aventuras de estos hombres y mujeres con mallas brillantes que entablan combates volantes, raudos e impresionantes.

Agradecimientos

Son muy numerosas las personas a las que los editores desean transmitir su agradecimiento por haber hecho posible este proyecto. Primero, queremos dar las gracias a la doctora Jennifer Baker por haber patrocinado el estudio de Matt sobre Aristóteles y Batman. En el mundo de los cómics, Chris Ryall, de IDW Publishing, editor y redactor en jefe, encarna el ideal platónico del rey filósofo. Nos ha ayudado a lo largo de todo el proyecto de múltiples maneras y se lo agradecemos extraordinariamente. Y Scott Tipton, «catedrático y emperador exaltado» de Comics 101 en el popular sitio web

MoviePoopShoot.com,* nos ha ayudado más de lo que somos capaces de recordar; por ejemplo, leyendo los borradores de los capítulos y trasladándonos sus comentarios con tal rapidez que, a su lado, Flash parece un caracol. Thomas, John, Jim y Mac, de Fanboy Comics, en Wilmington (Carolina del Norte), nos han ofrecido sus consejos de experto a cada paso del camino, indicándonos qué debíamos leer. Son enciclopedias andantes de lo esotérico y arcano en el mundo de los cómics. Nuestros guionistas de cómics, Jeph Loeb, Dennis O'Neil y Mark Waid, también nos han ayudado mucho más que con la simple aportación de artículos.

Queremos dar las gracias a Bill Irwin y al director de la editorial Open Court, David Ramsay Steele, por lanzar la gran serie de libros sobre cultura popular y filosofía en la que ha encontrado un hogar perfecto el presente volumen. Gracias igualmente a Troy Marzziotti, por leer algunos de nuestros borradores. Nuestra familia —Mary, Sara, la pequeña Gracie y los perros— ha sido muy comprensiva y nos ha dado todo su apoyo mientras nos librábamos de toda clase de tareas domésticas porque estábamos demasiado ocupados leyendo cómics.

Por último, queremos dar las gracias a todos los guionistas, ilustradores y editores, del pasado y de nuestros días, que han creado esta impresionante forma artística que resulta a un tiempo extremadamente entretenida y profundamente filosófica.

---

* En el momento de traducir estas páginas, MoviePoopShoot.com redirige hasta Asitecalledfred.com y Scott Tipton cuenta con página propia en Comics101.com. (*N. de los t.*)

Primera parte

La imagen del superhéroe

I

La auténtica verdad sobre Superman (y sobre todos nosotros)

Mark Waid

Superman, el abuelo de todos los superhéroes, es una institución cultural. Incluso la élite de los más aislados intelectuales ha recibido una exposición suficiente a la cultura popular como para conocer al Hombre de Acero y lo que representa: combate sin descanso por la verdad, la justicia y también, pasados tantos años, con el mismo entusiasmo y a pesar del hecho de que ya nadie lo puede definir, por el *American Way*, el modo de vida peculiar de Estados Unidos. En consecuencia, dentro de los productos que han nacido en la cultura occidental contemporánea, se erige en paladín de la generosidad y el altruismo. La afirmación moral más genuina que cabe hacer con respecto a Superman es que, ocurra lo que ocurra, siempre antepone la necesidad ajena a la propia.

Aunque, ¿en realidad, es así?

Se prepara una sorpresa

Hay quien adopta la astronomía o la entomología como estudio de su vida y es capaz de identificar la nebulosa magallánica más destacada del cosmos o el áfido menos visible del jardín. Otros consagran su tiempo y su energía a analizar y catalogar con un detalle insufrible cualquier cosa, desde los cuentos populares galeses a los resultados obtenidos por el equipo de béisbol de los Mets de Nueva York en 1969. Yo, desde que soy un niño, me he sentido fascinado por la mitología de Superman. Aunque no vivo de ese trabajo (o no exactamente), sí soy un gran especialista en él. Admito sin mayor problema que es un ámbito —por decirlo amablemente— muy «especializado», pero aunque mis otros intereses son muchos y variados, en este mundo no hay nada que haya ejercido sobre mí la misma fascinación que el Hombre de Acero.

En algún momento de mi adolescencia, emocionalmente tumultuosa, cuando más guía e inspiración necesitaba, hallé una figura paterna en Superman. Ficticio o no, el poder de su espíritu me salvó la vida —dicho sea casi literalmente— y, desde entonces, he hecho cuanto he podido para devolverle el favor invirtiendo en su leyenda. En el proceso, sin pretenderlo, me convertí en una de las autoridades más respetadas del mundo en lo que atañe al Último Hijo de Krypton. A lo largo de los años, me ha correspondido la dudosa distinción de ser el único hombre con vida que había leído todas las historias de Superman, había contemplado todos sus dibujos animados, programas de televisión y películas, había escuchado todas las adaptaciones radiofónicas y había desenterrado cuanto manuscrito inédito cabía hallar sobre él. Me he sumergido tan completamente en todos y cada uno de los aspectos del saber de Superman —absorbiendo por el camino minucias tales como el número de la Seguridad Social de Clark Kent o el nombre de soltera de la madre de su novia de infancia— que respondo habitualmente preguntas de fuentes tan variadas como la revista *Time*, The History Channel o los productores de la serie de televisión *Smallville*. Hasta no hace mucho, creía saberlo todo sobre Superman, conocerlo al dedillo. Me equivocaba.

La única pregunta que no pude responder

Hasta la primavera de 2002, hacía mucho tiempo que no me topaba con ninguna pregunta sobre Superman que no supiera responder. Esto cambió el día en que me plantearon una que, aunque era extraño, nunca se me había ocurrido: «¿Por qué hace lo que hace?».

El hombre que pronunció esas palabras y disfrutó contemplando cómo toda una vida de petulancia se evaporaba de mi rostro al ser incapaz de aportar una respuesta no era otro que Dan Didio, editor ejecutivo de DC Comics, la casa que publica las hazañas de Superman. De nuevo, quiero apuntar que ser experto en Superman no es el trabajo que me da de comer, pero sí constituye una actividad complementaria. En la mayor parte de mi vida adulta, he desarrollado una carrera razonablemente exitosa como autor de guiones de cómic y mi jefe se había acercado a proponerme la creación de una nueva serie de Superman que se llamaría *Superman: Birthright* («Superman: Legado») y con la que, en sus palabras, imaginaríamos de nuevo a Superman para el siglo XXI.[*] Comprensiblemente, deseaba averiguar qué pensaba yo sobre la motivación básica de Superman: ¿por qué hace Superman lo que hace?, ¿qué razones lo mueven?, ¿qué lo empuja a asumir el papel de defensor y protector de todo el mundo?, ¿por qué siempre, invariablemente, busca hacer lo correcto?

«Que por qué… —respondí, con una vacilación significativa—, pues porque hacer lo correcto es… es… es lo más correcto…»

«Te pago para que imagines algo mejor que eso», insistió mi jefe, y no le faltaba razón. Como yo había crecido con

---

[*] Mark Waid y Leinil Francis Yu, *Superman: Legado*, Planeta DeAgostini, Barcelona, 2006, trad. de Gonzalo Quesada. (*N. de los t.*)

Superman, como había dado por sentada su presencia ficcional, me hallaba recurriendo a una respuesta fácil, infantil e... instintiva. La verdad del asunto era que no tenía ni idea y, si tenía que aportar algo en la revitalización del impacto del personaje en un mundo posterior al 11 de septiembre... En fin, Superman merecía más que eso por mi parte.

Los superhéroes de cómic se crearon como una fantasía de poder adolescente y, en su raíz, siempre lo han sido. Tal como es propio de las construcciones literarias, no hace falta que sean terriblemente complejos: con sus trajes de colores primarios, enfrentados a «villanos» chillones y amenazas hiperdramáticas que no se caracterizan por la sutileza, su objetivo es emocionar la imaginación de los niños con el mismo ardor y energía que los mitos y cuentos de hadas de antaño. Pero, para los chicos de hoy, con el ascenso de las estrellas y perfiles de Batman, Spider-Man y Lobezno (Wolverine), Superman ha ido perdiendo cada vez más relevancia. Como fuerza de la cultura pop, obtuvo su impacto más intenso hace casi medio siglo y, en la actualidad, hay generaciones enteras para las que Superman es tan significativo como el Pájaro Loco (Woody Woodpecker) o los personajes de *Amos 'n' Andy*. Uno podría hablar desde el punto de vista de un hombre de poco más de cuarenta años y dar por sentado, sin más, que los chicos de hoy no saben lo que es bueno, pero eso implicaría pasar por alto el hecho innegable de que el público de la Generación X y la Generación Y, al que me dirijo como escritor de cómics, percibe el mundo que lo rodea como mucho más peligroso, más injusto y más jodido de lo que jamás creyó mi generación. Para ellos (y, probablemente, con más acierto de lo que le gustaría creer al niño que hay en mí), el mundo es un lugar en el que siempre se impone el capitalismo sin freno, en el que los políticos siempre mienten, en el que los ídolos deportivos se drogan y pegan a sus mujeres y en el que una valla blanca es sospechosa porque esconde cosas muy negras.

Y Superman, el ultraconservador Gran Boy Scout Azul, protege activamente ese *statu quo*. No es de extrañar que haya perdido el lustre.

¿Qué relevancia puede tener un hombre que vuela y luce una capa roja para los niños que tienen que pasar, en su escuela, por un detector de metales? ¿Qué tiene un alienígena invulnerable de inspirador para jóvenes a los que se enseña que figuras morales visionarias e inspiradoras de la historia —de Bobby Kennedy a Martin Luther King o Mohandas Gandhi— obtuvieron la misma recompensa por su empeño: bala y entierro?[1] Los tiempos modernos han creado una nueva distancia entre Superman y el público al que se dirige, porque este no puede evitar preguntarse: «¿por qué?». Si este Hombre del Mañana —también conocido como Kal-El, el Último Hijo del planeta Krypton— creciera en el mundo de hoy, con una concepción del heroísmo aunque solo fuera remotamente similar a la de nuestros contemporáneos, ¿por qué causa iba a sopesar siquiera la idea de emprender el camino del altruismo? ¿Qué posible recompensa podría ofrecer el servicio público para un Superman que, si lo deseara, podría vivir ajeno al ojo público y el examen de los medios? ¿Qué ofrecería una carrera de dedicación plena al bien ajeno a un hombre que, cómoda y tranquilamente disfrazado con tejanos y camiseta, viviría estupendamente con solo extraer algún que otro diamante de un simple trozo de carbón? O, por decirlo en otras palabras, como se trata de un ser único que podría tener cuanto quisiera para sí mismo,

---

1. A Gandhi lo incineraron y sus cenizas, mezcladas con leche, se arrojaron sobre el río Ganges, como forma de entierro semejante al funeral marítimo, pero especialmente sagrada para los hindúes.

¿por qué iba a dedicar casi todo su tiempo a cuidar de los demás?

Sí. Lo sé. Resulta un poco extraño hacerse preguntas tan profundas sobre alguien que, ¡vaya!, *no es real*, pero ese es el trabajo de un escritor de cómics: dar vida a estos héroes de modo que los hagan creíbles y mantengan su relevancia. Yo estaba convencido de que podría hallar buenas respuestas si prestaba la debida atención al personaje; a condición, claro está, de que estuviera dispuesto a olvidar lo que me había costado toda una vida aprender. El gran filósofo Sócrates (469-399 a.C.) creía que la auténtica búsqueda de la sabiduría no empezaba hasta que no admitíamos que, en realidad, no sabemos nada. Solo entonces podemos aprender de verdad. Sócrates debería haber sido autor de cómics.

En buena parte, la posibilidad de narrar de nuevo el mito de Superman para un público moderno surgió al encontrar cierta distancia, al permitirme adoptar la perspectiva necesaria para separar sus elementos intemporales de los detalles que podían actualizarse. Así, por ejemplo, no había razón por la que el *Daily Planet* —que tradicionalmente había dado un empleo satisfactorio a Clark Kent— no pudiera ser un servicio de noticias a través de la Red, en lugar de un periódico impreso. Igualmente, en una época como la nuestra, mucho más consciente de la privacidad, la nueva narración del mito implicaba otro cambio: un hombre provisto de visión por rayos X y superoído tendría que ganarse la confianza de los ciudadanos de Metrópolis, antes que suponer que gozaba de ella de entrada. Aun así, la mayoría de las características que yo daba por sentadas resistió el examen. ¿Lo enviarían en cohete en la primera infancia, desde un planeta condenado que orbitaba en torno de una moribunda estrella roja? Sí, aunque ahora la nave espacial debería ir equipada con toda clase de artilugios de ocultación frente a detectores y sistemas de defensa como los de NORAD, el Mando de Defensa Aeroespacial de América del Norte. ¿Lo adoptaría una amable pareja de agricultores del Medio Oeste, que lo bautizaría como Clark Kent? Sin duda, pero yo quería que sus padres fueran más jóvenes y se implicaran más en la educación de Clark. ¿Se disfrazaría nuestro superhéroe como un ciudadano afable y poco llamativo? Desde luego. De hecho, este aspecto de su carácter, tras el nuevo examen, adquiría para mí un sentido más pleno que nunca. Por descontado, Kal-El querrá desarrollar un perfil muy discreto. ¿Cómo reaccionaría cualquiera de nosotros al descubrir, de pronto, que alguien al que creíamos conocer posee una fuerza monstruosa y es capaz de fundir nuestro coche con una simple mirada de enojo? Quien viera a este hombre usar sus poderes abiertamente se quedaría, sin duda, completamente patidifuso y no solo eso, también paranoico de forma retrospectiva. ¿Posee poderes sobrehumanos y los ha mantenido en secreto? ¡Pues vaya secreto más descomunal! ¿Y qué más nos habrá estado ocultando? Las posibilidades serían infinitas y algunas de ellas, siniestras.

¿Quién es él *en realidad*?

Sabemos la respuesta, como también la sabe Kal-El. Tiene recuerdos vagos, como ensoñaciones, de su mundo natal destruido, particularmente durante el anochecer, cuando le acomete una tristeza y una añoranza inexplicables mientras contempla cómo el sol se torna rojo en el horizonte. Y también cada vez que, en su identidad de Clark, tiene que renunciar educadamente a un partidillo de fútbol entre amigos, por temor a lisiar a sus oponentes con el simple contacto de la mano; cada vez que escucha la zambullida de un pingüino en la Antártida mientras intenta descansar en una playa de Hawai; cada vez que se entrega libremente a un momento de gozo ilimitado y, al mirar abajo, se encuentra en los aires, literalmente elevado sobre los humanos, en todas estas ocasiones recibe el mismo mensaje con toda claridad: él no es de por aquí. No es uno de los nuestros. Se crió entre nosotros, pero no pertenece a nuestra raza, sino que es el único superviviente de una raza muy distinta. Es un ser extraterrestre que, probablemente, en este mundo se encuentra más solo de lo que jamás se ha podido sentir nadie.

Esa es la clave.

La necesidad de sentirse integrado

El deseo básico de sentirse aceptado, integrado, parte de un grupo es un aspecto fundamental de la naturaleza humana. Según la definió el psicólogo Abraham Maslow (1908-1970), nuestra necesidad de conectar con los demás es esencial para el bienestar y solo son más prioritarias las necesidades fisiológicas (que, recordemos, apenas significan nada para Kal-El, cuya estructura celular obtiene el sustento no de una alimentación humana, sino de la energía solar) y la necesidad de supervivencia (instinto que también resultará ajeno, cabe pensar, a un hombre capaz de sobrevivir incluso a una explosión nuclear directa). Es razonable suponer que, a pesar de sus orígenes extraterrestres, Kal-El siente la misma necesidad básica de comunidad que comparten todos los seres humanos que lo rodean; de no haber sido así, lo más probable es que no se hubiera molestado en ser Clark Kent y trabajar de 9.00 a 17.00 sino que se habría limitado a huir volando para explorar el sistema solar y las distintas galaxias del universo.

A partir de este principio, comencé a examinar algunas teorías al respecto de cómo podría satisfacer Kal-El su necesidad comunitaria, pero la cuestión no cristalizó por entero en mi mente hasta que encontré el siguiente pasaje concreto, en internet, obra de una autora llamada Marianne Williamson:

Nuestro miedo más profundo no es el de resultar inadecuados; lo que nos causa un miedo más profundo es la idea de resultar inconmensurablemente poderosos. Es nuestra luz, y no nuestra oscuridad, lo que más nos asusta. Nos preguntamos a nosotros mismos: «¿quién soy yo para ser brillante, atractivo, genial, fabuloso?». Pero en realidad, ¿quién es usted para no serlo? Usted es una criatura de Dios. Actuar con timidez no sirve al mundo. No hay nada ilustrado en encogerse para que los demás no se sientan inseguros en torno de usted. Todos nosotros estamos concebidos para brillar, como hacen los niños. Nacemos para manifestar la gloria de Dios que hay en nosotros. No solo en algunos de nosotros sino en todos y cada uno de nosotros. Y cuando permitimos que nuestra propia luz brille, damos permiso a los demás, aun sin ser conscientes de ello, para hacer lo mismo. Cuando nos liberamos de nuestro propio miedo, nuestra presencia libera automáticamente a los demás.[2]

¿Cómo conecta Kal-El con el mundo que lo rodea? No lo hace dando la espalda a su herencia alienígena, aunque esa fue su reacción instintiva, desde luego, mientras crecía en una pequeña población. No, a la postre establece la conexión abrazando esa herencia, creando una nueva identidad para sí, como adulto, que es tan kryptoniana como Clark Kent es humano. Kal-El sabe, instintivamente, que solo cuando utiliza sus dones se siente vivo y comprometido de verdad. Solo cuando desarrolla su potencial al máximo, en lugar de ocultarse en espacios marginales por detrás de unas gafas sin graduación, puede participar de forma genuina en el mundo de su alrededor. Solo siendo un kryptoniano declarado puede

2. Marianne Williamson, *A Return to Love: Reflections on the Principles of A Course in Miracles*, Harper Collins, Nueva York, 1992. (Hay trad. esp.: *Volver al amor: reflexiones sobre los principios de «Un curso de milagros»*, Urano, Barcelona, 1993, reed. en 2007 en Books4pocket con un subtítulo ligeramente distinto.)

ser también un terráqueo exuberante y excelente. Cuando vive como quien realmente es, con la plena autenticidad de sus dones y su naturaleza, y además pone su fuerza distintiva al servicio de los demás, ocupa su lugar legítimo en la comunidad más amplia, a la que ahora pertenece genuinamente y donde puede sentirse realizado. No es coincidencia que, cuando el filósofo Aristóteles (384-322 a.C.) quería comprender las raíces de la felicidad, comenzara por analizar lo que exige vivir con la excelencia. Superman, a su manera, descubrió la misma relación.

Kal-El —pensaba yo, mientras empezaba a formular *Superman: Birthright*— apenas tendría vínculos reales con sus orígenes, pero con eso habría bastante. Sus padres naturales le habían legado dos artefactos que le acompañaron en el viaje planetario. El primero era un libro electrónico kryptoniano: una especie de tableta que narraba la historia de Krypton con ilustraciones semejantes a las de un cómic. Aunque el lenguaje de la crónica le resultaba extraño, a partir de las imágenes Kal-El pudo colegir que la suya era una raza de aventureros y exploradores, ansiosa por plantar una enseña que marcara la victoria de la supervivencia. Su raza de nacimiento, en definitiva, era la de un pueblo de grandes logros y hazañas. El segundo artefacto sería la propia enseña: una bandera roja y azul centrada en torno de un glifo alienígena que, si los kryptonianos hablaran alguna lengua de la Tierra, mostraría una semejanza (más que fortuita) con nuestra letra *S*. Una bandera indica siempre rasgos de distintividad, logro y orgullo. Arraiga a quien la abraza en un pasado y un pueblo, al tiempo que lo prepara para vivir en el presente y lanzarse hacia la perspectiva de un futuro lleno de sentido en el que importan la tradición, la dirección y el valor.

Basando su propio diseño en lo que sabía sobre las modas históricas de su «tribu» kryptoniana, Kal-El usó esa bandera y creó un traje vistoso que resonaría junto con su imagen y, sin embargo, sería exclusivamente suyo: un uniforme con capa que celebraba y honraba orgullosamente a su raza. Lo luce y se eleva por el cielo con arrojo, sin vergüenza, usando sus superpoderes para salvar vidas y mantener la paz. En su primera aparición pública, una compañera de oficio periodístico, Lois Lane, decidió que el símbolo estampado en el pecho de este héroe era una *S* de «Superman», el «superhombre», y el nombre triunfó, igual que la misión.

La gran paradoja

La paradoja resultante me cogió por sorpresa. Desde su creación, Superman ha sido un ejemplo magnífico para los lectores de todo el mundo, símbolo de la virtud del heroísmo altruista, pero lo había logrado actuando de acuerdo con su propio interés. Sin duda, Superman ayuda a los que están en peligro porque siente que es una obligación moral superior y, sin duda, lo hace porque sus instintos naturales y la educación recibida en el Medio Oeste lo empujan a realizar actos de moralidad, pero junto con este altruismo genuino hay un importante y sano elemento de conciencia de sí mismo y una capacidad envidiable y sorprendente, por su parte, de equilibrar las necesidades internas propias con las necesidades ajenas, y ello de un modo que beneficia a todo el mundo. Al ayudar a los demás, Superman se ayuda a sí mismo; al ayudarse a sí mismo, ayuda a los demás. Cuando acude en ayuda de los demás, está ejercitando sus poderes distintivos y cumpliendo con su destino auténtico. Esto, naturalmente, le beneficia. Cuando abraza su propia historia y naturaleza y se lanza a acometer el único conjunto de actividades que puede realizarlo y satisfacerlo de verdad, está ayudando a los demás. No tiene que adoptar una decisión ocultadora y excluyente entre las necesidades del individuo y las de la comunidad más amplia: aquí no hay contradicción entre el yo y la sociedad. Aun así, resulta un tanto paradójico, y lo es de un modo inspirador. Superman realiza plenamente su propia naturaleza, su propio destino, y el fruto de ello es que a muchos otros la vida les va igualmente mejor.

Este hombre posee una identidad secreta, sin duda, y es verdaderamente tan astuto que me ha tenido engañado desde que yo era un crío. Sin embargo, supongo que él no me intentaría disuadir de exponerla: Superman es la auténtica persona que acepta su ser más profundo, celebra su yo genuino y luego emplea todos sus poderes en el bien de los demás, así como de sí mismo.

Mucho después del punto en el que creí que no me quedaba nada por aprender de un simple héroe de mi infancia, Superman se me revela como una herramienta mediante la cual puedo analizar el equilibrio de altruismo e interés personal en mi propia vida; una lección tan valiosa, en todos los aspectos, como las que me enseñó hace ya muchos años. No me cabe duda de que está lidiando un combate verdaderamente interminable.

2

Héroes y superhéroes

Jeph Loeb y Tom Morris

Muchos guionistas, ilustradores y otras personas del negocio de los superhéroes hemos acometido esta labor tan interesante porque creemos que estos personajes encarnan nuestras esperanzas y nuestros miedos más profundos, así como nuestras aspiraciones más elevadas, y consideramos que nos pueden ayudar a lidiar con nuestras peores pesadillas. Exponen y desarrollan cuestiones a las que todos tendremos que enfrentarnos en el futuro y arrojan nueva luz sobre nuestra condición actual. Además, lo hacen de tal forma que nos transmiten un nuevo sentimiento de dirección y resolución en la vivencia de nuestras propias vidas.

Definición de *héroe* y *superhéroe*

Empecemos con una pregunta sencilla: ¿qué es un superhéroe?, ¿qué diferencia a un superhéroe de una persona normal? Bien, lo primero es que suelen tener un aspecto distinto. Algunos lucen capas y, desde los tiempos del conde Drácula, son muy pocas las personas que se han animado a pertrecharse de ese modo. Algunos de ellos tienen artilugios o aparatos fantásticos que guardan en cinturones especiales. Uno tiene garras de metal que salen despedidas de sus manos. Otro es muy verde y a nadie le gustaría hallarse cerca de él cuando está de mal humor. Abundan las mallas y lo elástico y suelen moverse muy por encima del suelo. Otro indicio evidente es un nombre compuesto (separado a veces por un guión) que termina con las palabras inglesas *man*, *woman*, *boy* o *girl*, según se trate de una chica, un chico, una mujer o un hombre. Por norma general, los superhéroes poseen poderes y capacidades muy superiores a las del resto de los mortales. En su relación con los seres humanos sin superpoderes, persiguen la justicia, defienden a los que están sin defensa, ayudan a los que no se pueden valer por sí mismos y derrotan al mal con la fuerza del bien.

Hay quien considera que el concepto de superhéroe es problemático. Si entendemos por «héroe» a una persona que arriesga la vida y su integridad física por mor de los demás e interpretamos que el prefijo *super-* indica la posesión de superpoderes, estas voces críticas alegan que, cuanto más *súper* sea el individuo, menos heroico (o heroica) será; y, a la inversa, cuanto más heroica resulta una persona, menos superior tiene que ser. El razonamiento es sencillo: cuanto más poderosa es una persona, menos arriesga al combatir el mal o ayudar a los demás. ¿Qué hay de heroico en detener a unos ladrones armados cuando tu piel es a prueba de balas y tu fortaleza es irresistible para cualquier matón de calle corriente o incluso extraordinario? Por otro lado, quien está siendo ciertamente heroico en sus acciones, debe ser porque tiene mucho que perder si las cosas se tuercen, algo que resulta imposible para quien posee los poderes característicos y distintivos de los superhéroes. Si se trata de un argumento acertado, en el peor de los casos, el concepto de superhéroe, en su idealismo extremo, es un oxímoron, esto es, una incoherencia literal, una contradicción en los términos. En el mejor de los casos, se colegiría que los únicos individuos superpoderosos que, pese a luchar contra el mal y trabajar por el bien ajeno, cabría considerar heroicos serían los que ocupaban las zonas más bajas del espectro de poder, esto es, los que poseen numerosas vulnerabilidades y poca protección. Superman, por ejemplo, no contaría como héroe en sus acciones normales, salvo quizá cuando se enfrenta a la kryptonita.

Por tentador que pueda parecer el razonamiento, se basa tan solo en una mera mala interpretación de lo heroico. Veamos qué dice un diccionario como el *Oxford English Dictionary*. La primera acepción nos remonta a la Antigüedad griega y se refiere a un hombre de cualidades sobrehumanas, favorecido por los dioses; la segunda acepción habla de un «guerrero ilustre», y la tercera —la que más nos interesa aquí— alude a un hombre admirado por sus logros y sus nobles cualidades.

Los logros, por sí solos, no bastan para distinguir a un héroe: esa persona también debe encarnar cualidades nobles. Consultemos igualmente la palabra *noble* y hallaremos conceptos como *preclaro, altruista, honroso, estimable*; se requiere un carácter o ideales excelsos, una moral elevada. El concepto de *héroe* es justamente una categoría moral. Así pues, la noción de un superhéroe no es oxímoron, ese concepto compuesto de dos elementos incompatibles: un ser plenamente invulnerable que pone en riesgo la vulnerabilidad personal (imposible, puesto que es invulnerable) por mor de un bien mayor. En realidad, la idea del superhéroe es muy distinta: se trata de una persona extraordinariamente poderosa, con debilidades (y no solo virtudes), cuyo carácter noble le guía a realizar acciones meritorias y valiosas.

Pero volvamos atrás por un momento y prestemos más atención a la noción esencial del héroe. Tanto en las obras de ficción como en el mundo real, abundan los héroes que carecen por completo de poderes extraordinarios. Entre los héroes que viven y trabajan a nuestro alrededor día a día se cuentan tanto hombres como mujeres, bomberos, policías, médicos, enfermeros, maestros. Quienes desarrollan tales trabajos logran, a menudo, alzarse por encima de la preocupación universal (y perfectamente natural) por el propio yo, con sus intereses, y consiguen poner a los demás por delante en su lista de prioridades. Luchan por la salud, la seguridad, la excelencia y el crecimiento humanos. Son guerreros de la vida cotidiana cuyos sacrificios y acciones nobles nos benefician a todos.

Sin embargo, no solemos considerar héroes a esas personas. ¡Y es una lástima! Sus contribuciones son tan habituales y tan comunes a nuestra experiencia que solemos pasar por alto, con demasiada celeridad, su carácter distintivo. Solo nos damos cuenta de su existencia y reconocemos su heroísmo cuando van mucho más allá del espacio de actuación normal y captan nuestra atención de un modo particularmente dramático. Pero solo con que comprendiéramos las cosas con más profundidad, veríamos que su actividad normal es a menudo dramática y ciertamente heroica. En una cultura en la que impera la actuación en interés propio y la pasividad autocomplaciente, en la que las personas solemos sentirnos más inclinadas a ser espectadores que participantes y por lo general preferimos la comodidad fácil a iniciar un cambio (por necesario que pueda resultar), podemos olvidar la relativa rareza de la motivación que hay detrás de lo que, sin duda, es una actividad verdaderamente heroica. Y el pensar que esas personas «lo hacen porque les gusta» nos tranquiliza, porque, de esa forma, «en realidad no son mejores que cualquiera de nosotros».

Uno de los problemas que J. Jonah Jameson, director del tabloide neoyorkino *Daily Bugle*, tiene con Spider-Man es que la simple existencia de un hombre que vive para los demás, que sacrifica aspectos importantes de su vida privada en un esfuerzo continuado por ayudar y salvar a personas que ni siquiera conoce, supone para todos los demás algo similar a una reprimenda constante: se nos estaría reprochando la inercia despreocupada y, en consecuencia, la complicidad, ante los numerosos males del mundo. En algunas historietas muy notables, la gente corriente recibe primero a los superhéroes como grandes salvadores, pero no tarda en dar su existencia por sentada y, a la postre, termina por resentirse ante el empeño heroico e infatigable de hacer lo que el resto de la población también tendría que estar haciendo. Los superhéroes no solo destacan por su vestimenta y poderes sino por su activa implicación altruista y su dedicación a lo bueno.

Una cuestión de interés al respecto es que podemos —y debemos— ampliar nuestro concepto de lo heroico más allá de las ocupaciones que requieren, de un modo evidente, asumir un peligro personal por el bien ajeno o que exigen un sacrificio económico al servicio de las necesidades sociales. Debemos comprender que una madre que decide quedarse en casa puede ser una heroína e igualmente pueden ser héroes un funcionario, un ingeniero, un músico o un artista. A quien sea que se alce en defensa de lo bueno y lo justo, y se enfrente a un conjunto de fuerzas capaces de derribar su empeño, podemos considerarlo heroico. Una persona puede desarrollar una lucha heroica contra el cáncer o cualquier otra enfermedad terrible. Un joven puede luchar heroicamente en pro de su propia educación, con todo en contra, incluidas las expectativas de quienes lo rodean. El heroísmo, en cuanto concepto, no debería quedar nunca disminuido por aplicarlo en exceso; al mismo tiempo, sin embargo, no lo comprenderemos adecuadamente hasta que no lo apliquemos en todos los casos en los que es adecuado hacerlo así.

Este punto de vista nos puede ayudar a resolver otra inquietud con respecto al término «superhéroe». Como la definición original del héroe en la cultura griega ya hablaba de rasgos sobrehumanos, propios de un semidiós, podríamos sentir la tentación de pensar que la palabra *superhéroe* incluye en sí misma una torpe redundancia. Pero como el concepto esencial del héroe se ha transformado a lo largo del tiempo, pasando de la idea antigua que implicaba algo semejante a los superpoderes a la idea más moderna que se centra sobre todo en los grandes logros y la nobleza moral, necesitamos un término que vuelva a incluir en la balanza el componente de los poderes extraordinarios. Así es como obtenemos nuestro concepto de superhéroe: se trata de un héroe con poderes sobrehumanos o, por lo menos, capacidades humanas desarrolladas hasta un nivel sobrehumano. Esto sitúa a Batman y a Flecha Verde (Green Arrow), entre otros, en la lucha a la que pertenecen por derecho propio. Pero el hecho de recordar el carácter *superior* no debe hacernos olvidar nunca el elemento *heroico*. En el desarrollo de la psicología superheroica por parte de los guionistas de cómics y cine existen límites. Como en cualquier ser humano, en un personaje puede haber oscuridad, tanta oscuridad como luz, pero esa oscuridad tiene que hallarse frenada, en último lugar, por lo bueno y lo noble o, de otro modo, abandonamos el reino de lo propiamente superheroico. En efecto, no necesariamente será un héroe el que se dedique a combatir la delincuencia con una máscara y, por ello mismo, no basta con los poderes sobrehumanos para ser un superhéroe.

Cómo ser un héroe

En la serie de Superman for All Seasons («Superman para todas las estaciones»),* era importante representar la verda-

---

* Jeph Loeb y Tim Sale, *Superman, las cuatro estaciones*, Norma, Barcelona, 2001, trad. de Ernest Riera; o *Superman para todas las estaciones*, Planeta DeAgostini, Barcelona, 2006, trad. de Gonzalo Quesada. (*N. de los t.*)

dera naturaleza de la decisión heroica que Clark Kent había adoptado, y debía seguir adoptando, con miras a ser el superhéroe que conocemos como Superman. Para ser de utilidad a cuanta más gente mejor, de entre los muchos que necesitaban su ayuda, debía abandonar el hogar familiar en el que se sentía querido, la ciudad en la que había crecido y la chica con la que compartía un lazo especial —y un secreto— y alejarse de allí, en solitario, para poder cumplir con su misión de servicio. Tuvo que hacer sacrificios reales. Cuando uno lo piensa con calma, el sacrificio —junto con la capacidad de sacrificarse— es algo similar a una virtud olvidada en nuestros tiempos. Como mínimo, seguro que no recibe la apreciación que merece. Tendemos a pensar en ello en términos casi completamente negativos, centrándonos en aquello a lo que se nos pide renunciar y perdiendo de vista el valor de los objetivos que no se pueden obtener sin sacrificio. Un sacrificio es siempre como una cuota inicial, la entrada de una compra, un coste preliminar. Resulta a un tiempo razonable y beneficioso cuando lo que se adquiere con ese coste es un bien mayor que no se puede obtener de otro modo.

Superman sacrifica mucho para poder emprender los actos heroicos que acomete. También lo hace Peter Parker para poder actuar como Spider-Man. Matt Murdock* cede sus noches, y buena parte de su tiempo libre, para proteger a los inocentes de Hell's Kitchen y otros lugares. Todo este sacrificio exige imponerse disciplina, una virtud también desconocida para muchos de nuestros contemporáneos, como ocurría con el citado sacrificio. En el arsenal de las cualidades humanas que es deseable poseer, ¿cuánta gente considera que la disciplina personal es algo bueno, valioso e importante? El

---

* Es decir, Daredevil. (*N. de los t.*)

poder, sin la autoimposición de disciplina, se malgasta o resulta peligroso. Esa autodisciplina es una forma de focalización que ayuda a hacer posible el bien mayor.

En el relato de *Superman for All Seasons*, Lois Lane se queda muy desconcertada por cómo alguien dotado con los poderes de Superman es capaz de usarlos del modo en que lo hace, un desconcierto comprensible por poco habitual. Cuanto más poder adquirimos, más ávidamente tendemos a contemplarnos a nosotros mismos y nuestros intereses. Pero es aquí donde los superhéroes destacan del resto: en el hecho de darse cuenta de que no hay forma de realizarse plenamente sin darse plenamente. Comprenden que si poseemos talentos y capacidades es para usarlos y que emplearlos para el bien ajeno —así como para el nuestro propio— es el mejor uso que les podemos dar.

El concepto de héroe es lo que los filósofos denominan un concepto *normativo*: no se limita a caracterizar lo que es sino que ofrece un atisbo de lo que debería ser. Alude a nosotros. Nos presenta algo a lo que aspirar en nuestras propias vidas. Los superhéroes ofrecen imágenes grandiosas, ficticias pero muy vívidas, de lo heroico y, a un tiempo, sirven de inspiración y valen como aspiración. Cuando se desarrollan adecuadamente y se retratan con calidad, nos dibujan algo a lo que deberíamos aspirar. Platón creía que el bien posee un atractivo inherente. Salvo que, debido a un bloqueo, seamos incapaces de verlo y de apreciarlo en su realidad, lo bueno nos arrastrará en su dirección, nos motivará y dirigirá nuestros pasos. Por eso el retrato de lo heroico, en los relatos de superhéroes, posee tanta fuerza moral. Desde nuestra infancia y sin perder necesariamente efecto en la edad adulta, los superhéroes pueden recordarnos la importancia de desarrollar disciplina o sacrificio, de invertir nuestras fuerzas en cosas buenas, nobles e importantes. Pueden ampliar nuestros horizontes mentales y servir de apoyo a nuestra determinación moral, al tiempo que nos entretienen.

Esto no necesariamente supone que los cómics de superhéroes sean, por su intención, de naturaleza instructiva o moralista. En ocasiones, son simple diversión. Pero se antoja muy razonable apuntar que los superhéroes llevan tanto tiempo en activo y continúan siendo tan populares, en parte, porque hablan a nuestra naturaleza, así como a nuestras aspiraciones e igualmente a nuestros miedos. Todos aspiramos a influir en lo que nos rodea, tener un efecto en el mundo y que nos reconozcan ese impacto. Los superhéroes mantienen viva esa llama en nuestro corazón cuando evaluamos su compromiso con la misión que los mueve y vemos cómo la viven. Pero sus historias también pueden hablar a nuestros miedos, de maneras no menos importantes.

El miedo y los relatos de superhéroes

Todos tememos sufrir: el sufrimiento es una parte más de nuestra naturaleza humana. Las historias de superhéroes retratan con vivacidad muchas formas de daño que podrían afectar a nuestras vidas. Los científicos locos, los políticos ansiosos de poder, los solitarios resentidos y con sentimiento de agravio, el crimen organizado, el terrorismo, los hombres de negocios que subordinan todo al beneficio económico, todo eso nos recuerda a muchas fuentes de peligro en nuestro mundo. Y, además, con frecuencia nos sentimos tanto fascinados como un poco inquietos por lo que pueda haber más allá de nuestro planeta, en otros lugares del universo. Y son numerosas las historias de superhéroes que añaden estos miedos. Los superhéroes nos muestran que podemos enfrentarnos con todos estos peligros y derrotarlos. Exhiben la fuerza del carácter y del arrojo frente a la adversidad. Y así, incluso cuando se trata de nuestros propios miedos, pueden servirnos de inspiración.

Todos tenemos que luchar contra la adversidad en nuestras vidas, lucha que puede ser desalentadora. A menudo sentimos el deseo de abandonar y buscar un camino más fácil, pero los superhéroes nos muestran que no hay nada que valga verdaderamente la pena y sea fácil. Incluso con los superpoderes, los superhéroes más notables no siempre terminan triunfando si no es gracias a lo que los filósofos denominan virtudes *clásicas*, junto con algunas neoclásicas, tales como la valentía, la persistencia, el trabajo en equipo y la creatividad. No aceptan la derrota. Nunca se rinden. Creen en sí mismos y en su causa y arriesgan todo por conseguir sus metas. Al mostrarnos cómo incluso los más poderosos tienen que esforzarse al máximo y sin descanso si desean triunfar, nos ayudan a lidiar con los miedos que a todos nos acosan en el trato con el mundo. Va a ser muy duro. Ya, muy bien, ¿y qué? ¡Podemos conseguirlo!

Entre los miedos que nos llaman la atención gracias a los relatos de superhéroes, hay aún otra clase de temor, menos obvio, pero quizá igual de importante. Muchos de nosotros sentimos miedo por no saber qué recursos deberemos emplear, quizá, para oponernos al mal de este mundo. ¿Acaso tendremos que recurrir a la fuerza y la violencia para contener o derrotar a las fuerzas que nos amenazan, a nosotros y a los que amamos? Los superhéroes lo hacen a menudo, pero hay una diferencia, pues ellos saben dónde trazar una línea de contención. ¿Sabremos hacerlo igualmente nosotros?

Muchos grandes filósofos han comprendido que los seres humanos somos criaturas de costumbres. En cuanto recurrimos a la violencia para resolver un problema, resulta ya un poco más probable que hagamos lo mismo en una ocasión futura, aunque quizá esa futura ocasión, en realidad, ya no lo requería tanto como la anterior. Tendemos a hacer lo que nos hemos acostumbrado a hacer y cualquier acto aislado puede ser el primer paso de una nueva costumbre. Si se nos envía a combatir en un país extranjero, ¿volveremos siendo personas más violentas?, ¿arruinará eso nuestras vidas?, ¿cambiaremos para siempre, y a peor? Se trata de un miedo muy real para cualquier persona bondadosa que viva en el mundo moderno.

Junto con nuestra tendencia a desarrollar hábitos, todos contamos con algo similar a un umbral de expectativas cada vez más elevado, que actúa en muchas dimensiones de nuestras vidas. Este fenómeno del umbral en alza es algo muy general. Así, cuanto más dinero gana uno, más dinero ansía ganar y más necesario le parece para una vida cómoda. Un vaso de vino con la comida puede crecer fácilmente hasta convertirse, con el tiempo, en dos vasos y luego en tres. El uso de la fuerza y la violencia funciona de la misma manera: lo que había sido completamente inaceptable puede pasar con prontitud a considerarse necesario (si bien desafortunado y lamentable) y, a la postre, entenderse como solución perfectamente válida. Así ocurre a medida que uno se va adentrando más profundamente en un territorio nuevo. Así se percibe igualmente en los tiempos de guerra, cuando las formas aceptadas de la violencia dan origen, con el tiempo, a terribles atrocidades. La buena gente acierta al sentir temor ante los efectos que el uso de la fuerza o la violencia puede causar en su propio espíritu. Si uno opta por resistirse al mal mediante la violencia, ¿cómo me afectará esa decisión? Al derrotar violentamente a la maldad, ¿no habré permitido, a fin de cuentas, que el mal se imponga en mi propia alma, aunque sea bajo una forma distinta?

Los superhéroes ofrecen ejemplos de buenas personas que son capaces de emplear la fuerza cuando es necesario —e incluso de emprender acciones violentas—, pero dentro de unos límites; capaces de derrotar y someter a un mal que de otro modo sería incontenible, pero sin permitir que la solución se descontrole y rebote en contra de su propio carácter, perjudicándolos y derrotándolos. Batman, Spider-Man y Daredevil, junto con Superman y muchos más, practican seriamente la autocontención y tienen cuidado de trazar una línea que no traspasan. Son capaces de combatir el mal sin caer en la perversidad. Al hacerlo así, se dirigen a nuestro temor generalizado a ser incapaces de lograrlo; nos muestran que, ante el mal, podemos hacer lo que debamos hacer, siempre que nos mantengamos en contacto —con toda firmeza— con nuestros motivos más nobles y nuestros valores más queridos. Esto no significa que no sea peligroso. Resulta muy peligroso. Pero aun así, el bien puede triunfar.

El ejemplo del superhéroe

Tanto si persigue a un carterista, frustra uno de los malvados planes de Lex Luthor o incluso desvía un asteroide que está a punto de chocar contra la Tierra, Superman es un ejemplo constante de a qué debería asemejarse un compromiso con la verdad, la justicia y no ya con el *American Way*, el «estilo de vida de Estados Unidos», sino más en general con la forma de vivir genuinamente humana. Muchos otros superhéroes nos demuestran lo mismo. Todos debemos ser activos en la creación de vidas buenas, para nosotros mismos y para las personas que nos rodean. Se espera de nosotros que nos preocupemos por el bienestar de nuestras comunidades y del ancho mundo. Hay que resistir el mal y podemos hacer mucho bien. La vida aguarda nuestras mejores aportaciones. Los superhéroes no trabajan solo por la gente que aprecia su empeño, sino a menudo para personas que los critican y vilipendian. No lo hacen por mor de la popularidad, sino porque es lo correcto.

Los superhéroes, evidentemente, son personas muy dotadas. En el mundo antiguo, un filósofo romano eminente y muy práctico, Séneca, dijo una vez: «A ningún varón con nobleza de espíritu le deleita lo vil y lo sórdido; la hermosura de lo grande le cautiva y le exalta».[1] Y así es en Superman y muchos otros héroes, pero de un modo u otro todos nosotros tenemos alguna clase de nobleza de espíritu, cada uno tiene su talento y poder peculiares. Si logramos seguir el modelo de los superhéroes —sin permitir que lo vil y lo sórdido interfiera con nuestro desarrollo y uso de tales dones—, podremos incorporar a nuestras vidas al menos una parte de la mentalidad superheroica.

El filósofo Séneca también nos dio un gran consejo al escribir:

Elige a aquel de quien te agradó la conducta, las palabras y su mismo semblante, espejo del alma; tenlo siempre presente o como protector, o como dechado. Precisamos de alguien, lo repito, al que ajustar como modelo nuestra propia forma de ser.[2]

E igualmente:

Hemos de escoger a un hombre virtuoso y tenerlo siempre ante nuestra consideración para vivir como si él nos observara y actuar en todo como si él nos viera.[3]

---

1. Citado por Tom Morris en su *The Stoic Art of Living*, Open Court, Chicago 2004, p. 21. (En castellano se cita por la traducción de Ismael Roca Meliá: *Epístolas morales a Lucilio*, Gredos, Madrid, 2001, libro IV, ep. XXXIX, 2.)

2. *The Stoic Art of Living*, p. 55. (*Epístolas morales*, libro I, ep. XI, 10.)

3. *The Stoic Art of Living*, p. 56. (*Epístolas morales*, libro I, ep. XI, 8.)

Muchos otros filósofos antiguos también nos instaban a hacerlo así. Y es muy eficaz. Como piedra de toque de nuestras decisiones y acciones podemos tener en mente la imagen de un buen padre o una buena madre, un hermano o hermana admirados, un gran maestro, un amigo o mentor mayor que nosotros de especial sabiduría o incluso un noble líder moral como Gandhi: ¿qué harían mi madre, o mi padre?, ¿actuaría yo tal como pensaba hacer si me estuvieran contemplando mi mejor maestro o mi esposa? Y, por extraño que pueda parecer, los mejores superhéroes pueden servirnos justamente para eso: son ejemplos morales. Superman puede resultar inspirador, Batman nos ayudará a continuar en el camino por duro y dificultoso que sea. Spider-Man nos puede ayudar a comprender que la voz de la conciencia siempre es más importante que la cacofonía de voces que nos rodea, que tal vez nos esté condenando, empequeñeciendo o, simplemente, desprecie lo que para nosotros es muy importante. Daredevil nos puede recordar que nuestras limitaciones no tienen por qué frenarnos, puesto que todos tenemos fuerzas ocultas a las que podemos recurrir cuando las circunstancias son especialmente desafiantes.

El camino heroico es, en ocasiones, solitario, pero siempre es el correcto. Si tenemos en mente la imagen de los superhéroes, quizá resulte más fácil ser fiel al camino moral más elevado, el único que a la postre nos satisfará. ¿Qué haría Superman? Pues haga usted su propia versión. El mundo siempre necesita a un héroe más.

3

Crimson Viper contra
el Meme Maníaco Metamórfico

Dennis O'Neil

Estás con la cabeza gacha, mirando al suelo, murmurando sobre Crimson Viper, la Víbora Carmín. Creo que sé lo que te molesta. El nuevo Viper da pena, farfullas; y yo suspiro y te pido que continúes, que me cuentes toda la historia, de pe a pa, aunque en realidad ya sé gran parte de lo que me dirás... Te mueres de ganas de contarlo... ¡Tienes que contárselo a alguien! Pero no te llevas bien con tu madre, has despachado al psicoterapeuta y yo estoy aquí, a mano.

El problema parece ser...

Lo que dices es lo siguiente: cuando eras un gran lector de cómics, en toda la escuela secundaria y buena parte de los estudios universitarios, tenías un superhéroe favorito, Crimson Viper. Y constituía una parte importante de tu vida. Entonces, la vida real te alejó de los cómics. Conociste a la persona a la que llamas *Ella*, compañera del alma y enemiga del alma, y te casaste con Ella y luchaste con Ella todas las noches y la mayoría de las mañanas, y al final te mudaste y, buscando consuelo, te acercaste a la librería especializada más cercana. Cuando viste que tenían un estante completo dedicado a

Crimson Viper, hiciste algo que llevabas meses sin hacer: sonreíste. Te fundiste una buena cantidad de dinero comprando todos los números atrasados que te faltaban, volviste a toda prisa hacia la (penosa) habitación en la que vives ahora, te arrojaste sobre el (piojoso) colchón, abriste un libro y... cinco minutos más tarde, lo arrojaste furioso contra la (sucia) pared. ¡Qué desastre, estaba todo *mal*! ¡Aquel no era *tu* Viper!

Y, ciertamente, no lo era. Viper había cambiado significativamente en los cuatro años que te habías mantenido alejado de él. Te sientes engañado. Ultrajado. Tan traicionado como cuando supiste la verdadera razón por la que Ella iba a visitar, día tras día, a su «hermana».

El problema es...

—Tu problema es —diría yo— que estás intentando hacer algo que Heráclito consideraba imposible.

Sigues mirando al suelo.

—¿Te acuerdas de aquel curso de verano al que asististe tras saber que aún necesitabas un crédito más para obtener el título? ¿Cómo se llamaba...? «Una mirada en profundidad a los grandes filósofos, de Parménides a Foucault.» Algo así era. Sea como fuere, ¿te acuerdas?

Levantas los ojos y asientes.

—Bien, entonces quizá recuerdes también haber leído algo sobre Heráclito, un griego, que vivió hace unos dos mil quinientos años.

Tu mirada me dice, con elocuencia, que ahora mismo pensar en Heráclito no se halla precisamente entre tus prioridades más urgentes. ¡En fin! Aun así, insisto.

—Heráclito dijo que no podemos bañarnos dos veces en el mismo río. Quería decir que las cosas fluyen sin interrupción. No es muy distinto de lo que afirman los físicos modernos.

No estoy seguro de haber atrapado tu atención, pero al menos no has vuelto a fijar la mirada en el asfalto.

—Bien, un tiempo antes de Heráclito, hacia 2900 a.C. —prosigo—, en China hubo un tipo llamado Fu Hsi que escribía el *I Ching*, conocido también como *Libro de los cambios*.

Quieres saber si es el mismo *I Ching* que usa tu primo, el *hippie*, para predecir el futuro (o eso imagina).

—Efectivamente, el mismo —confirmo—. Hay mucha gente, no solo *hippies*, que lo usan como oráculo. No tengo opinión sobre eso y, para ser sincero, tampoco me interesa. Lo que interesa aquí es una de las lecciones del libro, que enseña que las cosas y las situaciones cambian sin cesar. De hecho, el *I Ching* afirma que las cosas acaban convirtiéndose incluso en sus contrarios: el *yin* acaba siendo el *yang*, la oscuridad se torna luz, el calor se vuelve frío, la salud da paso a la enfermedad. El Partido Republicano de mediados del siglo XIX se convirtió en su contrario en el siglo XXI, al igual que hizo su partido rival, el Demócrata.

Tu lenguaje corporal me indica que te has incorporado a la conversación y oirás todo lo que quiero decirte, salvo que te aburra mortalmente. Así que desplazo el foco de atención de los antiguos sabios a un hombre que vivió en fechas muchísimo más recientes, aunque sin duda tampoco es un contemporáneo. Quisiera recordarte que Charles Darwin presentó al mundo el concepto de *evolución*, con el que hacía referencia al principio de cambio en el reino de la biología (plantas y animales).

—El nuevo Viper da pena —dices.

Yo me quedo sin habla... aunque, probablemente, tampoco te importa. Dime, ¿has escuchado algo de lo que te decía? *¿Algo?*

Déjame seguir intentándolo.

Solo el cambio es constante

Primero debes darte cuenta de que *todo*, todas y cada una de las cosas del universo, cambian si perduran. Esto es, si se mantienen durante un período de tiempo, cambian. ¿Recuerdas al bueno de Heráclito? ¿A Fu Hsi? Y aún hay que considerar que las aventuras de Crimson Viper se han venido publicando sin interrupción desde hace más de treinta años. Bien, pues, puede haber una docena de maneras de concebir a superhéroes como Crimson Viper, quizá incluso más, pero nos limitaremos a tan solo dos. Será en calidad de *arquetipos* y *memes*. Veo, por tu expresión confusa, que conviene aportar una definición. Muy bien, empezaremos por el arquetipo. (Presta atención, quizá haya un examen...)

Un «arquetipo» —según Carl Gustav Jung (1875-1961), que era un psicólogo de primera categoría— es un recuerdo heredado representado en la mente por un símbolo universal y observable en los sueños y los mitos. En otras palabras, se trata de una imagen fijada en nuestro ordenador mental.

Ahora consideremos de dónde proceden los cómics; no, mejor, toda la ficción. Aquí hablo históricamente, no psicológicamente; estoy preguntando, supongo, dónde se contaron las primeras historias. La respuesta se pierde en la antigüedad. Probablemente, sin embargo, los primeros relatos se oyeron entre los cazadores cansados reunidos en torno de un fuego. En cuanto a las primeras historias *documentadas*, habían adquirido forma teatral y se presentaron en los festivales de Dioniso, en Grecia, hacia 600 a.C. Esto significa que eran parte de la religión local, muy relacionada con la mitología. (A fin de cuentas, ¿a qué llamamos mitología, sino a la religión de los demás?) Las obras no cambiaban demasiado, por lo que sabemos, pero los mitos sí.

¿Mejor si pongo unos pocos ejemplos? Bien, probemos con estos. Hoy el concepto o el personaje de *Némesis* nos transmite ideas de castigo o perdición, que asociamos con los malvados, pero empezó siendo un concepto de equilibrio moral. Odiseo (Ulises) era un héroe para los griegos, pero los romanos lo despreciaban. Hades vestía dos sombreros: dios de la riqueza y dios de los muertos. Por acercar más el análisis a nuestra propia cultura, Satanás pasó de ser un dios de la inmortalidad entre los antiguos egipcios, a un juez, a un ángel de la luz y, por último, a la fuente de toda la corrupción y degeneración del mundo. El tipo que en origen era Santa Claus no era, desde luego, ningún adorable vejete elfo con renos y un trineo lleno de regalos. Son casos que abundan. Probablemente, en la biblioteca o en internet se podrán encontrar muchos más ejemplos.

¿Podemos ponernos de acuerdo en que los superhéroes de cómic son encarnaciones modernas de algunos de los arquetipos de los que hablaba el bueno del doctor Jung? Vaya, pensémoslo por un momento. ¿Acaso Superman no es una versión de Hércules y Sansón, pero al estilo de la literatura de ficción científica? No lo ves claro... Bien, déjame citar algo que dijo el creador del Hombre de Acero para describir cómo se inventó al *capista* más reconocido del mundo: «De pronto, lo veo claro: ¿Por qué no hacer un personaje como Sansón, Hércules y todos los forzudos de los que no he oído hablar jamás... solo que *más aún*?».

Sigamos por este camino. Flash da nueva forma a Mercurio, el mensajero de los dioses romanos. Wonder Woman, la Mujer Maravilla, se presenta como una de las tipas de peores pulgas de los mitos griegos, las amazonas. El personaje de Thor en Marvel Comics está extraído casi por entero de la mitología griega. Hawkman, el Hombre Halcón, muestra un parecido muy fuerte con una pareja de griegos míticos, Dédalo e Ícaro.

¿Convencido? ¡Pues sigamos! Ya nos hemos puesto de acuerdo en que los mitos cambiaban. George Lucas, el mandamás de *Star Wars*, lo describía con estas palabras:

> La mitología es una forma de narración que se cuenta y representa durante cientos de años antes de llegar a quedar inscrita en la arcilla de una tablilla antigua o escrita en un trozo de papel a partir del cual se codificará como texto fijado. Pero en origen se representaba para un grupo de personas de un modo en el cual la respuesta psicológica del público indicaría al narrador de qué manera debía proseguir. La mitología se creó a partir de lo que funcionaba emocionalmente como narración.

Así pues, en los días de antaño —de antaño *antañísimo*— hubo bardos o trovadores (o como quiera que se llamasen los artistas de la época) que iban de un lugar a otro narrando sus historias y cambiando el material a medida que veían qué complacía a las multitudes. Es así, probablemente, como actuaba Homero. (Aunque, por descontado, él debía de *oír* lo que les complacía, más que verlo. Pero la cosa funcionaba igual de bien.)

Hoy, las cosas son distintas... Mejor dicho, no son tan distintas, pero sí mucho más rápidas. La respuesta que podía obtener Homero de cada grupo de aldeanos a lo largo de los años, a nosotros nos llega en unas pocas semanas, si no antes. Los lectores, una de dos: leen tu cómic o no lo leen. Los espectadores de televisión ven tu espectáculo o no. La gente escucha tu disco o no, compra entradas para ver tu película o no. Lo mismo cabe decir de un videojuego, del parque de atracciones, de...

¿Va quedando claro, verdad? Al cabo de un par de meses, a lo sumo, un proveedor de productos de entretenimiento sabe si la idea ha cuajado o ha fracasado. Hablo de unos meses, a lo sumo, si espera a tener los datos económicos o los índices de audiencia. Si conecta el bendito ordenador, le bastará con visitar un sitio web adecuado para obtener una respuesta prácticamente inmediata. Y si lo que vende son cómics... ¡La respuesta puede ser muy, pero que muy vehemente!

Por supuesto, hay excepciones. A veces hay productos que no obtienen un éxito inmediato pero van encontrando clientes poco a poco, hasta acabar imponiéndose. Sin embargo, esto no es nada frecuente, no en el Estados Unidos del siglo XXI. Los días en los que un magnate de los medios de comunicación como William Randolph Hearst mantenía con vida una tira cómica como la de *Krazy Kat* por la sencilla razón de que a él, personalmente, le *gustaba*, han pasado en gran medida a la historia. En la mayoría de casos, un narrador oral se da cuenta con rapidez de si está llegando a su público y, si se le permite, comienza a realizar las modificaciones pertinentes.

El esquema del meme

Preguntas qué tiene que ver todo esto con Viper; en realidad, no preguntas nada, solo rezongas.

Para responderte, me temo que tendré que hablarte sobre lo que, según habíamos dicho, era otra manera de considerar a los superhéroes: como *memes*. Esto, por descontado, requiere de otra definición. ¡Aquí va, pues! Un meme, según la irreprochable autoridad del *Oxford English Dictionary*, es un elemento de una cultura que cabe considerar que se transmite por medios no genéticos, especialmente por imitación. Según Richard Dawkins, el tipo que inventó la palabreja, los memes (culturales) se comportan como los genes (biológicos): los memes son el paralelo cultural a la selección natural darwiniana. (Dicho esto, no extrañará saber que Dawkins es un genetista.) Al igual que los genes, los memes cambian cuando pasan de una generación a otra. Por un lado, un meme se propaga hacia el futuro porque atrapa algo que funciona, pero por otro lado, mientras se transmite, recibe nuevas presiones que lo hacen cambiar. Esto ocurre, en fin, por muchísimas razones. Los creadores tienen nuevas ideas o se ven *obligados* a desarrollar nuevas ideas porque un mercado hambriento les exige nuevas historias. (Sospecho que tal fue el caso de Jerry Siegel y Joe Shuster, los famosos creadores de Superman.) También ocurre que los creadores maduran y van empezando a concebir el mundo de otras maneras y esos cambios se reflejan sutilmente en su trabajo. O que nuevos creadores con sus nuevas ideas comienzan a trabajar con el personaje. O que otros creadores nuevos llegan a una síntesis refrescante de las ideas de sus predecesores. O que la popularidad de un personaje se está desvaneciendo y se introducen innovaciones para rescatarlo de la decadencia. O que a algún tipo de una enorme oficina acristalada próxima a la cumbre de un edificio de Manhattan se le cruzan las ideas y todo el mundo le dice que «vale, adelante» porque tienen facturas que pagar y el mercado de trabajo no está nada boyante. O que se cuece un brebaje de bruja con todo lo que antecede y... *voilà!*, se produce una transformación.

¿Ejemplos? Perfecto: algunos rápidos y sencillos. Superman pasó de ser más rápido que una bala, más fuerte que una locomotora y capaz de saltar por encima de un rascacielos de un solo brinco, a moverse a una velocidad próxima a la de la luz y apagar estrellas de un soplo, como si fueran velas de cumpleaños. Batman comenzó siendo uno de esos caballeros empeñados en la lucha contra la delincuencia, tan abundantes en la cultura pop de los años treinta y cuarenta del siglo pasado, pero luego fue adquiriendo otras características y se convirtió en figura paternal, policía, líder de la ciudadanía, comediante y vengador oscuro. Spider-Man empezó siendo un timorato y terminó perdiendo buena parte de este rasgo. Los 4 Fantásticos se hicieron con uniformes de superhéroe, pero en su primera aparición vestían ropa de calle. Hulk («La Masa») cambió de color, del gris al verde, y si en algunas ocasiones conservaba las maneras civilizadas cuando los malditos rayos gamma transformaban al amable Bruce Banner en un gigante saltador, en otras ocasiones parecía ser el tronco talla XXL del Ello desenfrenado. Flecha Verde comenzó su carrera como un Batman armado de saetas, pero acabó siendo un activista con arco, al par que su orientación política oscilaba de izquierda a derecha, según quién fuera el autor de los guiones. Otro ser del mismo color, Green Lantern (Linterna Verde), cambió incluso de persona: en los años cuarenta era un anunciante de radio, Alan Scott; en los años sesenta y setenta, era Hal Jordan, piloto de pruebas, mientras que actualmente es un artista *freelance*, Kyle Rayner... También está el caso de Nick Furia...

Pero ya veo que te agitas inquieto. Ya vale de ejemplos. Volvamos, pues, al argumento principal: si uno ha sido fiel al personaje que se transforma y los cambios se han producido de manera progresiva, no hay por qué sentirse terriblemente ofendido por ellos, sino que pueden parecernos naturales y orgánicos. En cambio, dejar a un héroe al que amamos y regresar para encontrarlo irreconocible... Bien, como podría haber dicho un ex presidente estadounidense: «Siento tu dolor».*

Si un personaje salta de un medio a otro, el proceso se puede acelerar. Así, cuando Superman pasó por primera vez de las páginas de cómic a las ondas de radio, poco después de

---

* «I feel your pain» fue una frase famosa de Bill Clinton. (*N. de los t.*)

1940, conoció a un joven compañero, Jimmy Olsen, y también algo capaz de abatirlo, la kryptonita. Así, aunque el personaje en sí se alteró poco al pasar a la radio, no cabe decir lo mismo del ambiente que lo rodeaba. Es probable que mucha gente conociera a Batman por sus varias encarnaciones en televisión —especialmente la versión, desbordante de acción y risa tonta, que protagonizaba Adam West— y, si luego cogieron los cómics, se encontraron con algo muy distinto: un tío pesimista, obsesionado y *oscuro*, que merodea entre las sombras, sin asomo de aquellos llamativos gritos y exclamaciones de la pantalla. El hombre-murciélago se transformó de cómico a vengador —el «Cruzado de la Capa»— porque, de pronto, ya nadie se divertía con aquella comedia, pero aún cabía obtener beneficios económicos de la franquicia de Batman. Cuando el Capitán Marvel pasó a la televisión del sábado por la mañana, ganó un compañero de viaje y mentor, un cincuentón bautizado con el pegadizo nombre de Mister Mentor, además de una vistosa autocaravana con la que recorría las carreteras secundarias de Carolina del Sur (otro caso más de alteración del medio de un personaje, para acomodarlo a los conceptos de sus nuevos jefes). Cuando Wonder Woman saltó al vídeo por primera vez... bueno, los aficionados a la Princesa Amazona apenas la reconocieron. (Me refiero a la película de televisión emitida por primera vez en 1974, protagonizada por Cathy Lee Crosby, no a la posterior versión de Lynda Carter, que era mucho mejor.) Sería fácil continuar con la lista... El cine entregó al Capitán América una pistola. La radio convirtió a la Sombra en invisible. La televisión redujo el elegante reactor de los Sky Kings a un modesto monomotor de hélice. Y etcétera.

Lo que queremos y lo que obtenemos

Parece razonable afirmar que todos estos cambios, tanto si se cargaban al personaje como si lo mejoraban sobremanera, causaron el pesar de alguien: todos los héroes de ficción son el favorito de *alguien* y, si el héroe era tu preferido cuando huías de clases aburridas, hermanos abusones o un cerdo cruel —como aquel de la clase de 7.º que te daba una colleja cada vez que el monitor del patio giraba la vista hacia otro lado—, es imposible no cogerle un cariño especial. El héroe era parte de la infancia, una parte incorrupta.

Hace unos pocos años tuve la ocasión de hablar de cómics ante una clase de una seria e importante universidad. En el acto de recepción posterior a la charla pregunté a un grupo de estudiantes de posgrado qué era lo que, en su opinión, buscaban los aficionados al cómic. Un joven de extraordinaria brillantez, Paul Dworkin, expuso esta opinión: los aficionados quieren que los escritores, ilustradores y editores preserven una parte de su infancia.

Creo que el señor Dworkin estaba en lo cierto, pero los creadores de cómics no pueden cumplir con este deseo de estabilidad de los aficionados, si no es reimprimiendo la misma historia mes tras mes, año tras año, década tras década, lo que sin duda aburriría incluso al más devoto y fanático de ellos y obligaría a buscar nueva diversión en otra parte. En cuanto se escriben nuevas historias, el meme-arquetipo evoluciona, por todas las razones ya indicadas. Y, en consecuencia, alguien se sentirá traicionado.

Se me acaba de ocurrir otra idea. Los cambios del río de Heráclito no son la única razón por la cual no podemos bañarnos en él dos veces. *Tú* eres otra razón: *tú* has cambiado. De acuerdo, la versión actual de Crimson Viper no es tu Crimson Viper, pero quizá tú tampoco eres el lector que fuiste. Has crecido, has envejecido, lo has pasado mal y tal vez lo que hace un tiempo te suponía una forma de huida y entretenimiento ha dejado de serlo para ti.

Y, además, ¿por qué iban a ser los héroes de cómic las únicas cosas que no cambian? Sitúa a Crimson Viper como una parte del vasto y atemporal baile del Ser, parte unida al cosmos entero y latiente: se hincha, se encoge, gira, se transforma sin cesar en Otro, en lo Siguiente, muere, renace, presenta infinidad de aspectos del Todo eterno...

—Aun así, da pena —concluyes.

4

Revisionismo de superhéroes
en *Watchmen* y *The Dark Knight Returns*

Aeon J. Skoble

Dos novelas gráficas como *Batman: The Dark Knight Returns* («El regreso del Caballero Oscuro») y *Watchmen* nos invitan a reconsiderar por completo cuál es nuestra concepción del superhéroe y a pensar de nuevo en algunos de los principios morales fundamentales en los que tradicionalmente se ha apoyado nuestra apreciación de los superhéroes. Así como la película *Unforgiven* («Sin perdón») se considera una especie de *western* revisionista, que presenta temas y personajes bastante familiares pero bajo una luz muy distinta, *The Dark Knight Returns*[1] realiza una labor de revisión al inventar de nuevo a dos de los superhéroes de cómic más antiguos; *Watchmen*[2] hace lo mismo al presentar un mundo superheroico completamente nuevo, acompañado de sus propios antecedentes.

---

1. Frank Miller, Klaus Janson y Lynn Varley, *The Dark Knight Returns*, DC Comics/Warner Books Nueva York, 1986. (*Batman, el regreso del Caballero Oscuro*, Planeta DeAgostini, Barcelona, 2006, trad. de Olga Marín.)

2. Alan Moore y Dave Gibbons, *Watchmen*, DC Comics/Warner Books, Nueva York, 1986. (*Watchmen*, Glénat, Barcelona, 1993, trad. de Alberto Coscarelli; Norma, Barcelona, 2000, trad. de Óscar Estefanía; Planeta DeAgostini, Barcelona, 2007, trad. de Raúl Sastre.)

Estas dos novelas gráficas han ejercido una influencia enorme en el modo en que se han presentado y concebido los superhéroes desde mediados y finales de los años ochenta del siglo pasado. De muchos elementos elaborados de los cómics actuales, que hoy se dan por sentados —la forma en la que se ocupan de los temas de justicia y venganza, la exploración de la ética de los justicieros independientes y la descripción de las reacciones ambivalentes o incluso hostiles hacia los superhéroes por parte del público en general, así como de los gobiernos—, se puede rastrear el origen hasta estas obras. Así pues, echemos un vistazo a algunos de los rasgos más importantes de esta nueva concepción del superhéroe.

Los *vigilantes* y la lucha contra el crimen

En cierto sentido, quienes combaten la delincuencia de forma independiente y con un disfraz o uniforme propio son *vigilantes* por definición, en el sentido que ha adquirido esta palabra española en el inglés moderno: se toman la justicia por su mano. En el mundo real, esto es algo que, en el mejor de los casos, se suele considerar problemático. Así, el influyente filósofo británico John Locke (1632-1704) expuso hace mucho, y de un modo muy convincente, que un elemento importante de las condiciones definitorias de la sociedad civil es que todos nosotros renunciemos al derecho a la venganza personal y lo deleguemos en un gobierno de formación legítima, que se ocupe de evaluar y dictar sentencia con objetividad.[3] Según esta teoría, lo que nos concede a to-

<hr>

3. Véase su *Second Treatise*, Cambridge University Press, Cambridge, 1960, capítulo VIII. (*Segundo tratado sobre el gobierno civil*, Alianza. Madrid, 1990, trad. de Carlos Mellizo; *Dos ensayos sobre el gobierno civil*, Espasa-Calpe, Madrid, 1991, trad. de Francisco Giménez Gracia.)

dos una mayor seguridad es delegar la persecución y el castigo de los delincuentes al aparato del estado. En esta concepción, está mal que yo intente atrapar o hacer pagar sus culpas a unos ladrones, puesto que esta es una función que se asigna, propiamente, al sistema judicial y las fuerzas policiales.

Sin embargo, hay excepciones. Por ejemplo, sí me puedo defender de un atacante y también podría acudir en ayuda de un tercero que está siendo agredido. No obstante, en la mayoría de las jurisdicciones, hay reglas y guías estrictas que rigen esta clase de «justicia personal» o «justicia privada» y, entre ellas, de manera típica, se incluye una norma que afirma que no puedo salirme del camino para buscar problemas y entonces defenderme de ellos. En la película de 1974 *Death Wish*,* el arquitecto Paul Kersey (interpretado por Charles Bronson) se defiende a sí mismo y defiende a otros frente a unos atacantes, de ello no hay duda: el problema de su conducta es que sale de noche a buscar a agresores a los que neutralizar.[4] De resultas de ello, la policía lo etiqueta de justiciero parapolicial. Pero esto es justamente lo que hacen los superhéroes: no se limitan a defenderse de una amenaza inminente sino que salen a cazar a los malos. En algunos guiones, por descontado, los superhéroes clásicos emprendían una acción meramente defensiva: cuando Galactus viene a destruir la Tierra, Los 4 Fantásticos luchan para impedírselo. Pero es más frecuente que los superhéroes actúen como una especie de fuerza auxiliar de la policía, sin autorización oficial; Paul Kersey lo hacía con una máscara y, habitualmente, se recurre a los superpoderes. En la mayor parte de la historia de los cómics, la condición moral de esta actitud de tomarse la justicia por la

* Traducida como *El justiciero de la ciudad*. (*N. de los t.*)

4. Su motivo inicial es responder a agresiones brutales contra su mujer y su hija, la primera de las cuales resultó fatal.

mano no se consideró un tema merecedor de verdadera atención: dábamos la bienvenida a esos seres superiores empeñados en la lucha contra el crimen y la delincuencia, los recibíamos con aplausos, nos alegraba ver cómo los malos recibían lo que se les venía encima. Pero en 1986, todo esto cambió.

En la historia original de Batman, de 1939, se nos contó que este superhéroe decidió dedicar su vida a combatir contra el crimen por el asesinato de sus padres. Como justiciero disfrazado era, por tanto, una fuerza parapolicial, pero aun así disfrutaba de una relación muy próxima con las autoridades locales, que no solo apreciaban su ayuda sino que llegaron a depender de ella. El relato publicado por Frank Miller en 1986, *Batman: The Dark Knight Returns*,[5] analiza explícitamente las cuestiones morales relativas a la actitud parapolicial de los superhéroes, al imaginar de nuevo la psicología de Batman, víctima de un trauma profundo con el asesinato de sus padres. Aquí Batman reconoce la naturaleza *vigilante* de su función como luchador enmascarado contra la delincuencia, al constatar ante un comité del Congreso: «Sin duda, somos criminales, siempre hemos sido criminales. Tenemos que ser criminales».[6] Por descontado, esto solo es cierto en un sentido teórico y Batman lo constata con intención irónica. Quiebra algunas de las leyes de Gotham para perseguir a los verdaderos delincuentes que están violando leyes más importantes y para proteger de tales criminales asesinos a los ciudadanos que respetan la ley. Así, Batman quebrantará la ley en la mis-

5. Quisiera mostrar igualmente mi enorme respeto por los artistas con los que los escritores colaboran para crear estas novelas gráficas: aquí Miller colabora con Klaus Janson y Lynn Varley, y el colaborador de Alan Moore en *Watchmen* fue Dave Gibbons. Sin el arte visual las historias resultarían mucho menos eficaces, pero en lo que respecta a este análisis, me centro en la trama, los temas y los diálogos, por lo que aquí solo haré referencia a Miller y Moore.

6. *The Dark Knight Returns*, libro 3, p. 31.

ma medida en que las leyes de los códigos protejan a los criminales e impidan la búsqueda real de la justicia.

En la nueva versión de Miller, Batman había disfrutado —tiempo atrás— de una relación próxima con la policía, pero se vio obligado a «retirarse» al advertirse la presión de la opinión pública contra los justicieros parapoliciales; al regresar, una década más tarde, pronto se encuentra con que el nuevo responsable policial emite una orden de arresto. Miller también muestra a algunos comentaristas de televisión y miembros de la sociedad en general que polemizan sobre la condición moral de la actitud justiciera de Batman. Hay quien lo considera un reaccionario peligroso —y, posiblemente, fascista—, mientras que otros los ven como un verdadero paladín de la justicia. Miller no vacila en satirizar la opinión experta del mundo académico, al mostrar a un reconocido psiquiatra criminal que expone que en realidad Batman es el culpable de los crímenes y delitos cometidos por Joker y Two-Face (Dos Caras).

La verdad, la justicia y el estilo americano

Por contraste, Miller hizo que Superman respondiera a las mismas presiones sociales y políticas que se alzan en contra de los *vigilantes* libres al convertirse en agente del gobierno empleado en secreto. El Superman de Miller comprende el resentimiento que sirve de acicate, al menos en parte, al movimiento antisuperheroico: «El resto de nosotros reconocía el peligro: la envidia sin fin de los no bendecidos ... No debemos recordarles que hay gigantes en la Tierra».[7]

Batman cree que Superman se ha dejado comprar, pero Superman considera que su decisión de trabajar para el go-

7. *The Dark Knight Returns*, libro 3, pp. 16-26.

bierno se justifica por una utilidad dirigida al bien mayor: «Les he dado mi obediencia y mi invisibilidad. Ellos me dieron una licencia y el dejarme en paz. No, no me gusta. Pero puedo salvar vidas... y la prensa no se mete».[8] Los dos reconocen que la naturaleza de sus peculiares actividades los deja «fuera de la ley», independientemente del hecho de que su motivación sea combatir la delincuencia y mantener a salvo a los inocentes. Para Superman, esto solo puede significar trabajar para el gobierno, más como si fuera un soldado en la guerra fría que en la «guerra contra el Crimen». Batman lo interpreta de un modo muy revelador:

> Tú siempre dices que sí, a quien veas con una insignia o con una *bandera* ... Nos has vendido, Clark. Les has dado el *poder* que debería haber sido *nuestro*. Justo lo que te habían enseñado tus padres. Mis padres me enseñaron *otra* lección: tirados en esta calle, agitados por la brutal conmoción... muriendo por nada... me enseñaron que el mundo solo tiene sentido cuando lo *obligas*.[9]

Para Batman, la presencia de una insignia o una bandera no resulta ni necesaria ni suficiente para la justicia. Las leyes pueden ser injustas, los políticos pueden ser corruptos y el sistema legal podría estar protegiendo en realidad a los malvados, pero nada de esto le impedirá cumplir con su misión. El superhéroe autónomo combate el crimen de tal forma que no permite que nada se interponga entre él y la meta de conseguir lo que él considera la auténtica justicia. ¿Por qué debería permitirse que unas estructuras sociales, aun siendo bienintencionadas, estorben la consecución de lo que es objetivamente correcto?

8. *The Dark Knight Returns*, libro 3, p. 35.
9. *The Dark Knight Returns*, libro 4, pp. 38-40.

Todo esto puede parecer razonable, hasta cierto punto, siempre que el justiciero haga el bien, pero sería mucho más problemático si esa actividad paralegal y parapolicial naciera de una percepción confusa del bien y el mal. Así, por ejemplo, el regreso de Batman inspira a algunos miembros de una numerosa y poderosa banda callejera, que él derrota, a convertirse en *vigilantes* contra el crimen —los «Hijos de Batman»—, pero ellos matan y mutilan de una forma mucho más indiscriminada de lo que jamás haría el superhéroe que les da nombre. En realidad, Batman siempre ha puesto mucho cuidado en no matar a sus adversarios y ha preferido entregar a los delincuentes a la policía, aunque algo tocados, con vida. Y se trata de una decisión que solo lamentará hacia el final de la historia, cuando cae en la cuenta de que, al no haber matado al Joker tiempo atrás, de alguna manera es responsable de los centenares de personas a las que el Joker ha matado después.

Aun a pesar de que Batman es un personaje dispuesto a quebrantar las normas, siempre ha sido cauto y mesurado en el uso de la violencia, se ha negado a cruzar ciertas líneas y solamente se ha ocupado de estorbar y capturar a los delincuentes. Aunque suele usar la violencia al servicio de una justicia básica y esto puede parecer apropiado para el contexto de sociópatas como las bandas callejeras o los cerebros homicidas entre los que se mueve, y aunque a cierto nivel esto puede resultar inmensamente inquietante, pone sobre la mesa la pregunta de quién es más honrado: el justiciero que comprende que para proteger a los inocentes en tales circunstancias es necesario llegar a un equilibrio entre dos ideales incompatibles o los que critican en público a los superhéroes por deplorar los métodos de protección social de los que ellos mismos han llegado a depender.

Todo un mundo nuevo

Al situar bajo una luz más clara la realidad de las dimensiones éticas de los justicieros y explorar el contexto psicológico subyacente en el cual actúan los superhéroes, la historia de Miller nos obliga a repensar nuestra concepción de Batman y Superman y, con ello, a someter a nuevo examen nuestras nociones relacionadas del bien y el mal.

Watchmen, la obra original de Alan Moore, publicada primero como número único y ahora como destacada novela gráfica,[10] también nos mueve a replantearnos nuestras actitudes e ideas morales fundamentales respecto del concepto de superhéroe, pero lo hace de otro modo, mediante una reimaginación más integral del mundo superheroico. En este caso, se nos ofrece una distancia crítica hacia el fenómeno, al presentársenos un mundo de ficción distinto. Ya no es el mundo de DC Comics, que cobija a Batman, Superman, Flecha Verde y el resto de miembros de la Liga de la Justicia; tampoco es el mundo de Marvel Comics, con Spider-Man, la Patrulla X y Los 4 Fantásticos; Moore crea una colección totalmente nueva y distinta de justicieros enmascarados y un único superhéroe netamente sobrehumano. El mundo del relato de Moore comienza planteando la cuestión de qué habría ocurrido si la publicación del primer cómic de *Superman*, en 1938, hubiera movido a personas de carne y hueso a convertirse en justicieros autónomos y enmascarados. Luego resume la historia de los cómics inventando una colección —una «Edad de Oro»— de superhéroes y varios *vigilantes* enmascarados, así como una generación posterior que habría seguido sus pasos. El relato de *Watchmen* los usa para ahondar tanto en la psicología como en las ramificaciones éticas y políticas de la justicia paralegal.

10. Véase la nota 5, más arriba.

Una de las maneras en las que *Watchmen* nos obliga a replantearnos los superhéroes es describiendo a varios justicieros enmascarados que, al menos hasta cierto punto, muestran problemas psicológicos. El personaje mooreano de Rorschach, por ejemplo, adolece del trauma de una infancia de abusos y, en muchos aspectos, ha desarrollado una inadaptación emocional y psicológica. La determinación de usar la violencia contra el crimen la pone en práctica de un modo implacable, pero su compromiso con la justicia parece genuino y nada vacilante. Mientras la antigua generación de los superhéroes de Moore se había inspirado en el personaje de cómic de Superman, Rorschach entra en acción por otro acontecimiento del mundo real: el asesinato de Kitty Genovese, ocurrido en 1964. Las noticias de prensa de la época revelaron con toda claridad que treinta y ocho testigos habían contemplado el hecho —la mujer fue apuñalada hasta morir en un espacio público de una ciudad—, pero no habían hecho absolutamente nada al respecto, ni siquiera llamar a la policía.[11]

En el mundo real, el advenimiento de los cómics de *Superman* no trajo consigo una oleada de justicieros enmascarados, como tampoco ocurrió tras la muerte de Kitty Genovese. Pero en *Watchmen*, las noticias del asesinato hicieron que el hombre que se convertiría en Rorschach sintiera «vergüenza de la humanidad» y lo movieron a ponerse una máscara grotesca, de manchurrones de tinta, «una cara que me resultara tolerable mirar en el espejo»[12] y, de esa guisa, salir a luchar contra el crimen. Un rasgo un tanto inquietante de la nueva narración de Moore es que mientras a las personas supuestamente «normales» que en la realidad fueron testigos

---

11. Martin Gansburg, «Thirty-Eight Who Saw Murder Didn't Call Police», *New York Times* (27 de marzo de 1964).
12. *Watchmen*, capítulo VI, p. 10.

del famoso asesinato no hicieron nada, a la única que emprendió la acción por ello y como respuesta inició una campaña de entrega a la lucha contra el crimen, bueno, precisamente a esa persona cualquiera de nosotros la consideraría profundamente perturbada y dañada.

A diferencia de Superman y Spider-Man, ni Rorschach ni Batman poseen ninguna clase de superpoder; sin embargo, ambos eligen dedicar sus vidas a combatir el crimen. ¿Qué son? ¿Son acaso «psicópatas movidos por la venganza» o quizá somos nosotros, los que retrocedemos ante ellos, los que deberíamos ser considerados iguales a los monstruos normales y corrientes del barrio de Kitty Genovese, cómplices del horror por la inacción absoluta? ¿O tal vez hay algo de cierto en las dos afirmaciones? Uno de los epígrafes de Moore es el famoso aforismo acuñado por el filósofo Friedrich Nietzsche (1844-1900): «Quien con monstruos lucha cuide de no convertirse a su vez en monstruo. Cuando miras largo tiempo a un abismo, también este mira dentro de ti».[13] Rorschach (o Batman), ¿ha prestado la debida atención a este consejo? ¿O quizá es más bien que los demás somos demasiado conservadores, estamos demasiado asustados o somos demasiado débiles para asumir un riesgo noble y encararnos contra los monstruos?

En contra de lo que afirmaba Locke, la actitud que parecía distintiva de los superhéroes constituye un derecho de todo el mundo: todos tenemos el derecho —si no incluso el deber— de luchar contra la delincuencia y el crimen y hacer cuanto esté en nuestra mano para buscar la justicia para nosotros y nuestras comunidades. Spider-Man comprendió, en

13. Epígrafe a *Watchmen*, capítulo VI, según Friedrich Nietzsche, *Beyond Good and Evil*, Vintage, Nueva York, 1989, p. 89. (*Más allá del bien y del mal*, Alianza, Madrid, 1972, aforismo 146.)

un pasaje famoso, que «un gran poder conlleva una gran responsabilidad»,[14] pero Rorschach nos demuestra que el «poder» de luchar contra el crimen es en gran medida una cuestión de voluntad, o de elección, lo que parece crear una responsabilidad mayor para todos nosotros.

Mis obras contemplad, oh, Poderosos[*]

Algunos de los otros personajes de Moore poseen más estabilidad psicológica que Rorschach. Tanto el Nite Owl (Búho Nocturno) original como su sucesor parecen plenamente sanos y emocionalmente equilibrados, al menos en la mayoría de aspectos; los mueve en apariencia el deseo sincero de ayudar a los demás y están convencidos de que su acción puede cambiar las cosas. Pero incluso el actual Nite Owl tiene sus secretos y quizá fetiches personales ligados a su forma de vestir. La mayoría de los justicieros enmascarados de *Watchmen* parecen ser psicológicamente insanos de un modo u otro. El Comediante es un bruto y un sádico. El Doctor Manhattan, con sus superpoderes, se halla tan distante del mundo humano que es incapaz de comprender nuestras emociones. Todos parecen tan dispuestos a pelearse entre sí como a perseguir a los criminales. Y Ozimandias, el hombre que se alza, de lejos, como el más inteligente de entre los *vigilantes* meramente humanos y, además, resulta ser extraordinariamente exitoso para el nivel mundano más habitual, a todas luces es una persona megalomaníaca, que adopta como modelo personal a imitar la figura de, ni más ni menos, Alejandro Magno.

---

14. Stan Lee y Steve Ditko, *Amazing Fantasy*, n.º 15, 1962.

* Cita del poema «Ozymandias», de P. B. Shelley: «My name is Ozymandias, king of kings. Look on my words, ye Mighty, and despair!». (*N. de los t.*)

El de Ozimandias es un caso particularmente interesante. Predice con exactitud que el mundo se dirige al holocausto nuclear y crea y luego ejecuta acertadamente un complejo plan para detener esta probable aniquilación de toda la vida. Emplea el talento de algunas de las personas más creativas del planeta, a las que mata cuando han completado su labor, para así mantener el secreto; organiza una falsa invasión alienígena de la ciudad de Nueva York, que implica una explosión que sabe que causará la muerte de millones de personas. Lo que espera es que la repentina aparición de un enemigo extraterrestre que amenaza la vida humana coaligue entre sí a todas las naciones de otro modo enfrentadas, en una colaboración pacífica contra este nuevo enemigo común. Antes de que puedan llegar a concluir que no existe tal amenaza del más allá, los nuevos hábitos de cooperación armónica habrán transformado la apariencia de la Tierra y desarrollado un entorno pacífico que, en adelante, servirá de apoyo a la realización y la felicidad humanas.

El plan concebido por Ozimandias tiene éxito, pero a costa de tres millones de vidas. ¿Es un loco? ¿Un malvado? Por un lado, fue capaz de analizar adecuadamente una amenaza creciente de guerra nuclear, encendida y exacerbada por las artimañas de la política internacional. Y, en cuanto a la solución radical que se ingenia para salvar el mundo y restaurar la paz, parece ser un éxito. Sin embargo, se trata de una solución que, en sí misma, provoca una repulsión extrema, pues implica matar intencionadamente a millones de personas y engañar a todas las demás. ¿Puede el fin justificar los medios?

Para la forma de pensar empleada por Ozimandias, incluso la muerte de un número mayor de personas podría justificarse en el nombre de salvar millones de millones de vidas y poner fin a las guerras entre naciones. Si esto engendra el «mundo más fuerte y amistoso» que él ha concebido, él está plenamente convencido de que es lo correcto, lo que debe hacer. ¿Qué cabe pensar de su acción? ¿Es solo tremendamente eficaz, completamente perturbada, tristemente necesaria o irremediablemente maligna? Son cuestiones que no podemos evitar y que nos devuelven a nuestra comprensión y concepción de los superhéroes.

Irónicamente, el «supermalo» de la historia de Moore resulta ser uno de los héroes públicos de vestimentas brillantes y, qué gran ironía, es precisamente el que ostenta una mayor popularidad entre la opinión pública en general: Ozimandias. Quien anteriormente fuera un héroe explica ahora con arrogancia a sus conmocionados compañeros de misión que su logro mayor, como héroes, no ha sido otro que la incapacidad de impedirle salvar el planeta. Estos ansían contarle al mundo sin demora la verdad de su «hazaña». Pero él razona y alega que, si lo hacen, eliminan el único beneficio que podría haber justificado todas las muertes y que la situación resultante sería mucho peor.

El juicio moral más serio sobre todos los demás héroes enmascarados de la lucha contra el crimen se produce cuando estos asienten ante el argumento y acuerdan continuar como cómplices del secreto de lo que ha emergido, para así no perturbar la frágil paz que este ha reportado. El único de ellos que cuenta con superpoderes (y es a la vez el único ajeno por completo a los sentimientos humanos), el Doctor Manhattan, parece quedar convencido de la lógica general que Ozimandias ha empleado para justificar sus acciones y, poco tiempo más tarde, abandona la Tierra, satisfecho en apariencia con la situación resultante. La única persona que se niega a unirse al grupo y guardar silencio sobre la estratagema es Rorschach. Él rechaza el razonamiento utilitarista aplicado de un modo que implica que puede ser bueno y correcto causar daños y padecimientos tan generalizados y la muerte de tantos inocentes, si de ello resulta un bien mayor. Así, Rorschach jura desvelar al mundo la auténtica verdad de lo que acaba de ocurrir y, antes de que el Doctor Manhattan lo mate para garantizar su silencio, exclama: «Acuerdos, nunca... El mal debe ser castigado».[15]

Las preguntas que se nos imponen no son tan solo si Ozimandias ha perdido el juicio o ha caído en el mal o ambas cosas. Nos vemos obligados a pensar si una persona que se hallara en su situación podría hacer lo correcto, en alguna circunstancia, al actuar como él. Esto nos sitúa necesariamente ante otra pregunta más: si a nosotros, que sentimos una repugnancia total frente a este modo de actuar, se nos podría culpar de ser demasiado débiles para emprender lo que requiere la salvación del planeta. Son un conjunto de preguntas interrelacionadas que cabe formular de varios modos. Este hombre, este superhéroe inteligente y popular, ¿se ha «convertido en un monstruo»[16] o es tan solo un salvador incomprendido? Rorschach, ese personaje irregular y desaliñado, ¿está siendo demasiado terco debido a su fijación obsesiva con lo que él considera es la justicia o tal vez tiene razón al rechazar la ética utilitaria que se ha empleado para racionalizar el asesinato de millones de personas? Moore requiere que nos planteemos estas preguntas y Miller nos hace revisar la naturaleza de los justicieros independientes: entre uno y otro, debemos enfrentarnos a cuestiones fundamentales de la ética, el derecho y la psicología, para analizar cómo concebimos a los superhéroes y, en última instancia, considerar cómo nos concebimos a nosotros mismos y nuestras funciones en el mundo.

---

15. *Watchmen*, capítulo XII, pp. 20-23.
16. De hecho, literalmente, creó un monstruo.

Reconsiderar el concepto de superhéroe

Son muchas las formas en las que *Watchmen* nos puede mover a reconsiderar de raíz el concepto de superhéroe: ¿se podría confiar alguna vez en alguien para que ocupara la posición de *vigilante* del mundo? En el empeño de salvar el mundo, o la mayor parte del mundo, una persona en la posición de un superhéroe, ¿puede sentir la tentación de hacer lo que, en sí mismo, es cierta y profundamente perverso, de modo que se derive un bien? La perspectiva olímpica, en la cual una persona se sitúa por encima de todas las demás, como juez que determina cómo y si estos deben vivir, ¿es una perspectiva buena y razonable para iniciar la acción en un mundo de incertidumbre?, es decir, ¿acaso cabría confiar que hiciera lo correcto para los seres individuales de nuestro mundo alguien cuyo poder, conocimiento y posición podría inclinarlo a sentirse grandiosamente preocupado por ese mundo? ¿O quizá es inevitable que la mentalidad salvadora resulte muy peligrosa, la adopte quien la adopte?

En muchas viñetas que serpentean por varias secciones de *Watchmen* se cuenta una extraña historia paralela sobre un hombre perdido en el mar que ansía vengarse de los piratas a los que considera responsables de la destrucción de su barco y las muertes de sus camaradas de a bordo. La historia se narra en los paneles de un cómic que está leyendo un joven sentado cerca de un quiosco, en Nueva York, mientras a su alrededor se desarrolla la acción más amplia de la verdadera narración. El autor no explicita nunca con claridad la conexión entre esta grotesca y estrafalaria historia de piratas y la narración principal de la novela, pero hay un punto de contacto obvio: el «héroe» de la leyenda marina, en el intento de impartir justicia, topa de lleno con lo que a menudo se denomina la «ley de las consecuencias no intencionadas» y, de esta forma, termina cometiendo males horribles, para su propia sorpresa, que perjudican a las mismas personas que deseaba ayudar o, por lo menos, vengar. El conocimiento que él creía suficiente para guiarlo en la búsqueda de una justicia propia y personal, fuera de los márgenes de la ley, terminó siendo un tejido de fantasía y falsedades que provocó una tragedia. Uno de los peligros principales a los que se enfrenta cualquier superhéroe consiste justamente en eso: las limitaciones de cualquier punto de vista en un mundo de inmensa complejidad, la inexactitud potencial de las creencias (incluso de las más cuidadosamente estudiadas) y la ley de las consecuencias no intencionadas pueden condenar fácilmente el esfuerzo de los *vigilantes*, convirtiendo en daños tremendos lo que pretendía ser la consecución de una justicia cósmica. Esto socava por completo el concepto mismo del superhéroe.

Poner en duda el concepto de superhéroe implica, en último lugar, cuestionarnos a nosotros mismos. La pregunta principal a este respecto no es la de si nosotros, como gente corriente, estaríamos preparados para hacer lo que un superhéroe quizá debería realizar en las circunstancias más extraordinarias; lo que importa es saber si estamos preparados, de hecho, para emprender todo cuanto está en nuestra mano —de manera ordinaria— para transformar nuestro mundo y lograr con ello que no necesite la salvación extraordinaria a manos de un superhéroe que actúa fuera de los límites de lo que, en general, nos parece moralmente aceptable. Contra el telón de fondo de algunas afirmaciones nihilistas y sombrías sobre el sentido del universo y de la vida, Alan Moore parece estar realizando una jugada clásica del existencialismo: arrojar la responsabilidad del sentido y la justicia sobre todos nosotros y mostrarnos qué puede ocurrir si abdicamos de tal responsabilidad y la cedemos bien a unos pocos, bien a cualquier persona que usurparía nuestro derecho (el de todos los demás) a decidir cómo se nos protege y se nos garantiza la seguridad. Independientemente de lo que opinemos del nihilismo, podemos tomarnos en serio esta lección. Si los seres humanos normales y corrientes hubieran estado haciendo lo que deberían haber hecho, con los límites de cualquier ser humano, una persona como Ozimandias no habría llegado a alcanzar nunca una posición que le permitiera pensar, razonablemente, que debía emprender acciones radicales para salvarnos de nosotros mismos. Porque nosotros mismos ya lo habríamos hecho...

¿Quién vigila a los vigilantes?

Un interesante rasgo compartido por *The Dark Knight Returns* y *Watchmen* es que, en ambos relatos, la opinión pública se ha vuelto en contra de los superhéroes y sus acciones se criminalizan de forma expresa, salvo cuando trabajan oficialmente para el gobierno. Al igual que el Superman de Miller, el Doctor Manhattan y el Comediante de Moore se integran en el estado, con lo cual se les permite intervenir como agentes paramilitares del gobierno; en cambio, a los demás, se los obliga a retirarse (si no habían abandonado ya). La única excepción es el marginal y periférico Rorschach, que continúa aterrorizando al submundo criminal, pero justo por eso, él mismo se convierte en criminal buscado. Tanto si adolecen de un desequilibrio emocional como si no, los justicieros enmascarados han elegido ayudar a la gente, aunque la opinión pública los rechace. El referente del título de Moore, y lema grafiteado habitualmente en la Nueva York de su relato, es un famoso verso del escritor antiguo Juvenal (*h.* 55 - *h.* 130): «¿Quién vigila a los vigilantes?».[17] Los justicieros enmascara-

---

17. «Quis custodiet ipsos custodies?», Juvenal, *Sátiras*, sátira VI, v. 347. («Ya escucho lo que hace rato me advertís, mis viejos amigos: "Enciérrala. No la dejes

dos —los «superhéroes», aquí— están, en cierto sentido, protegiendo a la gente de sí mismos, como indica el Comediante, y, a su vez, la gente no confía en ellos.[18] Este resentimiento de la población, ¿tiene su base en el miedo, como apunta el Comediante, o quizá su animosidad se basa en la envidia sugerida por Superman en *The Dark Knight Returns*? ¿Tal vez podría deberse a la culpa?

Los dos relatos también nos ponen sobre la mesa otra pregunta: ¿cómo sentiríamos menos temor hacia los superhéroes enmascarados: si actuaran como justicieros y *vigilantes* al margen de la autoridad oficialmente sancionada o si actuaran como agentes secretos del gobierno? En parte, de este revisionismo de la cuestión superheroica resulta imporante por la forma en que nos hace pensar sobre la naturaleza de la autoridad, igual que nos hace reflexionar sobre la ética de la justicia paralegal y la relación entre la ley y la moralidad. Sin duda, un criminal tiene más que temer si se enfrenta a Rorschach o a Batman que si lo persiguen Doctor Manhattan o Superman, aunque los enemigos políticos de Estados Unidos deberían sentir más miedo ante el último de ellos.

Un argumento coloquial contra los justicieros también se invoca a veces en contra del poder del propio gobierno: ¿cómo saber que uno tiene razón? Batman solo persigue a los que actúan mal, pero los Hijos de Batman cimientan peor tanto su pericia detectivesca como su ética. No obstante, el gobierno de Estados Unidos ordena que Superman ponga fin a las actividades de Batman y el Doctor Manhattan mata a Rorschach. La pregunta de «¿Quién vigila a los vigilantes?»

---

salir". ¿Pero quién me vigilará a los propios guardianes?», en la traducción de Manuel Balasch; Juvenal y Persio, *Sátiras*, Gredos, Madrid, 2001.)

18. El Comediante se lo dice a Nite Owl mientras actúan como antidisturbios de multitudes durante la huelga policial. *Watchmen*, capítulo II, p. 18.

es, por descontado, una cuestión esencial de la teoría política, que no se limita a los justicieros enmascarados, pero si las generaciones anteriores llegaron a comprender por vez primera la ética, la ley, el orden y la autoridad política gracias a los antiguos retratos de los superhéroes, el revisionismo superheroico de las obras de Moore y Miller nos obliga a reconsiderar también nuestra ética, los papeles que interpretamos en el mundo en general y nuestras concepciones del derecho, la ley y el orden social. Moore y Miller nos piden que miremos al interior del abismo y luego lo utilicemos como espejo en el que vernos a nosotros mismos con mayor claridad.[19]

19. Agradezco a Tom Morris sus numerosas y útiles sugerencias.

Segunda parte

El mundo existencial del superhéroe

5

Dios, el Diablo y Matt Murdock

Tom Morris

No abundan las referencias a Dios en los relatos superheroicos más conocidos. En estas historias casi nunca figuran actividades de tipo religioso: no vemos a Superman sentado en la iglesia ni a Bruce Wayne meditando sobre los pasajes de una *Batbiblia* en busca de guía e inspiración. Los 4 Fantásticos no organizan horas de rezo conjunto con miras a discernir qué dirección debe adoptar su labor. El mundo de los superhéroes es, en su mayor parte, un espacio muy laico. El único Predicador que ha destacado como personaje notable en el mundo de los cómics populares no es precisamente un ejemplo típico de una vida de fe.*

A algunos de los superhéroes, como Thor o Wonder Woman (la Mujer Maravilla), se los presenta como divinidades menores en sí mismas, pero apenas se hallan menciones, en los cómics principales, a un Creador, a ninguna clase de plan divino para la humanidad o incluso a una función específica para algo similar a una fe personal en Dios a lo largo de la

---

* Se trata de la serie *Preacher*, de Garth Ennis y Steve Dillon, publicada en origen por Vertigo (DC Comics) y traducida como *Predicador* por Norma en 1997. (*N. de los t.*)

vida de los personajes. Los cómics de superhéroes no incluyen las instituciones religiosas como parte del trasfondo normal de sus relatos y, por lo general, no representan a sus personajes como si estos tuvieran ninguna inquietud teológica de relevancia. Más bien ocurre como si toda esta faceta de la vida ordinaria no existiera.

Una de las pocas excepciones menores a esta generalización se refiere a la vida y la fe de Matt Murdock, al menos tal como se lo ha representado en unos pocos de los relatos más destacados de *Daredevil* a lo largo de los años. No se trata de que se muestre a Matt en un entorno normalmente religioso ni comprometido en actividades religiosas, pues en la mayoría de los casos, no ocurre así, pero hay pistas suficientes en la historia neoclásica del origen de Daredevil, según la concibió Frank Miller, y en muchos de los acontecimientos más interesantes de su vida posterior como justiciero enmascarado, sobre todo en las manos de un autor muy filosófico como Kevin Smith, que podemos emplear para formular algunas preguntas de interés sobre Daredevil como hombre de fe.

El hombre y su fe

Matt Murdock se crió en un barrio pobre acosado por la delincuencia: Hell's Kitchen, en la ciudad de Nueva York. Cuando conocemos al personaje, su padre es un boxeador profesional con la carrera acabada. Su madre falta de la casa y solo más adelante sabremos que, en algún momento muy temprano de la vida de Matt, abandonó a la familia. A la postre averiguamos también que, pasado el tiempo, se hizo monja. De ello cabe colegir, razonablemente, que en la vida familiar debía de haber alguna clase de trasfondo católico, de manera que cabe suponer que Matt aprendió al menos los rudimentos de la fe cristiana, quizá de su madre, antes de que dejara la casa, e igualmente de su padre. En uno de los relatos, la madre de Matt le dirá a su hijo, ya crecido y entregado a la lucha contra el crimen: «Sé que tu padre te crió en la fe. También sé, tras haber leído sobre tus dos vidas a lo largo de los años, que actúas en el bando de los justos. Eres un ángel, Matthew, no un miembro de la hueste celestial, desde luego, pero aun así, un servidor de Dios».[1]

Sin duda, Matt Murdock tiene dudas personales acerca de la religión, la divina providencia, el amor y el cuidado de un Creador benevolente y, en ocasiones, incluso de la misma existencia de alguna clase de Dios, pero son malas hierbas espirituales que parecen emerger aquí y allá en el terreno de un alma esencialmente religiosa. Las posteriores cavilaciones religiosas de Daredevil, sus rezos ocasionales y el uso de categorías y un lenguaje religiosos parecen reflejar, todos ellos, las sensibilidades de un hombre que había crecido en un hogar de religiosidad, al menos nominal, si no de fe genuina; en cambio, distan de exhibir los puntos de vista más elaborados y valientes de un adulto convertido a una concepción del mundo religiosa. Su fe es, a menudo, tácita, una parte profunda de su mentalidad, que parece ejercer cierta influencia sobre sus creencias, actitudes y acciones, pero de un modo sutil, pues no forma parte explícita de su pensamiento consciente y cotidiano. Además se trata de una faceta de Daredevil que, realmente, no vemos en los primeros años de sus aventuras. Empieza a salir a la luz con el poder narrativo de Frank Miller y, mucho más adelante, adquiere una hondura aún mayor en los relatos concebidos por Kevin Smith, director de cine y aficionado de por vida a los cómics. A partir de la imagen que van creando, resulta obvio que Matt Murdock es católico, aunque un católico que siente dudas y vive conflictos con frecuencia; también

1. *Guardian Devil*, n.º 4, «The Devil's Distaff».

resulta evidente que, de algún modo, esto es relevante para lo que hace en su calidad de superhéroe enmascarado, Daredevil.

Esto despierta varias preguntas filosóficas de interés. ¿Cuál es la relación entre una vida de fe religiosa y el hecho de creer tener una misión como *vigilante* enmascarado?* Una sensibilidad religiosa profunda, incluso una fe genuina, ¿ayuda a un superhéroe como Daredevil o quizá le resulta perjudicial? ¿La fe religiosa es una forma de fortaleza o es una causa de debilidad para una persona situada en su posición? ¿Es algo bueno o malo?

Hay un principio filosófico importante que expuse por primera vez hace ya muchos años en el libro *Making Sense of It All*;** se trata de una verdad cósmica crucial, que me gusta denominar «principio del doble poder»: en una situación típica, cuanto más poder tiene uno para bien, más tiene igualmente para mal, y viceversa; el modo de usarlo depende de nosotros. Se trata de un principio único y simple, que explica al mismo tiempo la promesa y la amenaza del poder nuclear, de toda clase de tecnologías (piénsese en internet, en la ingeniería genética, en la nanotecnología) y de la religión, entre muchas otras cosas. Todo ello posee un gran poder para el bien y un poder equivalente para el mal. Son muchas las personas que denuncian en voz alta la ingeniería genética o la religión institucionalizada, porque ambas tienen la potencialidad de ser una fuente de perjuicio enorme para la vida humana, pero el hecho de que algo pueda causar un gran perjuicio solo demuestra, de acuerdo con el principio del doble poder, que también puede ser fuente de un gran bien. Los resultados reales dependerán de nosotros.

* «Vigilante», en cursiva, se utiliza en el sentido de «justiciero paralegal» explicado en el capítulo 4. (*N. de los t.*)

** Thomas V. Morris, *Making sense of it all: Pascal and the meaning of life*, W. B. Eerdmans, Grand Rapids (Mich.), 1992. (*N. de los t.*)

Según el principio del doble poder, la función de la religión en la vida de una persona podría ir en cualquiera de las dos direcciones: podría ser origen de cosas buenas o malas, tal vez de un gran bien o un mal terrible. En relación con este punto de vista, podemos formular una pregunta filosófica aún más específica: ¿cuál podría ser la función de la fe religiosa tradicional en la vida de un superhéroe justiciero y enmascarado? Y, en concreto, ¿qué le supone a Daredevil el catolicismo: una fuente de fortaleza interior y de guía o quizá una causa de confusión y debilidad? ¿Le ayuda o le perjudica?

Son temas relacionados con una pregunta más general que los filósofos formulan y que también merece alguna reflexión: ¿la fe religiosa es en general una fuente de ceguera a las realidades más duras del mundo o quizá podría asemejarse más al sentido de radar de Daredevil y permitirnos, a cualquiera de nosotros, al menos la posibilidad de discernir realidades que otras personas que viven la vida sin tal fe podrían pasar por alto? ¿La fe es ciega, como Matt Murdock, o posee sus formas propias y distintivas de percepción, de nuevo como nuestro héroe? Esto determinará, en parte, si se trata de una fuente de fortaleza o de debilidad.

Pero antes de sumergirnos en preguntas que nos ayudarán a clarificar la función de la fe religiosa en la vida de Daredevil, deberíamos volver un paso atrás para resolver una cuestión preliminar. ¿Matt Murdock, o Daredevil, es realmente un hombre de fe genuina? Debemos trazar una distinción cuidadosa entre la religiosidad como forma externa, de comportamiento (y quizá también modelo interno, de pensamiento, que podría basarse tan solo en la costumbre o la superstición), y la fe auténtica, que es un compromiso interior mucho más hondo, una disposición del alma. En contra del tópico popular, no todo lo que parpa como un pato es un pato.

Al menos en los guiones más conocidos de Miller y Smith, Matt procede de un hogar donde hay una religiosidad nominal y alcanza la edad adulta sin abandonar una sensibilidad religiosa característica. En ocasiones piensa con términos propios de categorías religiosas. Habla con Dios, incluso cuando expresa dudas sobre su existencia. A veces hasta se lamenta ante Dios como hizo otro famoso guerrero y defensor de los oprimidos, el rey David, en los Salmos. «¿Por qué prosperan los malvados? ¿Por qué sufren los justos?».* Daredevil se duele por el mal del mundo —se lo toma personalmente— y deplora el dolor y el sufrimiento que han afectado a su propia vida. Parece ser sensible al mal de la misma manera en que una persona espiritual tiende a contemplarlo no solo como un hecho de la vida, desagradable pero inevitable, sino más bien como una especie de cáncer, algo distinto a como se supone que deberían ser las cosas. Padece personalmente cuando los inocentes sufren y siente una gran satisfacción —con un sentimiento al menos temporal de conclusión positiva— cuando se hace justicia.

Todo esto son pruebas claras de que bien puede tratarse de un hombre de fe, por muy compleja y ambigua que pueda ser su vida interior. De hecho, es justamente esta complejidad interior la que, en parte, lo hace tan interesante, como superhéroe y como persona. Es un hombre entregado a la ley que actúa como justiciero. Es una persona sensible y compasiva que parece gozar al machacar a sus enemigos. Si es un hombre de fe, a menudo se asemeja más a la fe del «ojo por ojo», la del Antiguo Testamento, que a la del Nuevo Testa-

---

* «Miré con envidia a los impíos | viendo la prosperidad de los malos», Salmos 73; «¿Cómo es que viven los impíos, se prolongan sus días y se aseguran en su poder?», Job, 21, 7; «¿Por qué es próspero el camino de los impíos y son afortunados los perdidos y los malvados?», Jeremías, 12, 1. Traducciones de Nácar y Colunga, BAC, Madrid, 1963¹⁴. (*N. de los t.*)

mento, con su «Bienaventurados los mansos» y su «ofrecer la otra mejilla».

Pero ¿Matt es en realidad, en un sentido esencial, un hombre de fe? Incluso si limitamos la pregunta al contenido de los relatos de Miller y Smith, quizá no esté tan claro. La religiosidad no es lo mismo que la fe, aunque en ocasiones no sea fácil distinguir la una de la otra. La religiosidad es superficial, la fe es más profunda. La religiosidad, en su forma característica, es solo una cuestión de costumbre. La fe, por el contrario, tiende a implicarlo todo mucho más. No podemos acertar en nuestra evaluación de la vida más interior y profunda de Matt Murdock sin examinar todos los datos. Así pues, consideremos al menos durante un momento la cara negativa del caso. Como buen abogado, sin duda, el propio Matt lo aprobaría.

Fe y miedo

A Daredevil se lo describe universalmente como «el Hombre sin Miedo». Un adversario con el que lidia en la historia «The Devil's Distaff» —un personaje malvado llamado Quentin Beck— afirma, sin ninguna clase de explicación adicional, que un hombre sin miedo es un hombre sin fe. ¿Por qué? ¿Es la fe necesariamente o, al menos, muy a menudo un puente que cruza por encima del miedo? Ciertamente, este es el modo en el que muchos la describen cuando la ven desde fuera, por lo que no es de extrañar que un hombre como Beck la conciba de esta manera. La concepción es simple: la gente con miedo se agarra a la fe religiosa para mantener sus emociones bajo control. Vista así, la religión es un mecanismo para hacer frente y bloquear todos los terrores de la vida. La versión más extrema de este punto de vista asevera que los seres humanos inventaron la fe religiosa, precisamente, por su miedo. Son muchas las personas que preferirían engañarse a sí mismas con los tópicos infundados de la religión, antes que encarar la horripilante realidad de la vida y la muerte en un universo hostil e indiferente. Si esta concepción fuera acertada, sería razonable colegir que un hombre sin miedo, como Matt Murdock, sería un hombre sin fe. En su vida no habría lugar para la intervención de esta actitud religiosa, la religión no podría desempeñar ninguna función en su mentalidad. No podría atraparlo de ningún modo ni arraigar en su vida.

El problema es que esta concepción dista mucho de ser correcta. La afirmación de Quentin Beck solo expresa una interpretación habitual, pero errónea, de la fe. Como bien han comprendido muchos de los mejores filósofos de la religión, la fe no es tan solo una reacción visceral de las personas miedosas, no es solo una muleta o una defensa contra un mundo aterrador. Freud también lo creía así, pero Freud erró en multitud de cosas... Se trata, por el contrario, de una caracterización bastante fidedigna de la superstición y quizá también de la religiosidad más superficial, pero no de la fe verdadera. La superstición es un empeño temeroso y desesperado de manipular la realidad de modo que se adecúe a nuestras necesidades. La fe auténtica se asemeja más a un anhelo personal del *ego*, junto con sus exigencias, hacia algo más grande que el yo. Implica abrazar de corazón algunas realidades y algunos valores positivos que tenemos plena libertad de negar o desatender; se trata de realidades últimas, que tal vez sean extraordinariamente más importantes que las superficiales y mucho más evidentes.

Esta interpretación habitual pero errónea de la fe y su relación con el miedo es aún más plenamente infundada que lo que puede indicar este punto por sí solo. Algunos de los mayores y más extremos ejemplos de heroísmo intrépido de la historia humana han tenido que ver con personas cuya fe religiosa era inusualmente poderosa. Pensemos en los profetas, los apóstoles, los misioneros o los creyentes de a pie que a lo largo de los siglos han acudido alegremente a la muerte, antes que repudiar o abandonar sus creencias. Bien podría ser, a la inversa, que solo una persona de fe poderosa pueda vivir racionalmente sin miedo. Así pues, cuando Beck decía que un hombre sin miedo es un hombre sin fe, lo había entendido al revés. Quizá esté más cerca de la verdad afirmar que un hombre sin miedo es, muy probablemente, un hombre de fe poderosa.

Incluso las personas sinceramente religiosas malinterpretan en ocasiones qué es la fe. Un análisis filosófico cuidadoso demostrará que la genuina fe religiosa no es tanto una certeza intelectual sobre cuestiones teológicas como un compromiso total con determinados valores cósmicos absolutos, así como una fidelidad —por vacilante o imperfecta que pueda ser— a un origen desconocido de todo lo bueno. Nos equivocamos al considerar la fe como algo relativo sobre todo a la creencia teórica o la palabra religiosa, puesto que en realidad tiene que ver, ante todo, con el compromiso práctico y la acción valiente, ya sea en gran o pequeña escala. Matt Murdock se compromete con las realidades eternas que puede comprender: la verdad, la justicia, la esperanza y el amor. Y también compromete su vida, claramente, con el bien ajeno. Estos compromisos podrían derivar de (y a su vez, prepararlo para) un compromiso más profundo con otras realidades eternas y, en particular, el compromiso central del amor entre el Creador y la persona creada que se refleja adecuadamente. En ningún caso Matt es paradigma alguno de santidad, pero hay pruebas de que se desplaza en la dirección de la verdadera fe. Al igual que el resto de nosotros, es una «obra en marcha». También lo es su fe.

Antes de continuar con otras cuestiones, detengámonos un momento en un aspecto. ¿El lema del «Hombre sin Miedo» es una caracterización precisa y literal de Daredevil o tal vez solo un gran ejemplo de la hipérbole típica de los cómics clásicos? Daredevil parece ser un hombre ciertamente libre del catálogo corriente de los miedos humanos, así como de los más habituales entre los miedos neuróticos. Carece por completo del miedo a las alturas, el miedo de caer, el miedo a los espacios abiertos, a las muchedumbres, al dolor físico, el miedo a morir y el miedo que, según han demostrado estudios recientes, es la aversión más comúnmente reconocida (por raro que pueda parecernos) entre nuestros contemporáneos: el miedo a hablar en público. A este respecto, Matt Murdock es un abogado con una gran experiencia en los juzgados.

Pero, en otro sentido, ¿no cabría decir que Daredevil siente miedo con frecuencia, miedo a que un criminal en concreto haga daño o incluso mate a una víctima inocente, en determinadas circunstancias? ¿Siente miedo, en ocasiones, a que hagan daño a su amigo «Foggy» Nelson, o a que resulte herida Karen Page, su verdadero amor? ¿No es justo esta clase de miedo la que lo impulsa a actuar? Sin duda, no es solo el hecho de creer que alguien va a resultar herido lo que le impulsa a saltar de un edificio e intervenir en una situación en la que es probable que reciba daños físicos; una simple creencia factual no bastaría para motivarlo hasta ese extremo. La fuente de un impulso tan intenso es, probablemente, una aversión profunda a la eventual realización de la posibilidad negativa que ha concebido. Esta clase de aversión profunda, por descontado, no es sino una forma de miedo: teme que, si no interviene, una persona inocente sufrirá. Habitualmente lo mueve, por tanto, el miedo a que alguien sea la víctima innecesaria de un acto malvado y sufra un pesar o una pérdida indebidos si él no actúa en persona y por la fuerza.

Esto puede llevarnos a una importante distinción filosófica: Daredevil no parece «temer» autorreferencialmente, sentir un «miedo a» que implica la idea de recibir daño uno mismo; se trata de una emoción poderosa que, en determinado nivel, puede bloquear el pensamiento y la acción, haciendo que una persona corriente quede, de hecho, paralizada. No muestra ninguna señal de sentir ese nudo en el estómago, la opresión de garganta, el mareo, las náuseas, el pánico mental, la boca seca o la vacilación que la gente normal siente en situaciones de peligro repentino. Daredevil solo parece «temer que» ocurran cosas malas, experimentar la clase de «miedo a que» que puede actuar de motivo de acciones decisivas y valientes. Cuando afirmamos que es el «Hombre sin Miedo», esto es lo que pretendemos decir, desde luego. Carece de la emoción distintiva que entendemos paradigmáticamente como «miedo»: la reacción de aversión visceral que tiende a interferir con la acción directa y adecuada. Quizá, a la luz de esta distinción, deberíamos denominar con otro nombre más preciso lo que anteriormente hemos llamado «temer que» o «sentir miedo a que»: llamémoslo entonces «preocupación» y reservemos el término «miedo» para lo que normalmente se da a entender con el sintagma «miedo a». Aclarado esto, cabe afirmar sin más que Daredevil es, en efecto, el «Hombre sin Miedo».

Ya hemos visto que, contra lo que afirmaba Quentin Beck, esto no implicaría, en absoluto, que Daredevil sea un hombre sin fe. Probablemente nos acercaremos más al blanco si, para explicar su evidente falta de miedo, prestamos atención al nivel de profundidad de su fe. En cierto pasaje, la Biblia describe a los auténticos creyentes como personas que viven «en fe y no en visión».* Y se trata de una caracterización que encaja inusualmente bien con Matt Murdock.

* 2 Corintios, 5, 7, traducción de Nácar y Colunga. (*N. de los t.*)

Sin duda, Daredevil tiene momentos de duda y crisis de fe. Así es la naturaleza de la fe para la mayoría de nosotros, en el mundo real en el que vivimos. No se trata de una certeza intelectual sin inquietudes ni segura de sí misma. No es una seguridad mental esencialmente tranquila y pacífica. No: la fe es un compromiso del corazón. Los teólogos han apuntado, durante miles de años, que en lo principal la fe podría tratar antes del dominio que Dios tiene de nosotros, que no del dominio que nosotros tuviéramos de Dios. Por eso podemos agitarnos en el anzuelo con todas nuestras fuerzas y, aun así, ser personas de fe. La fe es, en última instancia, una conexión que ni siquiera nuestras dudas más inquietantes pueden romper, por muy frágil y delicada que a menudo aparente ser. Incluso cuando Matt está a punto de distanciarse de la fe, el objeto de su fe nunca se distancia de él.

La fe de Daredevil como fuente de fortaleza

Un superhéroe necesita varias formas de fortaleza. Primero debe poseer, por descontado, alguna clase de poder físico de gran magnitud: debe ser capaz de vencer a los malos en combate o de salvar a los buenos en caso de un desastre. Pero también requiere de fortaleza mental, la capacidad de conservar la cabeza fría y mantener los pies en la tierra (aunque en ocasiones la acción se desarrolle a gran altura): debe ser capaz de recordar con precisión, planear con creatividad, razonar, deducir e inferir adecuadamente. Quizá Batman sea el mejor ejemplo de superhéroe con una extraordinaria pericia mental o intelectual. Sin ningún superpoder como tal, su cuerpo extremadamente bien desarrollado, su increíble habilidad de combate y su capacidad intelectual finamente puesta a punto le permiten contar con ventaja en cualquier confrontación. Pero un superhéroe también requiere de otra clase adicional de fortaleza, la firmeza de carácter, como se ha comprendido ya, al menos, desde los tiempos de los antiguos filósofos griegos. Un carácter fuerte incluye cualidades tales como el coraje, la resistencia, la integridad y la preocupación por otras personas, que es firme y preponderante en el impacto motivacional.

¿Podría existir alguna otra forma de fortaleza que pudiera resultar beneficiosa para el superhéroe que la poseyera? El caso de Daredevil y su sensibilidad religiosa puede movernos a formular la pregunta de si existe algo similar a la «fortaleza espiritual» y si esto resultaría útil para un superhéroe, ora en su misión, ora en su vida. Quizá sea útil enfocar esta pregunta con la formulación de otra más, relativa a una cuestión que puede arrojar algo de luz sobre qué significa que algo cuente como fortaleza o debilidad de una persona.

Analicemos una vez más, pero ahora de un modo ligeramente distinto, la cuestión de la falta de miedo de Daredevil. ¿Esa carencia de miedo es una fuente de fortaleza, como habitualmente tenderíamos a dar por sentado, o quizá podría terminar siendo una causa sorprendente de debilidad? Si carecer de miedo supone de hecho, en cierto sentido, una fuente de debilidad, y la fe religiosa mueve a no sentir miedo, la fe sería también —de forma indirecta y quizá sorpresiva— una causa de debilidad.

La pregunta crucial es la siguiente: ¿un hombre sin miedo es simplemente insensible a las realidades del peligro y las posibles pérdidas en este mundo? ¿Se asemeja la falta de miedo al daltonismo o a la sordera para los tonos? ¿En algún sentido es una mera incapacidad de percibir y sentir? El gran filósofo Aristóteles creía que todas las virtudes o fortalezas humanas son un punto medio entre dos vicios: el extremo de la insuficiencia constituye uno de los vicios, y el otro, el extremo del exceso. Así, para él la virtud del coraje ocupa un punto medio entre los dos extremos de, por un lado, la cobardía (respuesta insuficiente al peligro) y la precipitación o la temeridad (respuesta excesiva). La virtud clásica del coraje no se entiende, en ningún caso, como ausencia de miedo, sino que se concibe como la capacidad de actuar en apoyo de grandes valores, por mucho que podamos experimentar miedo. Un hombre valiente no necesariamente es el que no siente ningún miedo; más a menudo se trata simplemente de una persona que hace lo que considera correcto aun a pesar de los miedos que puedan amenazar con retenerlo.

Esta simple clarificación conceptual puede poner de relieve la importancia de nuestra pregunta al respecto de si un hombre sin miedo es, en la práctica, un hombre puramente ciego a los riesgos y, por tanto, inclinado al extremo autodestructivo de la precipitación o la temeridad. De ser así —y si la fe religiosa de Matt Murdock es lo que en definitiva genera su falta de miedo, como he sugerido que podría ser—, su fe podría verse como una causa de vulnerabilidad o debilidad peligrosa, en la medida en que puede animarlo a emprender acciones imprudentes y autodestructivas.

Hay una escena interesante en la novela gráfica de Frank Miller *Daredevil: The Man Without Fear* («Daredevil: el hombre sin miedo»)* que aborda esta cuestión de una manera significativa. Después de que Matt conozca a Elektra —una chica joven, desenfrenada y con dinero—, ella lo pasea en su descapotable rojo, en una carrera locamente acelerada. Salen del deportivo para asomarse a un precipicio y Elektra afirma: «Este es nuestro lugar. Siempre en el límite. Los demás viven vidas seguras y entumecidas. Pero tú... Cuando te vi por los

* Frank Miller, John Romita Jr. y Al Williamson, *Daredevil: el hombre sin miedo*, Panini España, Torroella de Montgrí (Girona), 2007, trad. de Héctor Lorda. (*N. de los t.*)

tejados, lo supe: somos de la misma especie. La vida nos arrastra hasta el límite... y más allá».

¿Tiene Elektra razón? ¿Daredevil es igual que ella? ¿Es necesariamente su falta de miedo una fuente de acción irresponsable y autodestructivamente irracional, «más allá del límite»? De ser así, no parece una fuente de fortaleza a largo plazo, sino más bien algo similar a una cualidad personal que podría llegar a impedir que hubiera ningún «largo plazo», al menos, en este mundo.

Nuestra preocupación puede bloquearse muy fácilmente. La ausencia de miedo no tiene por qué animar a la conducta alocada y precipitada. Ocurre así porque el miedo no es la única cosa capaz de excluir la temeridad. También puede hacerlo el sentido común; lo que los filósofos llaman prudencia o racionalidad práctica. Guiado por los valores correctos en lo relativo tanto a su propia vida como a las vidas de los demás, Matt Murdock, o Daredevil, sabe —más o menos bien— cuándo actuar y cuándo retirarse. Incluso si nunca experimenta el miedo, puede ser perfectamente capaz de saber dónde trazar la línea.

Tómese como ejemplo una situación en el número 233 de Daredevil, «Armageddon». Aquí Daredevil está luchando contra un soldado provisto de superpoderes, enviado por un jefe criminal para destruir Hell's Kitchen. Tras un combate difícil, al fin está en disposición de frenar a su adversario. De pronto aparecen en la escena otros personajes de gran poder, incluidos el Capitán América y Thor. El superhéroe acorazado conocido como Iron Man (Hombre de Hierro) se sitúa ante Daredevil, levanta la palma de la mano hacia él y le dice: «Daredevil: ese hombre es nuestro. En nombre de la autoridad federal, retírate. Tienes cinco segundos». En ese momento se nos dice: «Se oye un leve zumbido cuando un circuito informático genera suficiente poder para arrasar un edificio, y luego lo mantiene, a la espera. Matt, que no es tonto, se retira».[2]

Para generar una acción prudente por parte de Matt no ha hecho falta una experiencia emocional de miedo, solo la comprensión clara de la situación y la guía de las creencias y los valores correctos. A pesar de que sus acciones resultan a menudo extremas, Daredevil es un hombre que las dirige con racionalidad práctica. Su sensibilidad religiosa no tiene aquí ningún efecto negativo, tal que debilite esa prudencia. Antes al contrario, de hecho, podría ser que algunos de los valores aprendidos en la iglesia durante su juventud o de sus padres en su primera infancia, contribuyan a aportar al menos una parte de esta guía de prudencia.

Entre los valores religiosos más fundamentales que es probable que Matt absorbiera se cuentan amor por los vecinos, respeto por la verdad, inquietud por la justicia, compasión por los oprimidos y una valoración adecuada de las realidades externas e internas. Si Matt Murdock es hasta cierto punto un buen católico, incluso un mal católico con inclinaciones moderadamente buenas, tendrá al menos algunos de sus valores y creencias de lo bueno, que le pueden proporcionar una guía útil y fiable en circunstancias difíciles. Y esto es una gran parte de lo que se necesita para la prudencia o la racionalidad práctica, una de las cualidades que, a la postre, contribuye a la fortaleza personal de cualquiera de nosotros, superhéroe o no. Si la fe religiosa otorga a Daredevil una guía positiva en el reino de los valores, una perspicacia notable en el mundo de los hechos y una fuente tanto de arrojo como de contención mientras busca imponer la justicia a favor de los

---

2. Frank Miller y David Mazzucchelli, *Born Again*, p. 155. (En castellano se tradujo sin modificar el título: *Daredevil: Born Again*, Planeta DeAgostini, Barcelona, 1991, trad. de Jesús Carruesco.)

que carecen de la fuerza necesaria para conseguirla por sí mismos, hay razón para afirmar que se trata de una forma distintiva de fortaleza espiritual que beneficiaría a cualquier superhéroe y no solo a él, también a cualquier ser humano corriente.

Un católico enfundado en *lycra*

Suponiendo que Matt Murdock sea en efecto católico y que tenga en algún grado una genuina fe personal, aún no podemos librarnos de la siguiente pregunta: ¿hasta qué punto puede ser considerado un «buen católico»? Por descontado, no es ningún santurrón, como incluso su madre parece admitir. Pero Matt cumple notablemente bien con al menos la mayoría de los Diez Mandamientos: no comete idolatría, no codicia los bienes ajenos, no presenta falso testimonio contra los demás, honra a su padre y a su madre (tanto como la mayoría de la buena gente, y más que algunos) y se esfuerza claramente por contener a los malos, pero sin matarlos, independientemente de lo que hagan y... quizá incluso se lo tome con especial calma los domingos, cuando el despacho legal de Nelson y Murdock no abre.

Sin embargo, en otros muchos aspectos su conducta viola varias prescripciones bíblicas y requisitos católicos. En primer lugar, no frecuenta la iglesia y, cuando acude, no es para asistir a un servicio religioso. Y su trayectoria sexual basta por sí sola como causa para requerirle visitas periódicas al confesor. No obstante, aún es posible que de algún modo Matt sea —y se esfuerce por ser— un buen católico, según su propio concepto. En otras palabras, puede haber descartado ciertas exigencias de la iglesia, al considerarlas pasadas de moda, anticuadas y nada relevantes para la vida moderna, al mismo tiempo que abraza de corazón otros requisitos más fundamentales, que tendría por universales, beneficiosos y buenos para sí mismo. Naturalmente, es posible que muchos católicos tradicionales estén pensando, en este punto, que si Matt Murdock quiere elegir sus compromisos morales y teológicos, de forma que encajen con sus intereses, quizá debería optar por el metodismo o el episcopalismo. Pero Frank Miller ha comentado que el nivel de culpa que exhibe en varias circunstancias indica con claridad que su casa más idónea es el catolicismo. Su vida de fe es muy imperfecta, pero esto no es nada tan distinto de lo que se produce en la vida de muchos de los católicos, decentes en lo esencial, de nuestros días.

La fe católica de Matt es solo un hilo más en el tejido mucho más amplio de una comunidad religiosa a través de cuyo esfuerzo ha recibido la medida de fe que posee. Es frecuente que tendamos a concebir a Daredevil como ejemplo último de lo que es actuar sin red. Pero quizá su red de seguridad personal es, en definitiva, su madre y la fe de esta, una fe que se le ha transmitido. Como una vívida e íntima experiencia de Dios, su madre Maggie está, en buena medida, ausente de su vida. Sin embargo, asemejándose a su vez un poco a la providencia divina, ella aparece cuando él más la necesita. Véase por ejemplo la oración angustiada que ella reza por él cuando el hijo yace en una cama, roto, terriblemente enfermo si no casi muerto, en la poderosa narración de Frank Miller titulada «Born Again» («Renacido», *Daredevil*, n.º 230):

La fiebre le sube. No hay fuerza terrenal que pueda frenarla. Ha perdido demasiada sangre. Su cuerpo no puede luchar. Morirá. Pero ¡tiene tanto que hacer, mi Señor! Su alma está inquieta. Pero es el alma de un buen hombre, mi Señor. Solo necesita que se le muestre Tu camino. Entonces se alzará como uno de los Tuyos y traerá la luz a esta ciudad envenenada. Será como una lanza de luz en Tus manos, mi Señor.

Si debo ser castigada por mis pecados pasados, que así sea. Si debo ser arrojada al Infierno, que así sea. Son tantos los que lo necesitan... ¡Escuchad mi súplica![3]

La fe espiritual de Maggie es la fuerza que subyace a lo que en esta historia se presenta como un renacimiento físico de Matt. Es muy probable que subyazca igualmente a sus impulsos espirituales en curso.

En los tiempos modernos, quizá tengamos una concepción demasiado individualista de la fe religiosa. Las tradiciones religiosas más antiguas poseen un concepto más comunitario de la persona y de nuestra condición, no en el sentido de que nuestra individualidad se pierda en una colectividad mayor, sino en el sentido de que la persona individual y la comunidad más amplia se entienden como entes que existen en formas profundas de interdependencia dinámica. En línea con esto, el Nuevo Testamento presenta la fe de una persona como algo que beneficia o protege a otros miembros de la misma familia. Quizá la fe de Maggie sea el apoyo último de Matt y la fuente de cuanta fe y falta de miedo posea él. Matt es, al menos en alguna medida, católico —bueno o malo, fuerte o débil— porque ella es ahora una persona de fe fuerte.

Cuando Matt experimenta una crisis de fe y se lo comunica a su madre —según narra Kevin Smith en *The Devil's Distaff*—, es el ejemplo poderoso de ella, junto con su razonamiento simple y profundo, lo que le permite dar la vuelta a la situación. Ella le cuenta una historia que presenta una especie de versión de la «apuesta de Pascal». Se trata de un argumento a favor de la creencia religiosa y la vida de fe, muy atractivo, que desarrolló el gran matemático, científico y filó-

3. Ed. de *Legends* 2, p. 95.

sofo del siglo XVII Blaise Pascal. En la historia que cuenta Maggie, un caballero mundano y escéptico está desvelando a un humilde campesino religioso que él no cree en Dios y, en consecuencia, intenta exprimir al máximo la vida en este mundo. Luego invita a reflexionar al campesino, que por mor del Cielo está renunciando a muchos placeres mundanos; le invita a pensar qué triste sería morir y comprobar que estaba en un error, que no existen ni Dios ni los Cielos. El campesino le replica que mucho peor sería vivir creyendo que no existe Dios y luego descubrir que uno estaba en un error.

Hace siglos, Pascal argumentó que, en un mundo como el nuestro —suficientemente ambiguo como para permitir que, sobre la base exclusiva de razonamientos teóricos y de las pruebas disponibles, uno crea que Dios existe o que no existe—, deberíamos introducir en nuestro pensamiento otra línea de razonamiento práctico. Así, deberíamos preguntarnos qué ganamos y qué perdemos en cada uno de los casos. Si creemos que Dios no existe y vivimos en coherencia con ello, como ateos, y resulta que tenemos razón, solo ganaremos los pocos placeres finitos de este mundo que estarían prohibidos al creyente, al par que una verdad que, de otro modo, se nos habría escapado. Ahora bien, si somos ateos y estamos en un error, al morir descubriremos que nos hemos alineado, en la vida que hemos llevado en la Tierra, con una forma de vivir que ha disminuido y quizá incluso aniquilado todas las cualidades espirituales que pudiéramos haber poseído y que nos habrían permitido gozar de una eterna relación de dicha con nuestro Creador. Presumiblemente, lo que aquí perderíamos sería un bien infinito.

Si, por el contrario, creemos que existe un Dios y vivimos de acuerdo con esta creencia, del mejor modo posible, prescindiendo de los pocos placeres que puedan resultar incompatibles con nuestras convicciones, pero no por ello dejando de cultivar otros placeres ni de disfrutar de cualquier otra posibilidad desde una perspectiva más profunda y amplia, y se comprueba que estábamos en la verdad, nos habremos situado en una buena posición para el infinito beneficio del gozo eterno en la presencia y el cobijo de Dios. Si lo que ocurre es que creemos en Dios y estamos en un error —argumentaba Pascal—, habremos perdido los placeres terrenales que de otro modo pudiéramos haber experimentado, pero aun así podemos vivir una vida plena y pródiga en virtudes, paz, alegría y amor, en compañía de otras personas que, de una forma similar, busquen elevarse a la altura de sus aspiraciones espirituales más nobles.

Por resumir esta línea de pensamiento: el ateísmo comporta la posibilidad de un beneficio menor y finito, si está en lo cierto, o de una pérdida terrible e infinita, si está en un error. El teísmo acarrea consigo la posibilidad de un beneficio maravilloso e infinito, si está en lo cierto, o de una pérdida menor y finita, si está un error. Si asumimos que una persona racional busca evitar las peores pérdidas posibles y maximizar sus oportunidades de obtener el mayor beneficio posible, compatible con las pruebas conocidas, Pascal concluyó que una persona racional debería apostar su vida por Dios. Cuando Matt Murdock escucha un simple reflejo menor de este razonamiento filosófico, narrado en la sencilla fábula de su madre, se siente conmovido y, de algún modo, calmado en su espíritu anteriormente angustiado y dubitativo.

Pascal también escribió afirmaciones hoy famosas sobre «la grandeza y la maldad del hombre»: cómo nosotros, los seres humanos, somos en algunos aspectos grandes como los dioses, pero en otros, increíblemente pequeños y decepcionantes. Los extremos del bien y del mal que se enlazan en nuestra conducta son ciertamente asombrosos. Matt Murdock parece reconocer esto y sentir que se nos ha creado para ser más que las víctimas o los criminales de Hell's Kitchen. Estamos aquí para algo más, algo verdaderamente grandioso. Y, sin embargo, somos seres caídos, nos hallamos lejos de nuestro potencial y la intención creadora. Haciéndose eco de las cavilaciones de Pascal en el relato «And a Child Shall Lead Them All» («Y un Niño los dirigirá a todos»), Daredevil habla a Dios en su corazón, diciendo:

> Cada noche, haces que se represente ante mí una obra inmoral... Me muestras la disparidad entre la magnificencia del hombre y sus acciones; eones de evolución, y aún estamos buscando esquinas oscuras para satisfacer nuestros impulsos más bajos. ¡Qué decepcionante debe resultar, para ti, vernos en la peor de nuestras caras...! Si es que en realidad existes.[4]

El salmista escribió hace mucho: «Dice el necio en su corazón: "No hay Dios"».* Matt Murdock se pregunta por ello en su mente, pero no en su corazón, donde reza, se lamenta y objeta. Grandes personas de fe, en los tiempos bíblicos, preguntaron a Dios, razonaron con Dios, negociaron, imploraron y, en ocasiones, dudaron de Dios. Esto no significaba que carecieran de fe, solo que eran personas de fe, seres humanos. Así ocurre con Matt.

El hombre de fe como justiciero: ¿héroe o figura trágica?

¿Qué es Daredevil, un héroe, una figura trágica o ambas cosas? Sin duda es heroica su defensa de quienes, sin él, no tendrían defensa alguna. También resulta heroico su empeño

4. *Daredevil: Guardian Devil.*

* Salmo 53, traducción citada. Hay una frase casi idéntica, con un simple cambio de orden, en el Salmo 14. (*N. de los t.*)

habitual —a menudo, extremo— de no matar a aquellos a quienes pretende impedir que cometan actos de terrible maldad. Al parecer, desea con gran intensidad no quebrar el mandamiento religioso clásico del «No matarás». Los malos pueden hallar la muerte por accidente, de resultas de su propio intento de aniquilar a Daredevil. Pero incluso cuando sopesa matar al más maligno y asesino de todos ellos, al final elige no hacerlo. En el número 165 de *Daredevil*, le dice al Doctor Octopus que de resultas de sus propias acciones malvadas ha terminado en peligro de morir electrocutado: «Debería dejar que te frieras, Octopus, pero entonces no sería mejor que tú». Y dicho eso, salva la vida del villano.

Incluso cuando un personaje malvado, enfrentado a Daredevil o en plena huida de él, muere por efecto de sus propias acciones insensatas, nuestro justiciero es sensible al caso y parece sentir genuina compasión, como si se hubiera perdido innecesariamente a un hijo de Dios. En un relato dibujado, pero no escrito, por Frank Miller cuando era un artista joven asignado por primera vez a *Daredevil* —«A Grave Mistake» («Un error grave»)—, el malvado Death Stalker muere en el intento de matar a nuestro héroe y Daredevil se limita a rezar: «Que Dios se apiade de su alma».[5]

Afortunadamente para los superhéroes, en los Diez Mandamientos no hay norma que diga: «No patearás las posaderas de tus vecinos». Esto resulta muy útil para Daredevil. En cierta historia, descubre que uno de sus enemigos más malvados, Bullseye, sufre un cáncer que le causará la muerte si no recibe atención médica. Daredevil lo empuja a recibir esa ayuda al tiempo que anuncia: «Salvaré tu vida, Bullseye... aunque para hacerlo tenga que dejarte inconsciente».

Matt Murdock parece sostener la concepción religiosa

---

5. *Visionaries*, vol. 1.

tradicional según la cual no son nuestra genética o nuestra herencia las que nos definen en último lugar, sino las decisiones que tomamos en el mundo. En el cómic de Marvel *Daredevil/Deadpool, Annual '97*, «Typhoid» Mary Walker intenta culpar de su caída en la delincuencia y el asesinato a un accidente que Daredevil causó en cierta ocasión sin pretenderlo. Él replica: «No, Mary. Eres lo que eres por las decisiones que tomas. A veces, ¡la vida es una tragedia, es dolor, son accidentes! Pero ¿estaba yo contigo cuando apretaste tu primer gatillo? ¿Estaba yo contigo cuando causaste la primera muerte? ¡No! Son decisiones que tomaste tú sola».

Las decisiones del propio Daredevil demuestran que aprecia y valora en mucho la vida. Parece pensar que «donde hay vida, hay esperanza». Pero ciertamente, puede parecer que se transforma de heroico a trágico cada vez que extiende esta convicción a personajes en apariencia irredimibles, como su archienemigo Bullseye. Al contenerse, en numerosas ocasiones, de matarlo e incluso de permitir que muera por sí solo, nuestro superhéroe más espiritual pasa a compartir, hasta cierto punto, la responsabilidad de los males que este hombre perpetra en adelante.

En el número 169 de *Daredevil*, el detective de la ciudad Nick Manolis llega al extremo de sugerir que, en una ocasión concreta, Daredevil debería haber permitido sin más que ese hombre malvado muriera. Daredevil replica: «Nick, hombres como Bullseye gobernarían el mundo si no fuera por una estructura de leyes que la sociedad ha creado para mantener dominados a tales hombres. En el momento en que un hombre quita la vida a otro hombre con sus propias manos, está rechazando la ley y actúa para destruir esa estructura. Si Bullseye es una amenaza para la sociedad, es la sociedad la que debe hacerle pagar el precio, no tú. Y tampoco yo. Yo... Yo quisiera que él muriera, Nick. Odio lo que hace... lo que es.

Pero no soy Dios. No soy la ley. Y no soy un asesino». Y entonces se marcha del lugar, en silencio, alejándose del detective aún no convencido, pero en su corazón, Matt reza a Dios y ruega haber acertado en lo que ha hecho y ha dicho. En esta ocasión y muchas otras, busca hacer lo correcto y, al final, dirige la mirada hacia un orden divino que todo lo incluye, para encontrar ayuda y la seguridad que quizá no podría obtener nunca de otro modo. Él es, a todas luces, un héroe. Pero tampoco hay apenas duda de que es igualmente una figura trágica para todos los que no comparten su convicción de que su empeño es aceptado, guiado e incrementado por una providencia divina omnipotente que, por sí sola, es la fuente última de justicia en el mundo.

Hemos formulado la pregunta de si Matt Murdock es, de una forma mínimamente reconocible, un hombre de fe genuina y un buen católico. Hemos examinado algunas pruebas y argumentos a favor de las dos posibilidades. La respuesta final quizá sea que hace cuanto puede para cumplir con lo que el Nuevo Testamento denomina «los dos más grandes mandamientos»,* que resumen la vida en la fe: amar a Dios y amar al prójimo como a uno mismo. Para resumir el control que, en apariencia, tiene Dios sobre la vida de Matt o el grado en que intenta representar la justicia divina, quizá baste concluir que Matt ama a Dios, aunque tenga dudas sobre su existencia. No es cosa menor para un hombre ciego, un estudioso y abogado, decente en lo esencial, aunque aquejado por angustias, que vive entre todos los crímenes, actos de odio, delincuencia y abuso que cabe hallar en Hell's Kitchen. Es obvio que Daredevil también intenta amar a sus prójimos como a sí mismo. Sin duda, hace más que la mayoría para cuidar a todos sus semejantes. Arriesga su vida casi cada no-

* Véase Mateo, 22, 34-40. (*N. de los t.*)

che para que los demás puedan disfrutar de un mayor grado de protección y seguridad. Hace el bien a los demás siempre que puede y de muchos modos distintos. Es un buen amigo. Tiene aspiraciones nobles. Ora. Defiende a los débiles. Y no puede sacudirse el sentimiento de vivir bajo la guía general de un ser al que no puede ver ni oír, ni siquiera con sus sentidos superdesarrollados. Parece ser un católico de una especie netamente distintiva, con un grado de fe espiritual genuina relevante y la suficiente sinceridad como para admitir sus propias dudas, a la vez que posee también la persistencia necesaria para no consentir nunca que tales vacilaciones pasen a dominar por completo su vida.

Conociendo a Matt, sin embargo, es probable que él no intentara defender ni por un momento el hecho de ser, ni remotamente, un buen católico. Quizá admitiría con prontitud que es un mal católico, tal vez hablaría incluso de ser uno malísimo. Pero yo creo que, en lo más profundo de su corazón, siente que esto es mucho mejor que carecer de cualquier clase de fe. También sospecho que, si consideramos todo lo que hemos ido viendo, Matt cree que su fe es una fuente, al menos en parte, de orientación y fortaleza, que no contribuye en nada a debilitarlo ni a confundirlo. Sin la parte de fe que posee, quizá le iría mucho peor de lo que le va con ella incluso en los peores de sus días malos. Y esto, con la clase de días que a menudo le toca vivir, ya es decir mucho.

6

El poder y la gloria

Charles Taliaferro y Craig Lindahl-Urben

Un poderoso río narrativo fluye desde nuestra tradición de pensamiento sobre la virtud y el vicio, en las antiguas historias griegas sobre sus dioses y héroes, hasta el mundo moderno, donde seguimos dando representación dramática a la batalla entre el bien y el mal, en nuestros relatos de conflicto y aventuras heroicas. La moral que hallamos en la gran corriente de los cómics de superhéroes es muy similar a la moralidad y la sabiduría general que emerge de la antigua ética filosófica.

Hay un conjunto de enseñanzas, en particular, que podemos hallar tanto en los relatos antiguos como en las viñetas modernas: la búsqueda del poder y la gloria es seductora, pero no menos peligrosa. La gloria más excelsa que pueden obtener los seres humanos debe lograrse como efecto indirecto de otras búsquedas nobles y consiste siempre, al menos en parte, en haber comprendido que las personas son más valiosas que el poder.

Del Olimpo hasta Galactus

En los antiguos mitos griegos se nos recuerda con frecuencia el peligro de buscar, como objetivo prioritario, la gloria y el encomio general. En la historia de Ícaro, por ejemplo, un joven fallece por perseguir la gloria. Se le dan alas que, unidas a su cuerpo, le permiten volar por encima del Mediterráneo, pero se intoxica con la nueva capacidad sobrehumana y vuela tan cerca del Sol que el calor deshace sus alas e Ícaro cae y halla la muerte. Abundan las lecciones similares en las que el mal uso del poder pone de manifiesto el gran daño que puede proceder de una búsqueda insensata o maliciosa de la magnificencia.[1] Se trata de un tema que se refleja en muchos cómics dedicados a los malos y supermalos con los que deben lidiar los superhéroes. Un descubrimiento científico o una adquisición repentina de poder desatan la persecución maníaca de aún más poder y más gloria, lo que deriva en una espiral descendente y el choque final.

Hallamos una revelación similar en el universo Marvel de los años sesenta del pasado siglo, cuando Los 4 Fantásticos tienen que batallar contra un adversario denominado «Doctor Doom», así como con un inmenso devorador de planetas, el ser conocido como Galactus. Los seres humanos que se convirtieron en Los 4 Fantásticos eran en principio personas normales, que recibieron los superpoderes por un accidente ocurrido mientras ponían a prueba un cohete experimental. Como efecto secundario inesperado, todos se transformaron. El brillante científico Reed Richards se convirtió en Mr. Fantástico (Mr. Fantastic), de cuerpo increíblemente elástico. Su novia Sue Storm, la Chica Invisible, obtuvo el poder de volverse invisible y extender un campo de fuerza mental en torno de las cosas. El hermano menor de esta, Johnny Storm, se transformó en la Antorcha Humana (Human Torch).

---

1. Cabe encontrar un buen panorama de lo que los antiguos filósofos griegos pensaban sobre el orgullo, la sabiduría, el bien y el mal en Raymond Devettere, *Introduction to Virtue Ethics*, Georgetown University Press, Washington, 2002.

Su amigo Ben Grimm, de carácter duro pero adorable, quedó horriblemente desfigurado como «la Cosa» («The Thing»), aunque a cambio ganó una fuerza extraordinaria.

A veces se celebra la existencia de Los 4 Fantásticos como superhéroes con problemas, pero todos colaboran para resolver esos problemas y, en palabras de Ben, «usar sus poderes para ayudar a la humanidad». En el universo Marvel, esa ayuda es de todo punto necesaria, puesto que no paran de surgir personajes perversos que amenazan las vidas de la gente corriente. Queremos examinar dos de los mayores enemigos a los que han debido enfrentarse Los 4 Fantásticos, para comparar dos formas de comprender la vida: una que se rige por un punto de vista de ética elevada y otra que se rige por el seductor atractivo del poder y la gloria.

Primero nos centraremos en el Doctor Doom, que se topó por vez primera con Los 4 Fantásticos en el número 5 de la serie, y luego examinaremos a Galactus, personaje introducido en el número 48. Doom es un genio científico malvado y megalomaníaco, además de antiguo compañero de universidad de Reed Richards. Galactus es una fuerza cósmica situada casi más allá del bien y del mal, un ser inmenso que, para sobrevivir, debe destruir y consumir mundos enteros. Otro actor del drama es el hombre de avanzadilla de Galactus, su explorador o heraldo, Silver Surfer (Estela Plateada), que recorre el universo buscando mundos apropiados para su alimentación. Analicemos cada uno de estos enemigos en el mismo orden en el que chocaron originalmente con Los 4 Fantásticos.

Una búsqueda maldita de gloria y poder

El Doctor Doom apareció el primero en la escena, pero será útil centrar la mirada en él justo después de que Los 4 Fantásticos hayan tenido que lidiar con una amenaza de Galactus. En los números 57 a 60, después de que Galactus haya amenazado temporalmente la existencia de la Tierra y luego se haya marchado, tenemos una buena oportunidad de examinar la moralidad del universo Marvel. Silver Surfer sigue en el área y el Doctor Doom ha descubierto una forma de robar el increíble poder cósmico que le ha otorgado su señor, Galactus. Doom declara cuál es toda su filosofía vital al afirmar, simplemente: «El poder siempre ha sido mi Dios». Durante un breve tiempo, se muestra resuelto a utilizar este poder robado para gobernar el mundo.[2] Cuando al fin logra hacerse con el poder de Silver Surfer, el número 57 concluye con un gran anuncio: «¡Todo el mundo pertenece a... al Doctor Doom!». Así es como funcionan, por supuesto, los supermalvados de los cómics y... también los malos del mundo real: un poco de poder se les sube inmediatamente a la cabeza.

Silver Surfer ha portado su asombroso poder con una notable ecuanimidad filosófica. Se trataba de una persona tranquila, sabia, digna y pausada, que jamás habría proclamado su poder y su gloria del modo en que lo hizo Doom nada más obtenerlo. Además, Silver Surfer solo aspiraba a emplear su poder para servir a otro; el Doctor Doom, en cambio, solo desea que lo sirvan a él.

Cuando el Doctor Doom acaba de traicionar a Silver Surfer —un personaje confiado, casi inocente— al usar una máquina muy científica, de aspecto médicamente avanzado, para robarle su poder, se acicala y presume: «¡Ahora soy yo el que posee el Poder Cósmico que antes era suyo! ¡Nunca an-

2. En números más recientes de Los 4 Fantásticos —publicados casi cuarenta años después que los cómics que estamos examinando—, el Doctor Doom aparece reinventado como alguien centrado en proteger su reino, pero en los años sesenta era el modelo más claro del deseo maligno de gobernar el mundo y causar daño a Los 4 Fantásticos.

tes un único ser humano ha sido tan plenamente supremo, tan invenciblemente superior como yo! Ahora, que la humanidad tiemble... Porque el Doctor Doom ha obtenido poderes sin límite, ¡un poder suficiente como para desafiar al propio Galactus!». Y es a todas luces evidente que el poder que Silver Surfer había contenido tranquila y humildemente ha pasado a manos de alguien que persigue hasta la locura su propia gloria como «¡nuevo señor de toda la humanidad!». Se han atribuido con frecuencia al famoso historiador lord Acton las siguientes palabras: «El poder corrompe y el poder absoluto corrompe absolutamente». Sin embargo, la cita no es exacta.[3] A partir de estos ejemplos opuestos de Silver Surfer y el Doctor Doom, es fácil derivar una conclusión filosófica más matizada, según la cual no es el poder en sí mismo lo que necesariamente corrompe, sino la interacción del poder con el recipiente en el que se vierte. Si una persona ya posee defectos de carácter que lo inclinan hacia la corrupción, una adquisición repentina de poder puede actuar sobre tales deficiencias y hacerlo descender por una rápida espiral.

El Doctor Doom, claramente, considera que está en su derecho de aspirar al poder y la gloria. También le parece perfectamente válido lograr tales fines a costa del mundo entero. En su modo de ver, las demás personas son simples medios para sus fines o, si no, obstáculos que debe eliminar. Mientras Doom se dedica a jactarse de su nuevo poder por todo el mundo, su huésped ahora encarcelado, Silver Surfer, recibe una paliza de su carcelero, pero aun así expresa palabras que bien podrían ser las de un filósofo estoico: «Aunque esté privado de mi poder, no me arrastro, ¡no gimo! ¡Aún soy

3. Las palabras exactas de lord Acton fueron: «El poder tiende a corromper y el poder absoluto corrompe absolutamente» (carta al obispo Mandell Creighton, 3 de abril de 1887).

Silver Surfer!». Este «recipiente» sigue siendo tal y como era, aunque ya no contenga poder. Una persona que no se corrompe con la adquisición del poder, no se destruye cuando lo pierde. Le consuela saber quién es, con o sin poder, con o sin gloria. El carcelero de Surfer lo zahiere recordándole que ese consuelo resulta inútil frente al poder del Doctor Doom, y Silver Surfer replica: «¡Tu señor nunca se impondrá! Por mucho que ahora posea el Poder Absoluto, ¡es un poder usurpado! De un modo u otro, está tan claro como que el universo existe: lo destruirá, ¡lo tiene que destruir!». Más allá de que la prosa sea hiperdramática y, en consecuencia, algo confusa, cabe atisbar una creencia fundamental en la justicia subyacente del cosmos.

Este es un punto de contacto central entre el universo Marvel y los mejores filósofos antiguos. Unos y otros creen que, al igual que las leyes físicas básicas, como la gravedad, el gobierno moral de la justicia se terminará imponiendo, pues es inherente a la naturaleza misma de las cosas. En este caso en concreto de poder y mal uso de este, las leyes de la justicia cósmica determinan que, si una persona que no es capaz de manejar bien el poder se hace con él —especialmente, por medios amorales—, ese mismo poder la destruirá. El verdadero problema del poder no depende siquiera del mero hecho de poseerlo; se trata más bien de qué clase de persona lo tiene y maneja. El poder y la gloria no existen en un vacío, sino que interpretan papeles profundos en el carácter y las acciones de cada persona.

En origen, Silver Surfer adquirió sus poderes al convertirse en explorador de planetas y heraldo cósmico de un ser inmensamente poderoso y antiguo, Galactus. Se presentó voluntario para esa función con miras a evitar que su mundo corriera el destino de morir consumido por esta entidad voraz. Silver Surfer se sacrificó a sí mismo —con más propiedad, sacrificó la integridad de su vida normal en este mundo— para servir a Galactus, viajando en solitario a través del cosmos, eón tras eón, buscando planetas que este devorará. El Doctor Doom es muy distinto. Aunque su retrato se ha vuelto mucho más complejo a lo largo de las décadas, con la intención de atraer más a los lectores que disfrutan de su exhibición de ego, gloria e importancia, su ética apenas ha cambiado. En el número 258, recuerda este antiguo episodio con Silver Surfer e intenta hacerse de nuevo con el Poder Cósmico, empleando ahora otro antiguo heraldo que había servido a Galactus. Las viejas costumbres no se pierden así como así. Según nos demuestra la historia mundial, una vez que el impulso de poder y gloria toma el control de una persona, a esta le resulta muy difícil librarse de él.

Al igual que los lectores de finales de los años sesenta, se nos mueve a preguntarnos cómo alguien podrá llegar a derrotar el tremendo poder que el Doctor Doom ha tomado de Silver Surfer. La respuesta definitiva confirma la predicción moral realizada por este último y restablece el orden cósmico que se alteró cuando Doom robó su poder; el mismo orden moral que se derroca cuando alguien con motivos perversos y un corazón corrupto utiliza a otras personas como simples medios para conseguir sus fines egoístas, relacionados con el poder o la gloria (u otros objetivos, como el dinero, la condición social o la fama). La arrogancia egocéntrica de Doom lo predispone al error y, cuando lo comete, la fuente última de su poder se apresta a retirárselo. Al final, es Galactus quien priva al Doctor Doom de lo que nunca fue suyo con justicia.

En el universo Marvel, los buenos recobran el poder y los malos ven frustrados sus planes. Silver Surfer nunca eligió el poder para gobernar sobre los demás y ampliar su propia gloria, sino que lo aceptó porque era el único modo de salvar a su propia gente. Al Doctor Doom se lo retrata como un ego que solo pretende servirse a sí mismo, mientras que a Silver Surfer se lo muestra como un modelo de servicio y entrega a los demás.

Cuando analicemos al propio Galactus, veremos cómo un personaje que se encuentra situado, en apariencia, más allá del bien y del mal, no logra escapar a las categorías morales y, al final, será convencido por el punto de vista moral.

Galactus: el poder y la gloria

En la búsqueda de enemigos verdaderamente temibles con los que enfrentar a Los 4 Fantásticos, Marvel tuvo que ir más allá de las consideraciones convencionales del bien y del mal. Inventaron entonces un ser extremo, Galactus, que solo puede sobrevivir y recargar su poder al consumir planetas enteros. En un punto temprano del arco narrativo de Galactus, Silver Surfer aparece en la inmensidad del espacio y se acerca a la Tierra, en cuanto posible alimento para su señor. Este planeta está siendo observado por Watcher, el Observador, miembro de una raza inmortal que ha jurado seguir la evolución de los mundos, pero sin jamás intervenir en este. Aun así, a pesar de este voto, el Observador no puede resistir el deseo de ayudar a la Tierra y salvarla, por mor de la vida humana que allí se desarrolla, con lo que intenta ocultar el planeta a Silver Surfer. Sin embargo, su empeño fracasa, Silver Surfer aterriza en nuestro planeta y llama a Galactus.

Cuando Galactus llega, sostiene una conversación con el Observador. Debido a su propio poder y condición cósmica, el Observador es el único ser de la zona al que Galactus reconoce capaz de mantener un diálogo y una interacción significativa con él. Galactus lo reprende por haber intentado ocultar la Tierra a su heraldo y se produce el siguiente diálogo:

OBSERVADOR: ¡Atiende a mis palabras, saqueador de planetas! Esta minúscula mota de materia en la que nos encontramos contiene vida inteligente, ¡no debes destruirla!

GALACTUS: ¿Y qué importancia pueden tener unas vidas breves y anónimas... para Galactus? ¡No pretendo hacer daño a ningún ser vivo! Pero debo recargar mi energía. Si hay criaturas ínfimas que se extinguen cuando agoto la energía de un planeta, es lamentable, ¡pero inevitable! Observador, tú que pareces familiarizado con estas criaturas insignificantes, te sugiero que les aconsejes estar más callados... ¡antes de que los borre de golpe!

OBSERVADOR: ¡Cuidado, Galactus! Son menos insignificantes de lo que crees. Y en esta hora fatídica, ¡el Observador está a su lado!

GALACTUS: Entonces, ¿violarías tu juramento de no interferir nunca en los asuntos cósmicos? ¡Pues que así sea! A pesar de tu poder, que conozco muy bien, no debe olvidarse que yo soy Supremo sobre mí mismo... ¡Yo soy Galactus!

El grandullón se retirará, pero no antes de formular estas últimas palabras de petulante autoelogio.

El intercambio es breve, pero vale la pena llamar la atención sobre una cuestión interesante. Aunque se nos ha dicho que Galactus existe más allá del bien y del mal, fuera del marco de aplicación de las categorías morales, su primer intento es justificar moralmente las acciones previstas en el futuro realizando una distinción ética entre lo que pretende hacer y las consecuencias de ello (anticipadas con claridad, pero no buscadas). Necesita consumir un planeta para mantener su propio poder y existencia. Solo busca eso: una buena y nutricia comida. Ahora sabe que, con esa acción, hallarán la muerte seres dotados de inteligencia y sentimientos, pero protesta ante el Observador, alegando que esto es, en el peor de los casos, un efecto indirecto desgraciado, pero no el fruto buscado de sus actos.

Se trata de una jugada común, realizada a menudo por seres muy inferiores a Galactus con la intención de racionalizar una acción que, inevitablemente, tendrá consecuencias negativas. Aquí la estratagema no resulta más convincente que cuando la emplea el ambicioso ejecutivo de una gran empresa o un político corrupto. Lo que más importa señalar, en este contexto, es que ni siquiera un ser cósmico creado para situarse más allá del bien y del mal puede evitar el uso de las categorías morales, aunque sea de mal modo y para propósitos inmorales.

Pero volvamos a nuestro cómic. Después de que Los 4 Fantásticos intenten varias veces —con tanto heroísmo como ineficacia— enfrentarse con Galactus, la única esperanza para el futuro de la Tierra pasa por un plan misterioso y complejo, concebido por el Observador, junto con una inesperada redención de Silver Surfer por obra de la artista ciega Alicia, novia de Ben Grimm. Por mediación de su belleza, Alicia toca y aviva la compasión que había quedado muy enterrada en él después de tanto tiempo a solas en el espacio. Al menos, él dice que ha «encontrado algo que vale la pena proteger. ¡Aunque eso suponga que debo presentar batalla a... mi Señor!». Y luego añade: «El Poder es de Galactus, ¡yo solo soy su heraldo! Y, sin embargo, ¡los dos somos viajeros del cosmos! ¡Mi propio poder nunca se ha puesto a prueba de verdad!». Esta resurrección inesperada de Silver Surfer —que había sufrido una muerte emocional después de un tiempo incalculable de no haber sentido—, que ahora siente compasión por los humanos de la Tierra, causa la inquietud del Observador, puesto que, aun «sin pretenderlo, ¡puede ser que Silver Surfer provoque la destrucción total de la Tierra!». El Observador no quiere que nadie pelee con Galactus, porque sabe que toda resistencia será en vano. Su plan es muy distinto.

En una confrontación posterior con Galactus, Silver Surfer revela que pretende dejar de ser su heraldo. Esta conversación se prolonga durante el tiempo necesario para que el Observador complete su plan y consiga traer, desde un mundo tan inefablemente distante que ni describirse puede, un artefacto denominado Anulador Supremo, que sí se erige en amenaza real contra Galactus. La llegada de esta máquina singular, la única que es capaz de aniquilar el universo entero, sorprende y detiene a Galactus, momento que el Observador aprovecha para dialogar de nuevo con él. La conversación, que supone un clímax en el relato, nos permite ver algunos de los conceptos y las virtudes fundamentales del universo Marvel. El Observador comienza refiriéndose a los seres humanos que han logrado hacerse con ese artilugio terrorífico, Los 4 Fantásticos:

OBSERVADOR: ¡Ten en cuenta el valor que demuestran! Aunque aún están en su infancia, ¡no debes despreciarlos! ¿Acaso tu raza y la mía no evolucionaron a partir de unos seres tan humildes? ¿Acaso no poseen la semilla de la grandeza dentro de sus frágiles estructuras humanas?

GALACTUS: Pero ¿y qué ocurre con Galactus? ¿Qué ocurre con la energía ilimitada que debo absorber para sobrevivir?

OBSERVADOR: ¡Hay otros planetas! ¡Los dos sabemos muy bien que el universo es infinito! ¡Destruir una raza no puede ser la respuesta!

GALACTUS: ¡Me estoy cansando! El botín no merece la batalla. ¡Que los humanos entreguen su arma y ya no me detendré aquí ni un instante más!

OBSERVADOR: ¡Haz como dice, mortal! ¡La promesa de Galactus es la viva Verdad!

Acto seguido, Reed Richards corre un riesgo extremo y entrega a Galactus el Anulador Supremo, lo único que le ha impedido consumir la Tierra.

Antes de marcharse, Galactus proclama: «¡El Juego ha terminado! Se me ha escapado la recompensa. ¡Y al fin percibo el destello de Gloria en la raza del hombre! Que siempre seáis dignos de esa gloria, humanos... ¡Recordad siempre vuestra promesa de grandeza! Porque un día os llevará más allá de las estrellas ¡u os enterrará en las ruinas de la guerra! ¡¡La elección es vuestra!!».

Poder y gloria: exámenes de virtud

En este drama, Galactus quizá hubiera sido concebido para quedar al margen de la ética, pero el empeño de los superhéroes humanos conseguirá, al final, atraerlo a la arena de la moral. Cuando abandona la Tierra, después de los acontecimientos recién narrados, parece haber reconocido el valor intrínseco de los seres humanos, pero no es una convicción que le resulte propia. Como en las vidas de muchas personas, ha debido de ocurrir primero algo extremo que le haya hecho «bajar los humos» antes de poder desarrollar una mentalidad genuina y plenamente ética.

Uno de los aspectos más interesantes de la ética incrustada en el universo Marvel (y, a este respecto, también en el universo DC) es que el marco ético de los superhéroes cuenta con una lógica o forma completamente distinta a la ética empleada para describir las acciones de los malos. El contexto en el que se crea y juzga a los supermalos se asemeja a un utilitarismo invertido. El utilitarismo, descrito en pocas palabras, es la concepción filosófica según la cual la acción correcta, en cualquier circunstancia, es la que produce el bien mayor para el número más amplio posible de personas. Como perversa contraposición a este punto de vista, un supermalo de la Marvel se caracterizará por intentar causar el mayor perjuicio al mayor número posible de personas, solo esto, según parece, exhibiría adecuadamente el triunfo de su poder. Aunque este hermano perverso del utilitarismo no es, estrictamente hablando, una negación lógica de su concepto popular, parece ser la guía de la Marvel para la creación de cualquier personaje verdaderamente malvado. Pero el contexto que da forma a las acciones de los superhéroes no se basa ni en el utilitarismo ni en su correspondiente inversión negativa.

Un superhéroe actúa porque cree que el daño causado a una persona, especialmente a un inocente, es algo intolerable. Los superhéroes no se enredan en un pensamiento utilitario por el cual cierto daño causado a un inocente puede contrapesarse válidamente al engendrar bienes mayores para la mayoría. Si se le hace elegir entre salvar a una persona inocente y salvar a todo un grupo de personas, el superhéroe típico es incapaz de escoger. En realidad, quizá más incluso que los poderes extraordinarios que le hayan sido otorgados, lo que en último lugar define qué supone ser un héroe es la incapacidad de tomar esa decisión. Lo que el héroe hace a continuación es lo que lo eleva a la condición de superhéroe: salvará tanto a la persona inocente como al grupo. El superhéroe se centra siempre en el valor intrínseco del individuo y aun así es capaz de derrotar al maligno que considera prescindibles todas las demás entidades. El concepto de la vida, entre los superhéroes, no es en absoluto utilitario, sino una forma de un punto de vista ético alternativo que se ha dado en llamar «personalismo»: esta filosofía considera que todas y cada una de las personas poseen un valor fundamental e irreducible.

El personalismo ha sido desarrollado y expuesto por numerosos filósofos, desde Borden Parker Bowne (1847-1910) a Martin Buber (1878-1965). Los personalistas no calculan el valor de una persona en función de los objetivos personales, centrados en uno mismo, como haría el Doctor Doom; tampoco según el utilitarismo corriente, para el cual el bien de muchos puede pesar más que el bien de uno solo. Por el contrario, cada persona posee un valor absoluto. El personalismo hunde sus raíces tanto en la ética religiosa como en la obra del gran filósofo Immanuel Kant (1724-1804), quien defendió que se debía tratar a cada persona como un fin en sí mismo (o sí misma) y nunca como simple medio para un fin independiente.[4] Los personalistas, al igual que los kantianos, creen que manipular a las personas con irresponsabilidad es un error injustificable y muy grave. También se hallan profundamente comprometidos con la idea de una comunidad justa, en la que se permite que las personas florezcan con respeto y dignidad. Para Kant y todos los personalistas, la ética que todos empleamos debería contribuir a una comunidad en la que prosperen tanto las personas como el grupo. Kant lo denominó «reino de los fines», en el que toda persona es libre de actuar de acuerdo con el reconocimiento del valor de todas las demás personas. En una ética personalista, la función apropiada del poder o la gloria en la vida de una persona se juzga siempre en relación con el modo en que esa persona

4. Véase Kant, *Groundwork for the Metaphysics of Morals*, Harper and Row, Nueva York, 1964, traducción de H. J. Paton. (*Fundamentación de la metafísica de las costumbres*, con los comentarios de H. J. Paton, Tecnos, Madrid, 2005, trad. de Manuel García Morente.)

respeta a los demás y el modo en que ese poder o esa gloria afecta al reforzamiento de la comunidad mayor. No cabe buscar uno ni otra por mor de sí mismos, ni por mor del yo individual.

En el universo Marvel, vemos que Los 4 Fantásticos y otros superhéroes se rigen una y otra vez por el personalismo, mientras que los malos, como el Doctor Doom, emplean artimañas perversamente egoístas que causan gran perjuicio a los demás (o amenazan con hacerlo) en la búsqueda de su propio poder y gloria individuales. Las acciones de los superhéroes en su relación con el personalismo son lo que, al final, convencen incluso a Galactus de las ventajas del punto de vista moral.

Como hemos visto, Galactus ronda en el límite de la conducta ética y parece habitar mayoritariamente fuera de las categorías del bien y del mal, como fuerza amoral, por dos razones: la primera implica su constitución y la segunda se debe a su ambivalencia respecto de formar parte de alguna comunidad. En primer lugar, Galactus debe convertir materia animada, cantidades enormes, en una forma de energía que le permita continuar con vida. Su misma existencia parece requerir la muerte de los demás. Él acepta tal necesidad como un hecho, ni bueno ni malo. Se trata de un caso, obviamente, análogo al de los humanos corrientes que, típicamente y sin reparo, consumen formas de vida situadas por debajo de nosotros en la cadena alimentaria para la propia preservación. En la mayor parte de la historia humana, es algo que hemos tomado igualmente como un hecho que, en sí mismo, no era ni bueno ni malo.

Evidentemente, Galactus no cree estar consumiendo algo que participe con él de una mutua comunidad moral. Por desgracia, pero a la vez de un modo claro, esto describe bien la actitud que tenemos la mayoría de nosotros hacia el resto del mundo natural, incluida la mayoría del mundo animal. Así pues, para Galactus, la totalidad de la Tierra y los seres humanos que la habitan ocupan un lugar tan bajo en la cadena alimentaria que no solo no los respeta sino que ni siquiera los reconoce en absoluto como seres morales equiparables a él. Solo mediante las preguntas y los comentarios del Observador es capaz, al fin, de reconocer y aceptar a los simples mortales (incluyendo a nuestros superhéroes) y mostrarnos algo de respeto. La aparición del Anulador Supremo no se habría concebido nunca para causar daño a Galactus, puesto que su uso habría equivalido a un ejemplo clásico de ganar la batalla perdiendo la guerra. Solo se lo necesitaba como causa de demora, para que el Observador pudiera contar con la atención de Galactus durante el tiempo necesario para ayudarle a ver que los seres humanos somos capaces de erigirnos en algo importante a sus ojos. El Observador confiaba en que si persuadía a Galactus de reconocer a los seres humanos como otros seres inteligentes y hallar algo respetable en ellos —aunque sean tan solo una raza infantil con meros destellos de grandeza—, quizá adoptaría para con nosotros la posición crucial de un ser ético, no solamente la de un gigante hambriento que anda en busca de su próximo bol de Cereales Cósmicos. Por descontado, el Observador estaba en lo cierto.

Los destellos de grandeza de los seres humanos tienen que ver tanto con la gloria como con el poder. A partir de las historias de los distintos superhéroes de Marvel y sus superenemigos, podemos comprender que cabe ver aumentados nuestro poder y nuestra gloria de modos perfectamente aceptables, sin caer en nuestro propio beneficio egoísta. Se pueden adquirir correctamente, pero solo como consecuencia natural de acciones moralmente apropiadas. Y solo se los puede usar adecuadamente para el bien de las comunidades morales, no como útiles de búsqueda de objetivos centrados en uno mismo. Solo tipos malignos como el Doctor Doom persiguen el poder y la gloria por sí mismos y por mor de otros objetivos propios y egoístas. Los 4 Fantásticos, por el contrario, usan tanto su poder como su gloria para bien de los demás, representan el punto de vista moral y constituyen entre ellos una comunidad moral que se abre hacia comunidades cada vez más amplias, en las que pueden intervenir para bien.

Galactus posee un poder tremendo, pero carece de una comunidad moral en la que usarlo bien. Esto cambia radicalmente cuando se torna en receptor y beneficiario de la ética superheroica. Casi doscientos números después del arco narrativo que hemos estado analizando, en el número 244 de la serie, Galactus regresa a la Tierra persiguiendo a un antiguo heraldo, Terrax, que lo ha desafiado. Tras encontrarlo y derrotarlo, Galactus queda debilitado y debe alimentarse para restaurar su poder. Por desgracia —aunque era de esperar— volvemos a ser el alimento disponible más próximo. Quizá Galactus haya olvidado que en otro tiempo reconoció el valor de los seres humanos, pero sin duda sigue siendo capaz de reconocer un buen plato en cuanto lo ve.

En esta ocasión, cuando Los 4 Fantásticos vienen al rescate, se les unen las fuerzas de los Vengadores (Avengers) y del Doctor Extraño (Doctor Strange) y entre todos resultan capaces de vencer a un Galactus debilitado. Pero incluso cuando este está moribundo, emerge la ética personalista de los superhéroes. Y así, en boca del Capitán América, leemos esta afirmación: «pero Galactus es un ser vivo, un ser que siente y no actúa con mala intención. Hace lo que debe hacer para sobrevivir, igual que nosotros, sin más». A esto, Reed Richards replica: «¡El Capitán América tiene razón! Tenemos que ayudar a Galactus».

El gigante cósmico resucita y queda completamente perplejo. Primero exclama sobre sí mismo, con su extraña forma de hablar de sí, en tercera persona: «¡Galactus vive! Pero... Galactus está confuso. Me habíais derrotado. Una victoria tan total que Galactus se hallaba al borde mismo de ese abismo final al que toda la vida debe llegar algún día. ¿Por qué me habéis salvado?». Reed Richards le responde expresando justamente la cuestión que pretendemos poner de manifiesto al respecto de los superhéroes del universo Marvel: «No teníamos elección, Galactus. No podíamos quedarnos de brazos cruzados y dejar que murieras, no podemos dar la espalda a cualquier otra criatura en situación de necesidad».

Esto surte un efecto potente. A partir de este momento, Galactus interactuará en calidad de «iguales» con al menos algunos seres humanos —Los 4 Fantásticos tendrán un papel particularmente destacado—, por las acciones que han salvado su vida. Aprende a arrepentirse de su actitud anterior y a sentir verdadero respeto por los demás seres. Ya no son simples objetos de saqueo o alimento, mera satisfacción de su apetito, sino individuos merecedores de una genuina consideración moral, que piden su reconocimiento y respeto. Galactus ha avanzado hacia el ideal de una comunidad moral personalista. Y en este relato de poder, caída, restauración y cambio, estamos viendo en un contexto narrativo contemporáneo algunas de las advertencias formuladas por los antiguos filósofos griegos al respecto de los males de la *hybris* o vanagloria, así como la perspectiva filosófica según la cual todos nosotros prosperaremos mejor en una comunidad pacífica de acción ética, donde se reconoce y respeta el valor intrínseco de todas las personas. Son lecciones de los mejores pasajes de la filosofía antigua, pero podemos hallarlas retratadas con gran viveza en nuestros relatos de superhéroes contemporáneos.

7

El mito, la moral y las mujeres de la Patrulla X

Rebecca Housel

> Las imágenes de los mitos son reflejos de las potencialidades espirituales de cada uno de nosotros. Al contemplarlas, evocamos su poder en nuestras propias vidas.
>
> Joseph Campbell, *The Power of Myth*

Desde la tragedia del 11 de septiembre de 2001, la popularidad del cine heroico —con muchas formas de héroes— ha aumentado mucho. Naturalmente, los cómics de superhéroes se ajustan perfectamente a esta necesidad y las películas basadas en historietas han batido récords de taquilla. El superhéroe se ha vuelto a convertir en un icono cultural. Sin embargo, con este oportunismo, Hollywood nos está ofreciendo más que una mera distracción. Algunas de las películas recientes portan mensajes filosóficos que pueden iluminar nuestras vidas. En particular, las películas de X-Men (la Patrulla X) se ocupan de la filosofía de la naturaleza humana de un modo que podemos apropiarnos utilizando la obra de un gran estudioso de la mitología, Joseph Campbell, junto con algunas teorías contemporáneas sobre la ética en la toma de decisiones.

La demanda de diversidad

En medio de toda esta nueva atención a los superhéroes, el público cinematográfico de Estados Unidos exige una mayor diversidad en el espectro de los héroes, así como la inclusión de un mayor número de heroínas. La mayoría de los superhéroes de cómic más conocidos son varones, como Superman, Batman, Spider-Man, Green Lantern (Linterna Verde), Flash, Thor y Daredevil, y la mayoría de los largometrajes superheroicos del pasado se han centrado casi exclusivamente en estos héroes varones. Sin embargo, en la actualidad Hollywood está intentando satisfacer la demanda distinta del público más joven e incluye héroes de género* para todas las numerosas facetas de los espectadores del siglo XXI. Esta nueva corriente de inclusión está ayudando a películas como *X-Men* e *X 2* a convertirse en parte de una nueva mitología superheroica. Creados primero en las páginas impresas de los cómics de Marvel, durante los primeros años sesenta del pasado siglo, y en proceso de adquirir ahora un nuevo y distinto carácter legendario, los hombres y las mujeres de la Patrulla X se están alzando a una condición mitológica de nueva altura, gracias a unas películas exuberantes.

La historia básica y original es muy sencilla. En varias partes del mundo han nacido niños con mutaciones genéticas que les otorgan poderes diversos e inalcanzables para los humanos normales. Estos mutantes tienen la capacidad de crear un gran bien para los demás seres humanos no mutantes, pero también de causar grandes daños. La población los teme, algunos incluso los odian. Entre la población mutante han surgido dos líderes, el heroico Charles Xavier y el malvado Magneto. Xa-

---

* «Género» en el sentido no propiamente castellano, pero habitual en estos contextos, de identidad construida socialmente sobre una base sexual. (*N. de los t.*)

vier quiere organizar e instruir a los mutantes para que sirvan a la humanidad y, de resultas del bien causado, confía en que ambas comunidades puedan vivir conjuntamente y en armonía. Para ello, forma un equipo conocido como los *X-Men*, la Patrulla X. Magneto sigue un camino muy distinto. Cree que los seres humanos han declarado la guerra a la población mutante y que esta debe responder con la misma moneda. Todas sus acciones se realizan en nombre de la libertad mutante, pero en la primera película de *X-Men*[1] veremos que no vacila en matar a otro mutante si con ello puede favorecer sus objetivos.

En su maldad, Magneto se erige como contrario de Xavier y ambos representan una parte importante de la dualidad evidente en todos los mitos: bueno y malo, mujer y hombre, vida y muerte. Reconocer esta dualidad es, en la mitología clásica, el primer paso para salir hacia el más amplio mundo exterior.[2] Y así es como empieza *X 2*, pero no es así como termina. A partir de sus trabajos sobre la mitología mundial y las imágenes históricas de lo heroico, Joseph Campbell sugiere que detrás de toda dualidad cabe encontrar en acción una singularidad. El punto de partida principal de la segunda película de la Patrulla X es que siempre debería haber una transcendencia de la dualidad a una singularidad (o unidad) particular. Por ello, tanto el título como el subtítulo de ese largometraje están bien elegidos: *X 2: X-Men United* («X 2: X-Men unidos»).

La obra definitiva de Campbell sobre las mitologías de todas las culturas resulta crucial para comprender los paralelos entre la mitología tradicional y los mitos superheroicos de Hollywood. También se puede utilizar para construir ele-

---

1. *X-Men*, dirigida por Bryan Singer (Twentieth Century Fox, 2000).

2. Joseph Campbell, *The Power of Myth*, Anchor, Nueva York, 1991, ed. de Betty Sue Flowers. (*El poder del mito. Joseph Campbell, en diálogo con Bill Moyers*, Emecé, Barcelona, 1991, trad. de César Aira.)

mentos importantes de una filosofía de la naturaleza humana, centrada especialmente en la cuestión de qué implica la excelencia heroica. Según Campbell, todos los héroes (o heroínas) recorren un trayecto cíclico que comprende tres fases principales: salida, iniciación y regreso. En la fase de salida, el héroe abandona el aislamiento del hogar tras recibir una «llamada». Esto permite al héroe cruzar un umbral por el que pasa al mundo general, en el que puede comenzar entonces la fase de iniciación. En esta se experimentan varias pruebas distintas y, una vez que la persona ha demostrado ser digna de la condición heroica, puede empezar la fase de regreso. En esta fase final, nuestro héroe, de un modo u otro, ha transcendido la dualidad hasta llegar a una singularidad subyacente. Hay una integración de lo familiar y lo extraño cuando el héroe se convierte en «Señor de los Dos Mundos». Esto supone una necesaria transformación de la conciencia y completa el viaje. Este mismo ciclo triple se emplea de muchas formas en las películas populares y sin duda es una parte subyacente de la trama heroica tanto en *X-Men* como en *X 2*.

Hay ocasiones en las que Hollywood elige bien los objetos que mitifica. A la vista del avance del feminismo, los principales estudios cinematográficos han tendido a mostrar más mujeres en papeles heroicos y de liderazgo. Y para cumplir estas necesidades de creación de un mito superheroico innovador y más amplio quizá no existe mejor recurso, en el mundo del cómic, que *The Uncanny X-Men* («La Patrulla X»). Cuando Stan Lee, el jefazo de Marvel, lanzó esta historieta en 1963, pretendía haberle dado un título de género no específico: *The Mutants* («Los Mutantes»). Un editor discrepó y rebautizó la serie como *X-Men*, (los «Hombres X»).[3] A pesar

---

3. Lo cuenta el propio Stan Lee en la sección de «Special Features» del DVD de *X 2*.

de este nombre netamente masculino, la serie siempre ha concedido mucha atención a mujeres poderosas. Por descontado, la mayoría de los grandes equipos de superhéroes del pasado incluían alguna mujer; por ejemplo, Wonder Woman (la Mujer Maravilla) en la JLA (Liga de la Justicia de América) y la muy rubia y hermosa Black Canary (Canario Negro), que se une a ella en la JSA (Sociedad de la Justicia de América), o Sue Storm en Los 4 Fantásticos y la Avispa en los Vengadores. Pero la Patrulla X tiene más papeles femeninos fuertes de lo que es típico en los relatos superheroicos clásicos. Examinaremos tres de ellos, para ver qué luz filosófica podría arrojar su trayecto mítico sobre la condición humana.

La tormenta perfecta

Entre la diversa población representada en *X-Men* se incluye al personaje afroamericano de Storm (Tormenta). Ella es hija de una princesa africana y de un fotoperiodista estadounidense, Ororo Munroe. Lleva el nombre en clave de Storm y apareció por primera vez en el cómic de Marvel *Giant-Size X-Men* número 1, en 1975. Quedó huérfana de niña en El Cairo (Egipto), al hundirse un edificio en un accidente que causó la muerte de sus dos padres.[4] Como otros muchos recorridos heroicos, el de Storm comienza con una tragedia. Cuando la conocemos, es una mujer inteligente, leal y muy poderosa; sus capacidades mutantes incluyen el vuelo y el control de la meteorología (de ahí su nombre). En *X 2* Storm actúa como maestra, además de poderosa guerrera por el bien de la humanidad, aun a pesar de la insistencia humana en temer e incluso odiar a todos los mutantes. Encaja a la per-

---

4. Voz «Storm», en la *Ultimate Marvel Encyclopedia*, ed. de Beazley y Youngquist, Marvel Comics, Nueva York, 2003, vol. 1, p. 157.

fección con la definición clásica que dio Campbell del héroe: oye una llamada a una nueva aventura, deja lo conocido por lo desconocido, supera pruebas que le permiten crecer y regresa al hogar, al menos metafóricamente, con nuevas riquezas (de sabiduría). Storm deja el aislamiento y la seguridad de su entorno keniata, donde se la adoraba como a una diosa por sus increíbles poderes, para unirse al Profesor Xavier en Estados Unidos, cruzando el umbral y cumpliendo con las pruebas, todo en nombre de la justicia y el bien.[5] Campbell describe al héroe como aquel que se une a participar en la vida con sinceridad y arrojo, al modo de la naturaleza, no al de la venganza, la decepción o el rencor personales.[6] Storm es la imagen de la concepción de Campbell, a la vez que también amplía nuestra impresión de las posibilidades heroicas de género.

Storm también es hermosa. En las dos películas citadas, su papel lo interpreta Halle Berry, poseedora de un rostro y un cuerpo perfectos. Desde luego, en los cómics de superhéroes hay una rica tradición de mujeres introducidas, según parece, solo por su exagerada belleza física, pero Storm no entra en escena por su físico ni su cara. Tampoco está en el centro de una matriz heterosexual patriarcal y tradicional, la clásica relación de hombre y mujer. Ella vale por sí misma y aporta mucha sustancia a la Patrulla X.

En *X 2*, Storm muestra un apasionado interés intelectual por un mutante varón, Kurt Wagner, al que también se conoce como «Nightcrawler» (Rondador Nocturno). Se trata de un personaje de aspecto demoníaco, con dientes acolmillados, orejas puntiagudas, ojos amarillos, manos de tres dedos, pies de dos dedos y cola prensil. También está recubier-

5. *Ultimate Marvel Encyclopedia*, p. 157.
6. *The Power of Myth*, p. 82.

to de huellas visibles de automutilación, en forma de símbolos angélicos grabados en su piel por su propia mano, tanto en la cara como en el cuerpo. Nightcrawler le cuenta a Storm que esas cicatrices son representaciones de símbolos dados a la humanidad por el arcángel Gabriel y que encajan, en número, con sus pecados. Es interesante observar que Gabriel[7] es el arcángel conocido tradicionalmente por su compasión, verdad, esperanza, resurrección y humanidad. Kurt viene a representar todas esas cosas para sus compañeros de la Patrulla X.

Nightcrawler es muy distinto, por su aspecto, tanto de Storm como del resto de la Patrulla X. Es una forma de vida de apariencia alienígena, con poderes particularmente extraños. Sin embargo, es justo esta extrema otredad suya lo que atrae a Storm, movida por la curiosidad. La misma extrañeza que despierta el miedo en el corazón de la mayoría de las personas, cuando se encuentran con mutantes, se presenta aquí como la clase de puente que puede representar en la trayectoria individual de aprendizaje y crecimiento personales. El interés de Storm en Nightcrawler demuestra que el carácter aparentemente engreído de aquella se abre a más posibilidades que las meramente incluidas en el espectro de experiencias y conceptos que han conformado su vida hasta entonces. El paso posterior, según Campbell, es transcender hasta la singularidad desde la dualidad, lo cual por descontado es la progresión natural de cualquier relación ideal: convertirse en una mente o un espíritu, dos mitades de un todo, como ya entendieron el gran filósofo Aristóteles y otros muchos autores.

7. Gabriel procede del hebreo *Gavriel*, que literalmente significa «hombre de Dios»; el sonido duro de *v* se sustituyó por el suave de *b* porque la segunda y tercera letras del *alef-bet* hebreo son *bet* y *vet*. Las dos letras son iguales, salvo por un punto en la *bet*, usado para indicar el sonido suave de *b*. Hay variantes de pronunciación según las distintas traducciones del texto hebreo.

El contacto de Storm con esta otredad también actúa de un modo inesperado. Ella y Nightcrawler hablarán brevemente, en cierto momento, sobre la fe. Ella expresa una queja sobre los seres humanos y, en respuesta, Kurt le pide que tenga compasión por los ignorantes, como habría indicado un maestro espiritual. En más de una escena, un Kurt tranquilo reza y pone su fe a trabajar, hasta el punto incluso de manejar cuentas de rosario cuando se enfrenta con dificultades. La experiencia de fe de la propia Storm se desarrolla, en *X 2*, principalmente por su asociación con él. En un momento crítico de la película, ambos deben acometer una tarea peligrosa. Nightcrawler expresa dudas, como había hecho Storm en un pasaje anterior del largometraje, y ahora es ella la que lo tranquiliza diciéndole: «Tengo fe en ti». De este modo, está transcendiendo hasta una necesaria singularidad a través de su dualidad; hasta una singularidad física tanto como espiritual, puesto que los dos se sujetan mutuamente con firmeza para poder traspasar una puerta de acero sólido, completando con ello, los dos, una transformación de conciencia necesaria para todos los héroes.

El psicólogo Lawrence Kohlberg identificó tres niveles básicos del desarrollo moral que han adquirido justa fama.[8] El «nivel preconvencional» es de obediencia a la autoridad: los niños pequeños hacen lo correcto porque así se lo dice una autoridad y no quieren que se los castigue por desobedecer. El «nivel convencional» representa un razonamiento moral más complejo. En este estadio del desarrollo, las personas intentan encajar y actúan de modo convencional con

---

8. Véase Lawrence Kohlberg, *The Philosophy of Moral Development*, Harper Collins, Nueva York, 1981. (En castellano pueden verse varias obras del autor, como por ejemplo *Psicología del desarrollo moral*, Desclée de Brouwer, Bilbao, 2003[2].)

respecto a los demás, satisfaciendo las expectativas sociales más generales y confirmando el orden social. El «nivel posconvencional» del desarrollo moral exhibe un razonamiento ético en el más alto grado. En este nivel, se actúa de acuerdo con los principios morales más elevados, centrados en la justicia, lo que permite dar apoyo o bien criticar a sus propios grupos y sociedades en el intento de hacer lo correcto.

Storm se caracteriza por exhibir el nivel posconvencional de la «ética de la justicia» en su obra de protección de los seres humanos de un modo racional y objetivo. Esta forma de acción se asocia, típicamente, con una concepción de la toma de decisiones ética basada en las normas y a menudo se la ha denominado «ética masculina». Storm sigue su propio criterio sobre las exigencias de la justicia, sobre la base de creer profundamente en los derechos individuales, la igualdad y el bien común, aun a pesar del prejuicio humano —activo y constante con pocas excepciones— contra todos los mutantes, prejuicio que ella misma experimenta. Sin embargo, también posee la capacidad de pasar de la acción (coherente con la ética masculina de Kohlberg) a la concepción «femenina» alternativa de la «ética del cuidado», que ha identificado la crítica más destacada de Kohlberg y antigua ayudante suya en Harvard: Carol Gilligan.[9]

En cierto momento de $X\,2$ vemos que Storm actúa claramente desde un centro de atención y cuidado —no desde un sentido, frío y racional, de la justicia y el deber— cuando salva a ocho niños mutantes encarcelados en un laboratorio secreto del gobierno. La concepción de la ética del cuidado,

9. Carol Gilligan, *In a Different Voice: Psychological Theory and Women's Development*, Harvard University Press, Cambridge, 1982. (*La moral y la teoría: psicología del desarrollo femenino*, Fondo de Cultura Económica, México, 1985, trad. de Juan José Utrilla.)

por parte de Gilligan, pone las relaciones como prioridad máxima, y Storm muestra una reacción casi maternal cuando sale corriendo a salvar a los niños que acaba de ver en un monitor de supervisión. Posee complejidad moral y domina la dualidad ética. No está ligada a una concepción de la ética por encima de la otra. Parece comprender con claridad que situaciones distintas requieren distintos modos de pensar. La acción ética puede cimentarse en un sentido abstracto de justicia y el deber correspondiente o emerger de la emoción adecuada. Al comprender esto, Storm funciona fuera de las expectativas de género típicas, tanto en términos de la mitología como de la psicología moral. Quizá sea el héroe perfecto: posee dureza física y mental, belleza y una faceta femenina y nutricia paralela a una faceta racional y centrada. Además, completa con éxito todas las fases heroicas de Campbell.

Otra de las agudas reflexiones de Joseph Campbell en torno del mito afirma que este nos puede ayudar a comprender que cada persona es solo una pieza pequeña de la imagen total de la humanidad. Las personas están limitadas por restricciones como el género, la edad, la profesión, la religión, la orientación, la etnicidad y la educación. El «carácter completo» de la humanidad no se halla en los individuos aislados, sino en «el cuerpo de la sociedad como un todo».[10] Filósofos tan diversos como Platón, el apóstol Pablo, los estoicos y Pascal, por mencionar solo unos pocos, han hecho hincapié, a lo largo de la historia, en la importancia de esta visión de unidad. Estos filósofos hablan de forma congruente, aunque cada uno a su modo, sobre la importancia de la solidaridad humana a través de la diversidad para una máxima realiza-

10. Joseph Campbell, *The Hero with a Thousand Faces*, Princeton University Press, Princeton, 1973. (*El héroe de las mil caras: psicoanálisis del mito*, FCE de España, Madrid, 2005, trad. de Luisa Josefina Hernández.)

ción del ser humano. Las heroínas son tan necesarias como los héroes; de hecho, según el concepto de heroísmo de Campbell, dentro de todos y cada uno de nosotros existe la posibilidad de ser un héroe. El personaje de Storm es un excelente ejemplo de ello.

Mystique y los cambios de forma

El personaje mutante de Mystique (Mística), en la película *X 2*, lo interpreta Rebecca Romijn Stamos. Nos proporciona algunos giros nuevos dentro del mundo de los superpoderosos. Mystique puede proyectar cualquier forma de belleza imaginable, es muy poderosa y posee capacidades extraordinarias, tanto intelectual como físicamente. También es malvada.

Mystique, también conocida como Raven Darkholme, aparece por primera vez en el número 16 del cómic *Ms. Marvel*, en 1978.[11] Esta historieta nos cuenta el frustrante fracaso de Mystique en su empeño por unir a mutantes y seres humanos, decepción que será la que, a la postre, forjará a la guerrera fría y manipuladora que se une a Magneto y a la Hermandad de Mutantes Diabólicos. Mystique es la madre natural de Kurt Wagner, nuestro Nightcrawler. En el cómic original se nos cuenta que abandonó a su hijo recién nacido porque su aspecto demoníaco ponía en peligro su seguridad. Su poder mutante principal es la capacidad de cambiar de forma. En su apariencia normal es una mujer, pero puede manipular fácilmente su aspecto físico para convertirse en hombre.

En *X 2*, Mystique aparece con la piel de color añil y con zonas escamosas. Se la dota de ojos amarillos, serpentinos, y cabello rojo; su cuerpo ágil tiene un aspecto ciertamente de

11. *Ultimate Marvel Encyclopedia*, p. 170.

ofidio. La serpiente es un símbolo mitológico primario y antiguo, asociado con lo femenino, el renacimiento y el misterio.[12] La apariencia física de Mystique, en la película, hace alusión a todo esto. Incluso su nombre tiene resonancias antiguas, puesto que en la raíz de la *mística* está el latín *mystes*, que se refería o bien a una sacerdotisa de misterios o bien a una persona iniciada. Las dos acepciones encajan con su carácter pleno y complejo.

Su propia naturaleza es una dualidad cambiante e inestable. No es solo femenina, también puede ser masculina. Encerrada en esta dualidad física extraña y cambiante, quizá nunca pueda transcender a la singularidad necesaria para completar el ciclo heroico, pero este no es el único obstáculo que la separa de lo heroico: también es una sociópata y parece deseosa de matar a todos los seres humanos. Hará cuanto sea necesario para alcanzar sus objetivos, que derivan, en último lugar, de su urgencia primaria de autopreservación. Usará sus capacidades de transformación para seducir a un hombre con la apariencia que este más desee, siempre que ello convenga a sus propósitos. Pero cuando Nightcrawler le pregunta por qué no cambia permanentemente de aspecto para asemejarse a cualquier otra persona, ella le replica, acremente, que no debería. ¿Cuál es la ética de esta clase de criatura?

Desde luego, a Mystique no se le puede atribuir nada ni remotamente similar a la ética del cuidado. Una madre que abandona a su hijo recién nacido para salvarse a sí misma está muy lejos de ser amorosa. En la primera película de *X-Men*, deja al Profesor Xavier en un coma peligroso. También ayuda a secuestrar a un senador, adquiere su aspecto para buscar

---

12. Joseph Campbell, *The Masks of God: Occidental Mythology*, Penguin, Nueva York, 1991. (*Las máscaras de Dios*, Alianza Editorial, Madrid, 1991-1995, trad. de Isabel Cardona y Belén Hurrutia, 4 vols.)

con él sus propios fines y entonces participa en lo que equivale a un ataque terrorista contra los líderes mundiales.

En *X 2* forma equipo temporalmente con la Patrulla X para perseguir y derrotar a un enemigo común, un poderoso militar que está empeñado en eliminar a todos los mutantes, pero abandona a sus compañeros —en una situación en la que es de esperar que morirán— en cuanto consigue lo que quiere. Se niega a reconocer a ninguna persona ni cosa que pudiera distraerla de sus propias metas. Desde esta perspectiva perversa, hay veces en las que sus acciones pueden conllevar pérdidas, pero en última instancia crearán lo que ella considera un mundo mejor. Su punto de vista y sus acciones pervierten la «ética de la justicia» de Kohlberg, al llevar hasta extremos malignos su concepto de acciones racionales regidas por las normas. Su distorsionado sentido de la justicia exige acciones que son contrarias a cualquier concepción razonable de un mundo justo. Sin duda, sus actos se rigen por normas, pero normas que son exclusivamente propias. Su conducta parte de unos principios, pero se trata de principios malvados. Su ética implacable es incluso irónica, a la postre; bajo la cubierta de su odio a todo lo humano, aunque sea sin intención, está mostrando su propia humanidad reprimida y subyacente a través de su inseguridad, su miedo y su odio. Si Storm es el héroe perfecto, quizá Mystique sea el caso contrario, el paradigma de antihéroe.

Un fénix asciende: Jean Grey

Jean Grey apareció por vez primera en el número 1 del cómic *X-Men*, en 1963.[13] Es, por tanto, un miembro original de la Patrulla X, presentada como primer estudiante del Profesor

---

13. *Ultimate Marvel Encyclopedia*, p. 139.

Xavier. Su personaje es muy distinto de Storm y Mystique, que se crearon ya en los años setenta, más de una década después que Jean. Aquella y estas representan un cambio de la actitud hacia las mujeres en la sociedad estadounidense. Como hemos visto, tanto Storm como Mystique son astutas, seguras de sí mismas y muy capaces. En cambio, a Jean se la retrata como una mujer leal, de fiar e inteligente, pero que carece de seguridad en sí misma y depende de los hombres que la rodean. También es físicamente atractiva y parte de un triángulo amoroso clásico con dos hombres de la misma Patrulla X, Scott y Logan, Cíclope y Lobezno (Cyclops y Wolverine). Funciona como foco de una matriz heterosexual continuada, que promueve entre los lectores la relación tradicional de hombres y mujeres.

En la primera película de *X-Men*, Jean ayuda a salvar la vida de Lobezno. Este mutante, un varón duro y agresivo, expresa su sentimiento de atracción (e incluso adoración) por Jean a través de miradas anhelantes y deseosas y dichos ingeniosos. En *X 2*, el flirteo continúa, al igual que la animosidad resultante entre Cíclope y Lobezno, interesados en la misma mujer.

En *X 2* vemos a Jean en un momento temprano de la película, junto con un grupo de estudiantes de la Escuela Xavier de Jóvenes Superdotados, en una excursión al museo de Historia Natural. El director nos muestra una parte de la evolución de la humanidad a través de las vitrinas del museo y ofrece nuevas alusiones sutiles a la idea de evolución al mostrar brevemente carteles del museo con esta palabra —evolución— trazada a menudo con colores brillantes. El personaje de Jean sufre dolores de cabeza que, debido a su poderosa capacidad telequinésica, interfieren en toda la electrónica del museo. El público ve a Jean luchando con su dolor, mientras la cámara se centra en una llamativa joya suya, un collar de tono plateado, con la figura de un ave, pero no de un pájaro cualquiera, sino de un ave fénix. Los aficionados a la Patrulla X reconocerán la referencia de inmediato.

Jean posee, como poderes mutantes, telepatía y telequinesia. Sin embargo, en *X-Men*, la primera película, su personaje se muestra como una simple sombra del gran Profesor Xavier. En una escena, aparece haciendo una exposición en una sesión del Congreso, con unos resultados pobres, y luego ofrece sus disculpas a Xavier. Con sus poderes particulares, le habría sido muy fácil comunicarse, de un modo muy convincente, con todos los asistentes; pero al carecer de la debida confianza en sí misma, no tardó en perder la atención de su público. Cuando Xavier entra en coma por un contratiempo con Cerebro, Jean, que antes sentía reticencia a usar la máquina, reúne el coraje necesario para intentarlo, pero solo es capaz de sostener esa valentía mientras su mentor masculino está en coma. En *X 2*, aún acepta la guía de los hombres que la rodean, incluido Cíclope, además de Xavier. Sin embargo, aun sutiles, hay signos de que no se limitará a obedecer órdenes para siempre.

El personaje está evolucionando. No solo eso: está destinado a dar un gran salto en la posterior evolución. Para los lectores de cómic aficionados al género desde hace tiempo, Jean Grey es sinónimo del Fénix, un ser cósmico que adopta la identidad de Jean después de que ella haya quedado expuesta a niveles muy altos de radiación solar durante una misión de rescate.[14] El personaje de Jean va cambiando gradualmente a lo largo de *X 2*, muestra un crecimiento personal, social y filosófico, además de un incremento de sus poderes. Y aunque el final de *X 2* no ofrece ninguna respuesta definitiva sobre su futuro, sin duda hay una alusión clara a un gran salto adelante en la evolución más allá de la muerte física como Fénix.

14. *Ultimate Marvel Encyclopedia*, p. 139.

A lo largo del período de su vida que se describe en las películas, Jean exhibe los tres niveles principales de la ética de la justicia según Kohlberg. Primero, encaja en el nivel preconvencional, al dejarse guiar por las voces autorizadas que la rodean. Cuando explica su fracaso a Xavier, su tono de voz es tan tímido que suena ratonil; también cuando presenta sus excusas por no ser capaz de realizar determinadas tareas debido a que carece del poder necesario. En muchas ocasiones exhibe igualmente el segundo nivel del desarrollo moral, el convencional, cuando actúa primariamente para complacer a los otros de acuerdo con las expectativas que percibe de ellos.

Al final, cuando, cerca de la conclusión de *X 2*, Jean sacrifica su vida para salvar la de sus compañeros, cabría alegar que ha alcanzado el nivel último, posconvencional, de la ética de Kohlberg. En esta acción, rechaza los deseos y las súplicas de otros y actúa por sí misma para preservar el bien común, independientemente de sus relaciones y lazos emocionales. Se la puede ver, en este acto último de autosacrificio, como quintaesencia del utilitarismo, por calcular qué es mejor para la mayoría de los implicados (qué incrementará la utilidad total, o la suma total neta del placer sobre el dolor) y, en un acto de fría racionalidad, elegir una acción aunque suponga su muerte. ¿Pero es esta la Jean Grey que habíamos conocido hasta aquí? ¿Es Jean la clase de persona que se limitaría a estimar qué proporcionará el bien mayor al mayor número de personas y a actuar en consecuencia de un modo mecánico? ¿O quizá es otra cosa, una actuación nacida de la forma más honda imaginable del cuidado de los otros?

Cuando Jean se sacrifica a sí misma para salvar a todos los demás, se aparta de un principio común en la ética del cuidado de Gilligan, que insiste en que las mujeres se ven a sí mismas como seres del mismo mérito que quienes las rodean. Muchas intérpretes feministas han sugerido que la ética del cuidado, propiamente entendida, excluye cualquier clase de autosacrificio por mor de los demás. En su lugar recomiendan equilibrar una sana inquietud por el propio yo junto con una inquietud adecuada por el bienestar ajeno. Sin embargo, en realidad puede haber recursos más amplios dentro de una comprensión más general de la ética del cuidado que dentro de la ética clásica, centrada en la justicia, como es la de Kohlberg, recursos que motiven y expliquen el sacrificio último que Jean está preparada para emprender por sus amigos.

La ética de la justicia se centra en las normas y los derechos. La ética del cuidado, en las relaciones y en facilitar lo que los demás necesitan. Cuando Jean se encuentra ante una situación en la que las vidas de todos sus amigos más próximos solo pueden salvarse mediante el sacrificio de la suya propia, no se enfrenta a personas que posean la clase de derecho a la vida que exige su acto definitivo como un deber moral correspondiente, en servicio a la justicia. Su acto es heroico precisamente porque Jean va más allá de la llamada del deber. No actúa por el deber sino por efecto del amor, el cuidado y la preocupación por los demás, al saber que solo su muerte puede salvar al resto de la Patrulla X. Al hacerlo así, se convierte en algo similar a un Cristo femenino y su muerte, en consecuencia, también parece predecir una resurrección.

El evangelio de san Juan (15, 13) dice: «Nadie tiene amor mayor que este de dar uno la vida por sus amigos».* Jean Grey demuestra que esto no es un privilegio de «uno» en el sentido de «un hombre». Al hacerlo así, es posible que esté superando la dualidad implícita tanto en la justicia como en la ética y en la interpretación feminista más habitual de la ética del cuidado. No hay cálculo derivado de sopesar sus derechos en comparación con los derechos de sus compañeros; tampoco se pone

* Traducción de Nácar y Colunga, BAC, Madrid, 1963[14]. (*N. de los t.*)

en duda a quién debe cuidar, a su propio yo o a los demás. Podría ser que Jean transcienda de la dualidad a la singularidad o unidad con los otros de un modo que borra la diferencia entre el sacrificio y la preservación personales. Hace lo que debe hacer para la preservación de la unidad mayor.

Mientras que el público del cine no ve la recompensa última del acto de salvación y sacrificio personal de Jean, la alusión al final de la película, junto con el comentario de Xavier a un grupo de niños, «Todo saldrá bien», son indicaciones indirectas de la disposición de Jean de ir más allá de las exigencias y deberes de la ética normal. Jean se ha adentrado en los dominios mucho más heroicos de lo que los filósofos llaman «supererogación» —actuar más allá de lo que el deber exige— y ello podría suponerle una recompensa sorprendente, mediante su renacimiento como el extraordinariamente poderoso Fénix. Esto podría ser una presentación mítica moderna del poder transformador último del amor. El ejemplo del acto puede ser tan poderoso para nosotros, los espectadores, como el acto en sí lo fue para los miembros de la Patrulla X.

Los estadios de lo heroico, según el estudio de Campbell, se corresponden con la metamorfosis de Jean en *X 2*. Jean sale de su caparazón, actúa con valentía a través de numerosas pruebas y experimenta la necesaria transformación de la conciencia. Luego, en su momento final, de autosacrificio, parece empezar otra fase del ciclo, pues vemos que la imagen dorada de una figura que recuerda a un pájaro se desliza bajo la superficie del lago cuando ella, en principio, ha encontrado su fin. ¿Regresará Jean como «Señora de los Dos Mundos»,[15]

15. *The Hero with a Thousand Faces*, p. 229. Campbell sugiere que todos los héroes regresan con la capacidad de moverse adelante y atrás entre el aislamiento y el mundo que los rodea, sin corromper ninguno de los dos.

como sugiere Campbell? ¿Volverá con la Patrulla X? Es inevitable sentir que los resultados de su acto final quedarían incompletos si Jean no regresara con Xavier, Cíclope y Lobezno.

Campbell escribió: «Por donde quiera que ande errante el héroe y haga este lo que haga, siempre se halla en presencia de su propia esencia ... Así como el camino de la participación social puede conducir, al final, a que el Todo se realice en el individuo, el del exilio lleva al héroe al Yo en todo».[16] Quizá sea este el destino de Jean Grey. Su decisión de sacrificarse por el bien común, el exilio más extremo, engendra un crecimiento social, filosófico y personal. Jean transciende las dualidades de su interior: poderosa, pero tímida; inteligente, pero falta de seguridad en sí misma; enamorada de un personaje estable y sensible, como Cíclope, pero atraída por el salvaje e imprevisible Lobezno. Al final, Jean se reconoce a sí misma en el «todo».

X2, los mitos superheroicos, la filosofía y el mundo

Storm, Mystique y Jean Grey son tres mujeres muy distintas. La que en un principio quizá habría parecido la menos superheroica de las tres, tal vez termine siendo el héroe mayor de todos y el que más nos permite aprender de sus actos. Los recientes retratos cinematográficos de las tres muestran una conciencia cada vez más clara de la importancia de las mujeres y sus funciones en la mitología de los superhéroes. Eso es importante, pero en las películas hay mucho más jugo. La mitología es un medio poderoso para profundizar en la experiencia humana. La segunda parte de la serie, *X 2*, delinea elementos cruciales de la cambiante experiencia humana ba-

16. *The Hero with a Thousand Faces*, p. 386.

sada en el género, a través de personajes fuertes, tanto masculinos como femeninos, de un modo que puede situar a la sociedad en su conjunto más cerca de la idea de transcendencia de la dualidad, que se halla en varias maneras: masculino-femenino, yo-otro, conocido-extraño, hasta llegar a una nueva comprensión de la singularidad de la humanidad. La sorpresa es que esta visión filosófica capturada en el mito moderno puede ser tan entretenida como iluminadora.

8

Barbara Gordon
y el perfeccionismo moral

JAMES B. SOUTH

Confesaré que, en lo que respecta al placer de los cómics, mi interés se despertó tarde: cuando leí con seriedad mi primer cómic, ya había cumplido los cuarenta. Creo que este hecho ayuda a explicar este ensayo y por eso lo menciono aquí. Cuando empecé a leer cómics, di por sentado que lo mejor sería empezar por las historietas de «Año Uno», es decir, aquellas miniseries que narran con detalle los orígenes de un personaje. Pronto me di cuenta, sin embargo, de que estos cómics resultan menos accesibles para el principiante de lo que había imaginado. Hay una buena razón para este hecho: tales cómics tienden a escribirse contra todo un trasfondo muy rico, con décadas de información y continuidad (o su ausencia).

Los guiones de «Año Uno» cuentan, entre sus objetivos primarios, el de imaginar un origen estable y canónico para un personaje basado en una historia pasada que casi siempre es, hasta cierto punto, inestable. Al hacer caso omiso de los relatos desestabilizadores que podrían estar asociados con un personaje, estos cómics también proporcionan una especie de verdad sobre el personaje, como mínimo para el futuro predecible. En consecuencia, son más difíciles para el novato, que no está preparado para apreciar las decisiones toma-

145

das por el autor. Un lector de cómics apasionado y constante, por el contrario, observa las decisiones, se da cuenta de lo que falta en la nueva narración canónica y determina si acepta o rechaza esta lectura estabilizada del personaje. Este placer disponible para el lector con años de lecturas es precisamente lo que no pude experimentar cuando leí mi primer relato de «Año Uno». No obstante, justo este rasgo estabilizador de los cómics de «Año Uno» es lo que pretendo aprovechar en este capítulo, dado que el trabajo retrospectivo que llevan a cabo es lo que posibilita mis notas.

De bibliotecaria a Batgirl a Oracle

Barbara Gordon llegó al universo de Batman relativamente tarde. Su primera aparición en los cómics data de 1967, como Batgirl y sobrina del teniente de policía James Gordon, quien luego la adoptó como hija.[1] Uno de los rasgos más interesantes del personaje es el hecho de que ha tenido dos identidades superheroicas distintas. En un episodio famoso de *The Killing Joke*, de Alan Moore, el Joker abre fuego contra Barbara Gordon.[2] La parálisis resultante puso fin a su carrera como Batgirl. No obstante, emerge de nuevo como Oráculo (Oracle), una gestora de información extraordinariamente hábil que usa su enorme pericia con el ordenador para ayudar a combatir el crimen en Gotham City. En el inusual caso de Barbara, tenemos dos relatos de «Año Uno»: una serie de nueve números de *Batgirl: Year One*,[3] y un relato

1. Hay una biografía excelente de Barbara Gordon en el sitio web de Canary Noir: www.canarynoir.com.

2. Alan Moore *et al.*, *Batman: The Killing Joke*, DC Comics, Nueva York, 1988.

3. Reunida y reeditada en formato económico como Scott Beatty *et al.*, *Batgirl: Year One*, DC Comics, Nueva York, 2003.

breve de *Oracle: Year One*, titulado «Born of Hope».[4] Desde que se convirtió en Oráculo, Barbara también ha desarrollado su propio equipo de lucha contra la delincuencia, integrado por Canario Negro (Black Canary) y Cazadora (Huntress), conocidas conjuntamente como Aves de Presa (Birds of Prey).

La historia de Barbara Gordon ilustra temas clave en una importante teoría filosófica conocida como «perfeccionismo moral».[5] Un rasgo muy interesante del perfeccionismo moral es que cabe hallarlo en el pensamiento de varios filósofos, dado que la cuestión que sitúa en primer plano actúa como una especie de «condición previa» de cualquier reflexión ética seria. Así pues, no solo está presente de forma expresa en textos filosóficos, tales como la *República* de Platón, sino también en obras literarias, películas y otras clases de narraciones similares. En pocas palabras, donde quiera que hallemos relatos que se ocupen del progreso moral de una persona, encontraremos una historia en la que el perfeccionismo moral arroje una luz útil. Quiero mostrar en estas páginas que un personaje de cómic también puede proporcionar una narración así de estable.

Y llama la atención el carecer de una definición aceptada de lo que es el perfeccionismo moral. En su lugar, el sintag-

4. John Ostrander *et al.*, *Oracle: Year One*. «Born of Hope», incluido en *The Batman Chronicles* 5, DC Comics, Nueva York, 1996.

5. El filósofo contemporáneo Stanley Cavell es el mayor responsable de haber centrado la atención de la comunidad filosófica en los temas del perfeccionismo moral. Para una presentación convincente de los temas principales de esta materia, véase Cavell, *Cities of Words: Pedagogical Letters on a Register of the Moral Life*, Harvard University Press, Cambridge, Massachusetts, 2004. En lo que sigue, no citaré análisis particulares de temas específicos, según los presenta Cavell. Sin embargo, todos los temas que presentaré se pueden hallar en *Cities of Words*. (*Ciudades de palabras: cartas pedagógicas sobre un registro de la vida moral*, Pre-Textos, Valencia, 2007, trad. de Javier Alcoriza y Antonio Lastra.)

ma denota una agrupación de temas que son centrales en toda vida que pueda contemplarse como moral. La palabra «perfeccionismo» sugiere que lo «moral» se interpreta aquí de un modo ciertamente riguroso, que designa la característica de «búsqueda» que ocupará un lugar muy destacado en lo que sigue. El tema central del perfeccionismo moral es que el yo puede tornarse mejor y que una vida genuinamente moral es aquella en la que el yo siempre está intentando mejorar. Otros temas se refieren a la función que los ejemplos o amigos interpretan en la búsqueda del progreso moral de cualquier ser humano y, al mismo tiempo, los peligros propios de una conformidad inadecuada con la aventura moral de otro. En resumen, de lo que trata el perfeccionismo moral es del desarrollo de un yo moral distintivo. Se trata de un tema central de la filosofía.

Donde no quiero estar

Fijémonos en la siguiente escena de *Batgirl: Year One*. Vemos a Barbara Gordon en su empleo de la biblioteca de la ciudad de Gotham. Se sienta frente a una hilera de ordenadores; hay libros sobre delincuencia amontonados a su alrededor, en los estantes de detrás de su escritorio; sobre este se ve una solicitud de trabajo para el departamento de policía de la ciudad de Gotham, con un sello de «Denegada», y un periódico con un titular sobre Batman, «el Hombre Murciélago». El escritorio está frente a una gran ventana desde la que se ve, varios pisos más abajo, una sala de lectura central. Los elementos de la identidad de Barbara Gordon, en esta etapa de su vida, están dispuestos a su alrededor de manera que todos pueden verlos, también el lector. Por descontado, son elementos cuya significación aún desconoce, pero todo el cómic versa sobre lo que Barbara será no solo como Batgirl sino también como Oráculo. Se nos permite acceder a sus pensamientos: «Quiero entrar en acción. Cualquier cosa con tal de que me saque de donde estoy. Donde no quiero estar».[6] Quiero centrarme en este momento de la vida de Barbara citando un famoso pasaje del ensayo clásico de John Stuart Mill *Sobre la libertad*:

En nuestros tiempos, desde la clase social más elevada hasta la más baja, todo el mundo vive como si estuviera bajo la mirada de una censura hostil y temida. No solo en lo que respecta a los otros sino en lo que solo les atañe a sí mismos, la persona o la familia no se preguntan a sí mismas: «¿qué prefiero?» o «¿qué encajaría con mi carácter y disposición?» o «¿qué permitiría que lo mejor y más noble de mí pudiera contar con iguales condiciones de modo que creciera y prosperara?». Antes bien, se preguntan a sí mismas: «¿qué es lo idóneo para mi posición?», «¿qué suele hacer la gente de mi condición y circunstancias pecuniarias?» o, peor aún, «¿qué suelen hacer las personas de una condición y circunstancia superiores a las mías?». No quiero decir con esto que elijan lo acostumbrado con preferencia a lo que encaja con su inclinación; no se les ocurre tener inclinación alguna salvo por lo acostumbrado ... Así pues, esto ¿es o no es la condición deseable de la naturaleza humana?[7]

Mill dirige nuestra atención hacia dos hechos relativos a la condición de la naturaleza humana que la mayoría de nosotros experimentamos. Un hecho es que la condición que experimentamos dista de ser deseable. El otro es que una forma de salir de esta condición desafortunada es prestar atención a nuestros propios deseos. ¿Cómo es que muchos de nosotros

6. *Batgirl: Year One*, p. 13.
7. John Stuart Mill, *On Liberty*, capítulo 3, párrafo 6.

no acertamos a tomar nota suficiente de nuestros deseos y luego no acertamos a actuar de acuerdo con ellos, de modo que, como resultado, terminamos muy insatisfechos?

Podría suceder que Mill se equivoque al suponer que estas presiones de conformidad afectan a todo al mundo, aunque, a mi modo de ver, el filósofo tiene razón. Sin embargo, incluso si tales presiones afectaran solo a una persona, aún podemos aplicar su diagnóstico de la situación. En el caso de Barbara Gordon, ella nota intensamente esta presión de conformidad: para con los deseos de su padre y para con lo que la sociedad en general espera de una joven de su edad. Por todo el libro cabe hallar signos de que, para Barbara, esta situación es indeseable. Aquí, la cuestión que surge naturalmente, para Barbara y para cualquiera de nosotros, no es tanto la de si sabemos lo que queremos —aunque sin duda esta sea una pregunta difícil de por sí— sino la de cómo podemos obtener una guía para seguir nuestros deseos una vez que ya sabemos cuáles son.

Nadie puede obtener una guía clara y cuantiosa sobre cómo debemos vivir nuestras vidas, de acuerdo con las teorías corrientes de la filosofía moral. No cabe encontrar ayuda en la teoría del bien según la ha desarrollado el utilitarismo clásico, ni tampoco en la teoría de lo correcto representada por el kantismo tradicional. Ambas teorías filosóficas se modulan a nivel más abstracto que el de la pregunta, muy concreta, de cómo debo vivir mi vida; y las dos omiten también, justamente, la pregunta de qué quiero. Para las dos teorías, esta pregunta es directamente irrelevante para la moralidad de las acciones. Al mismo tiempo, si la cuestión de qué clase de persona debería ser resulta algo tangencial para la moralidad según la conciben estas dos teorías principales, ¿no acabamos en un sinsentido? ¿Acaso cualquier especie de moralidad no debe versar, toda ella, sobre lo que hacemos y aquello en lo que nos convertimos? Pero en realidad, en la perspectiva utilitaria, yo simplemente debo ser la clase de persona que maximiza el bien en cada una de mis acciones. Desde la perspectiva kantiana, debo ser una persona que cumple con su deber. La idea de lo que llegamos a ser, de aquello en lo que nos convertimos o nos estamos convirtiendo, no interpreta ningún papel real en ninguna de las dos teorías. Y estas teorías bien conocidas afirman que nuestras necesidades personales deben excluirse, antes que consultarse, cuando buscamos hacer lo correcto; insisten en que yo incremente el bien o actúe de acuerdo con el deber de un modo independiente de mis sentimientos, necesidades, deseos o aspiraciones. Y, así, en realidad, no se ocupan verdaderamente de ninguno de estos ingredientes de la identidad humana.

En consecuencia, podría ser mejor afirmar que, lo que está en juego cuando Barbara Gordon se enfrenta a su futuro —y cuando cualquiera de nosotros analizamos el nuestro— no es ante todo el desarrollo de cualquier clase de regla con la cual podamos medir el carácter de *bueno* o *correcto* de las acciones concretas sino más bien el desarrollo de un sentido general de la moralidad, por decirlo de manera sencilla. Si esto suena demasiado fuerte, otra manera de afirmar la misma cosa quizá pueda ser la siguiente: necesitamos comprender y preparar las condiciones que permitan el desarrollo de nuestro *yo* moral. Y una forma en la que tal vez podríamos dar sentido a eso es preocuparnos por cómo podemos lograr que nuestros deseos resulten plenamente inteligibles o comprensibles para nosotros mismos. De hecho, este es justamente el vacío que separa lo que Barbara Gordon es de lo que desea ser, el vacío que debe superar. Vale la pena llamar la atención sobre el hecho de que ella no experimenta esta necesidad como algo extraño o adicional a lo que ella misma es: «Tengo que encontrar otro camino. Adivinar mi propio futuro. Uno solamente mío. No una página del libro de cualquier otro».[8] No posee la pregunta y el desafío, pues en realidad ambos son parte de ella.

Puedo llegar a ser algo más

Si no podemos volver la vista a las teorías morales corrientes en busca de guía con la que orientar la conformación de nosotros mismos, ¿dónde podríamos buscar, entonces, esa guía? A medida que avanza *Batgirl: Year One*, vemos que, al parecer, Barbara Gordon caerá en el papel de Batgirl por accidente. Acude a un baile de disfraces con su padre y aparece vestida con un disfraz de «murciélago». Lo hace con la intención primordial de pinchar a su padre, quien, a su modo de ver, ansía frustrar su ambición de una vida más activa y emocionante y preferiría destinarla a un futuro mediocre (aunque ni él lo expresaría con estas palabras ni llegaría a concebir sus deseos hacia ella en términos semejantes). Pero la elección del vestido también obedece, sin duda, a que en algún nivel se siente atraída por la particular vida de Batman. Mientras están en la fiesta, aparece un malvado que intenta secuestrar a Bruce Wayne, quien se ha tomado una pausa de su trabajo secreto para asistir al acontecimiento. Barbara entra en acción, rescata a Bruce y persigue al malo. En cierto momento, el criminal la llama «Batgirl» y esto, según comenta ella, viene a suponer un bautizo casi «oficial».

En el transcurso de su pelea con el malo, se nos da acceso a sus pensamientos: «Puedo ser algo más. Algo más noble. Del cascarón que fui, saldré siendo mejor. Me levantaré con nuevas alas. Como una mariposa de la luz. O como un murciélago». Aquí aparece Batman en escena, gracias a que Bar-

8. *Batgirl: Year One*, p. 12.

bara ha rescatado a Bruce. Esta será la respuesta de cómo obtener una guía para llegar a su nuevo yo.

Barbara necesita, como todos nosotros, un ejemplo, un modelo, un paradigma o un mentor que nos ayude a averiguar quiénes somos o, más precisamente, qué queremos. La función de los ejemplos en la búsqueda de una vida moral tiene una larga historia, que se remonta al menos hasta Sócrates y sus seguidores. Estos adeptos del filósofo eran, en su mayoría, jóvenes que percibían en la vida de Sócrates una orientación hacia el bien, algo que a ellos también los atraía. Pero en una relación de esta clase también se ocultan peligros. La clave de un ejemplo no es que debamos emularlo (a él o a ella), sino que esa persona, gracias a que se encuentra en un tramo mucho más adelantado del camino que aspiramos recorrer, de algún modo nos comprende mejor de lo que nosotros nos comprendemos a nosotros mismos; al menos, en un principio. Es una clave bien apuntada por el filósofo del siglo XIX Friedrich Nietzsche en su ensayo *Schopenhauer als Erzieher* («Schopenhauer como educador»). Se trata de un pasaje tan central para la filosofía del perfeccionismo moral, que lo citaré con cierta extensión:

Todo aquel que cree en la cultura está diciendo con ello: «Veo, por encima de mí, algo más elevado y más humano que yo; que todo el mundo me ayude a conseguirlo, así como yo ayudaré a todo aquel que conozca y sufra como yo, de forma que, al fin, pueda aparecer el hombre que se siente perfecto e ilimitado en conocimiento y amor, percepción y poder, y que en su integridad es uno con la naturaleza, el juez y evaluador de las cosas». Es difícil crear en alguien esta condición de autoconocimiento, porque es imposible enseñar el amor; pues es solo el amor lo que puede conceder al alma no ya una concepción de sí misma clara, discriminadora y despectiva del propio yo, sino también el deseo de mirar más allá de sí mismo y buscar con toda su fuerza un yo superior y, sin embargo, todavía oculto frente a ello.[9]

«Buscar un yo superior todavía oculto» es justamente lo que está haciendo Barbara Gordon. Pero ¿cómo puede Batman ayudarla en este proceso de búsqueda?

La palabra que abre *Batgirl: Year One* es «máscaras». Máscaras y disfraces son, claro está, asuntos espinosos para los superhéroes. Solemos pensar que las máscaras ocultan las identidades, pero en el caso de los superhéroes, lo que ocurre es casi siempre otra cosa: las máscaras, en algún sentido importante, revelan su identidad. Sin embargo, en el caso de Barbara Gordon, la máscara metafórica que luce al principio es justamente la que oculta su yo superior. Es la que podríamos denominar la máscara de «Barbara Gordon», el «caparazón» que rodea a la bibliotecaria y pariente del teniente James Gordon. Solo cuando se pone la máscara de Batgirl comienza su viaje hacia el yo superior, el yo futuro, el que aún no conoce.

Al final del cómic, llaman a Barbara a la Batcueva. Es la segunda vez que acude. En la primera ocasión, tuvo que realizar una prueba, una especie de carrera de obstáculos en la que debía detener a una serie de malos de cartón. Consiguió terminar, pero solo tras resolver las dificultades con el uso de «fuerza letal». Aunque nadie murió de verdad, Batman lo consideró una señal de que Barbara no estaba hecha para formar parte del equipo. Cuando ella le preguntó qué habría demostrado el haber empleado otra estrategia, Batman replica: «Que podías ser uno de nosotros». Luego le pregunta por la forma en que ella se entiende a sí misma y por qué desea

9. Manejo la edición de Friedrich Nietzsche, *Untimely Meditations*, Cambridge University Press, Cambridge, 1997, pp. 162-163.

ser parte del equipo. Barbara se queda cortada, sin respuesta. Para Batman, esta falta de respuesta —señal obvia de que Barbara aún no se conoce a sí misma suficientemente bien— basta para descartar la posibilidad de que ella se incorpore al equipo. Pero la situación no se termina aquí y Barbara aún tiene algo que decir: «Porque puedo». Esta afirmación ambigua —¿qué está diciendo: que posee la capacidad de ayudar o solamente que, de algún modo, esto le parece posible?— sí basta para convencer a Batman de la conveniencia de darle una oportunidad. No se lo dirá, pero, a lo largo de las páginas del cómic, por el medio indirecto de su compañero Robin, le irá proporcionando recursos para proseguir con el viaje. Al fin se la vuelve a convocar a la Batcueva y se la somete a una nueva prueba. Batgirl la vuelve a superar, pero ahora, con las condiciones de Batman: sin usar fuerza letal. Al acabar el examen, le pregunta a Batman: «¿He aprobado? ¿Reconocerás al fin que puedo hacer esto?».

Pensemos en esta pregunta. Barbara está pidiendo algo de Batman, en concreto: reconocimiento. En otras palabras, le pide a Batman que acepte su deseo de un yo mejor específico. Este yo superior no existe aún, pero Barbara necesita que le reconozcan el deseo, necesita saber que tiene sentido para los demás, como una especie de confirmación de que tiene verdadero sentido para ella misma. Batman no le responde de inmediato, solo le pide que le siga. La lleva fuera de la Batcueva, hasta donde están las tumbas de los padres de Bruce Wayne. Se quita la máscara y se quedan allí, en pie. Batman está reconociendo a Barbara al confiarle quién es y permitirle entrar en su pasado y en su deseo continuado de un yo mejor.

Al mismo tiempo, aunque ya está claro que Batman será el ejemplo orientador, esta escena también pone de relieve que el camino individual de Barbara no puede ser una simple copia de la vía de Batman. Él está arraigado en su propia experiencia, que es única, y Barbara debe enraizar en sus propios deseos y experiencia. Este momento es muy relevante: contar con ejemplos para el camino hacia un yo mejor parece implicar, en un principio, que uno se mueve hacia la conformidad, pero nos equivocaríamos, pues al comprender que el camino de Batman es único, vemos que la función de su ejemplo es, de hecho, devolver como reflejo la legitimidad y especificidad del deseo de Barbara de un yo mejor. Batman la ayudará a realizar en la vida de ella el análogo adecuado a lo que él ha realizado y está realizando en su propia vida, pero con todas las diferencias convenientes al ser único que ella es y que, en definitiva, solo ella está en posición de conocer.

Está lo que podría ser

Hay otro posible malentendido en lo que cabría pensar, en un principio, que *Batgirl: Year One* sugiere respecto del perfeccionismo moral: podría pensarse que existe un yo correcto, un yo mejor o superior que sea el objetivo último de la búsqueda. De ser así, en el momento en que Barbara Gordon se convierte en Batgirl, cabe suponer que habría alcanzado su yo. La búsqueda vital se habría completado, el juego habría terminado. Pero si resultara tan sencillo encontrarse a uno mismo, lo natural sería poner en duda que el punto de vista expresado por Mill fuera tan sensato. En efecto, ¿por qué habría tanta gente luchando, como apunta el filósofo, con formas inapropiadas o no genuinas de conformidad, si la individualidad auténtica fuera tan inmediata y relativamente fácil de conseguir? La realidad es más interesante que eso. Uno de los hechos de la vida humana que convierte la consecución de un yo en un proyecto continuo es su fragilidad. A fin de cuentas, nosotros, como lectores, sabemos que más adelante dispararán contra Barbara Gordon y, de resultas de ello, quedará paralizada. De hecho, las penúltimas palabras de *Batgirl: Year One* apuntan a esta fragilidad presente y son presagio irónico del futuro: «Pero, aunque siento un profundo respeto por los oráculos, he decidido prescindir de predicciones y portentos. Está lo que podría ser y está la vida que llevo ahora mismo» (p. 213). Barbara se da cuenta de que existe el yo que está en camino de ser, ilustrado en la viñeta final con ella luchando al lado de Batman y Robin. Al mismo tiempo, reconoce que el yo que confía en obtener, que está en camino de obtener, es provisional. También está lo que aun así podría ser.

En *Oracle: Year One*, «Born of Hope», Barbara está iniciando el largo proceso de recuperación de la herida que le ha causado el Joker. Mientras se recupera, en su casa, descubre que su padre está trabajando en un caso que implica el lavado de dinero mediante el uso muy hábil de ordenadores. Barbara decide ponerse manos a la obra y aprovechar su propia experiencia informática para seguir la pista del cerebro criminal. Un día en que ha salido a tomar algo de aire fresco, este criminal empuja la silla de ruedas hacia la calle. Tras evitar por poco el sufrir nuevas heridas graves, Barbara se decide a aprender nuevas técnicas de autodefensa. Concierta un encuentro con Richard Dragon, experto en artes marciales. En su primera reunión, Barbara afirma que quiere recobrar su vida. Dragon replica: «Eso es lo que fuiste, no lo que eres. ¿Quién eres?». Barbara responde confundida: «No lo sé. No sé si llegué a saberlo» (p. 13). En un punto posterior de la historia, cuando ya ha derrotado a su enemigo, sostiene otra conversación con Dragon en la que le desvela que ha encontrado un principio de respuesta a aquella pregunta anterior. Al salir del parque en el que se han encontrado, Barbara piensa: «Soy yo... Más yo de lo que nunca he sido». Ha logrado, otra vez, hallar su yo superior, aunque no sea, obviamente, el yo posible más elevado de todos.

Es relevante que hallar este nuevo yo —provisional, pero superior— implique dejar atrás el antiguo yo —Batgirl— y también al amigo cuyo reconocimiento tanto supuso para ella. Este camino en particular hacia su propio yo, en el que Batman desempeñaba la función de ejemplo, ya no es válido para continuar buscando su yo mejor. Más arriba he comentado que, al aceptar el reconocimiento de Batman, Barbara logró evitar el riesgo de convertirse en imagen de su modelo. Sin embargo, vale la pena llamar la atención sobre el hecho de que ella se dé cuenta de la existencia de ese peligro.

De hecho, hay una ilustración interesante con respecto a su determinación de no dejar que eso ocurra. Después de convertirse en Oráculo y durante un tiempo, Barbara todavía estuvo viéndose e incluso quedando con Dick Grayson, el antiguo compañero de Batman, Robin. Dick había dejado Gotham y se había trasladado a Blüdhaven, donde adoptó la nueva identidad de Nightwing.[10] En un número clave de *Nightwing*, Barbara decide que no puede verlo más. Al final ha entendido que Dick se ha convertido, sencillamente, en otro Batman. Cuando él le explica que anda agotado por el esfuerzo de ser el único que proporciona protección a Blüd-haven, Barbara responde: «Enhorabuena. Después de todo, has conseguido convertirte en Bruce».[11] Es un diagnóstico claro de la posibilidad latente en aquellas versiones deforma-das del perfeccionismo moral en las que la búsqueda de un yo superior se transforma en no ser nada más que una mera co-pia del yo superior de otra persona.

10. Por desgracia, en el momento de escribir estas páginas no contamos to-davía con una narración estable sobre el «Año Uno» de Nightwing, aunque DC ha anunciado que publicará un *Nightwing: Year One* en 2005. (En efecto, DC pu-blicó ese cómic en 2005, con guiones de Scott Beatty y Chuck Dixon.)

11. Devin Grayson *et al.*, *Nightwing*, n.º 87: «Snowball», DC Comics, Nue-va York, 2004, p. 14.

Barbara también pone de manifiesto otra razón para romper con Dick. En otro pasaje anterior del arco narrativo, él mencionó, involuntariamente, al Joker. Barbara rompe a llorar y Dick llega a una conclusión tan obvia como errónea: cree que ella todavía se siente mal cuando se habla de aquel personaje. Barbara aclara que el problema es otro: «No se trata del Joker. Lo puedes llamar por su nombre. Lo pasado, pasado está. Pero justo ahí está el problema, Dick. El pasado... Algo ocurre cuando estás conmigo. Te pierdes en el ayer que compartimos y...». Barbara se interrumpe, pero pronto retoma el hilo: «No se puede evitar: me recuerdas lo que fui».[12] En esos momentos, Dick representa, para ella, algo similar a un ejemplo anticuado, moralmente inadecuado, que la devuelve a los modelos del pasado. Aquí, Barbara reconoce que el propio pasado nos puede atrapar en una especie de conformidad, lo que John Stuart Mill denominaba «lo acostumbrado», un modelo habitual que tal vez fue idóneo como etapa previa del viaje continuo, pero que ya no resulta adecuado para la etapa actual de nuestro camino. Este pasado es un riesgo constante para Barbara, puesto que puede atraparla e impedirle seguir progresando por el nuevo camino que aún debe recorrer para llegar a ser su yo superior.

Mentalidades hermanas

Si el pasado queda detrás y el futuro está abierto, ¿quién ayudará a Barbara a lo largo del camino? ¿Quién será su nuevo ejemplo? En este punto es importante darse cuenta de que, en ocasiones, no necesitamos el reconocimiento y la guía de un modelo, sino sencillamente a alguien que escuche nues-

12. Devin Grayson *et al.*, *Nightwing*, n.º 86: «The Calm Before», DC Comics, Nueva York, 2003, p. 21.

tros intentos de comprendernos a nosotros mismos, para alcanzar el grado de autoconocimiento que requerirá cualquier viaje productivo y bien dirigido. Al mismo tiempo, este amigo no debe bloquear el ascenso hacia un yo superior, como en esta etapa le ocurre a Barbara con Dick Grayson. De hecho, quizá sería más correcto decir que el amigo, en cualquier momento dado, es justamente aquella persona que nos puede acompañar durante el viaje y escuchar con atención renovada, avisándonos cuando resbalamos y animándonos y apoyándonos cuando eso es lo que necesitamos.

En la nueva vida de Barbara Gordon como Oráculo, ella ha desarrollado justo esta clase de amistad con otros dos superhéroes, Dinah Lance (Canario Negro) y Helena Bertinelli (Cazadora). En la serie que narra su trabajo conjunto, se nos muestran muchos momentos en los que lo más esencial es su amistad, precisamente en la medida en que hace que todas ellas vayan siendo mejores. Así, por ejemplo, en un arco narrativo, Barbara pone en duda si Dinah debe seguir siendo parte del equipo. En un relato anterior, Dinah ha estado a punto de morir y, de resultas de ello, Barbara decide que no podría asumir esa pérdida. Sin embargo, al final de la historia, Barbara ha comprendido que el propósito de la amistad es no cerrar o bloquear las posibilidades. En palabras de Dinah, Barbara debe «aprender a no querer controlar lo pequeño». Al mismo tiempo, movida por las acciones de Barbara, Dinah se ha procurado un nuevo sistema de entrenamiento que le permite no volver a encontrarse nunca en la peligrosa posición del rehén. Así, la provocación entre amigas impulsa tanto a Barbara como a Dinah en una dirección de crecimiento.[13]

13. La amistad de Barbara y Dinah se restablece con firmeza en Gail Simone *et al.*, *Birds of Prey*: «Of Like Minds», DC Comics, Nueva York, 2004.

En consecuencia, los amigos se encuentran en varias formas. La Barbara Gordon joven necesitaba al amigo que también podía ser un ejemplo. La Barbara madura, por el contrario, no necesita ejemplo sino amigos o amigas que puedan ser iguales, además de amigos válidos para la tarea de exigir que su viaje hacia un yo nuevo y mejor sea tal que resulta comprensible para ellos y, por tanto, tal que pueda estar segura de que también resulta propiamente comprensible para sí misma.

En un guión más reciente de *Batman*, Barbara se ve obligada a dinamitar su casa y cuartel general en el edificio de la Torre del Reloj, en Gotham City. Después de esto, Barbara decidirá marcharse de Gotham junto con sus amigas. Según nos cuenta, toda la ciudad de Gotham y sus alrededores la entristece: Batman, Nightwing y las ruinas de la Torre. Ella y sus amigas se embarcan entonces en una misión nueva a bordo de su nuevo avión, bautizado como *Aerie One* («Aguilera Uno», como nombre del nido de estas aves de presa), que será su nuevo hogar.[14] La triple repetición de la palabra «nuevo», en la frase anterior, hace especial hincapié en lo que Barbara acaba de conseguir. Vivir en una casa móvil puede ser lo definitivo en cuanto a imágenes de posibilidad. Sin embargo, no es una posibilidad cualquiera sino un paso adquirido con mucho empeño hacia la Barbara que aún ha de ser: su yo no conseguido pero conseguible.[15]

Cuando los filósofos analizamos la ética, en ocasiones nos centramos en nociones abstractas, como «lo bueno» o «lo correcto». A menudo meditamos sobre teorías del deber y la

---

14. Gail Simone *et al.*, *Birds of Prey*, n.º 75: «Breathless», DC Comics, Nueva York, 2004.

15. El sintagma «yo no conseguido pero conseguible» es uno de los favoritos de Cavell, quien lo toma del ensayo «Historia» de Ralph Waldo Emerson.

prohibición, pero también hay que reflexionar sobre las vidas
y cómo mejoran: esta es una parte importante de la reflexión
filosófica, dentro de los límites generales de la filosofía moral. Las categorías de puntos de vista filosóficos tales como
el perfeccionismo moral pueden ayudarnos a leer los cómics
de superhéroes y los relatos de estos cómics, vistos a través de
esta lente, pueden ayudarnos entonces a calibrar el progreso
de nuestras propias vidas, a medida que intentamos descubrir
—y crear— nuestro propio yo mejor.[16]

16. Quisiera dar las gracias a los editores de este volumen, por sus útiles comentarios al respecto de una versión anterior de este ensayo, y a Kelly A. Wilson,
por haberme animado a escribirlo.

9

Batman y sus amigos: Aristóteles
y el círculo íntimo del Caballero Oscuro

Matt Morris

> Más valen dos que uno solo, porque logran mejor el fruto de su trabajo. Si uno cae, el otro le levanta; pero ¡ay del solo, que si cae, no tiene quien le levante!
>
> *Eclesiastés*, 4, 9-10[*]

Con frecuencia se considera que Batman es el más solitario de los superhéroes. En un principio puede parecer un poco extraño, dado que a menudo se acompaña de su socio Robin y que normalmente trabaja en estrecha relación con su leal mayordomo Alfred. En cambio, hay otros superhéroes que se dedican a las labores de combatir la delincuencia o salvar el mundo en completa soledad. Pensemos por ejemplo en Spider-Man o Daredevil. Casi nunca se los ve en escena acompañados de un ayudante enmascarado. Ninguno de ellos tiene un socio que lo ayude regularmente con las cuestiones logísticas. Sin embargo, ambos tienen numerosos amigos cercanos en sus vidas normales, como los civiles Peter Parker y Matt Murdock. Esto resulta casi inimaginable en el caso

---

[*] Traducción de Nácar y Colunga, BAC, Madrid, 1963[14]. *(N. de los t.)*

del *alter ego* de Batman, Bruce Wayne. Bruce, o Batman, posee una soledad interior que nadie parece poder igualar.

Superman posee una Fortaleza de la Soledad muy alejada de todo el mundo. Para ese mismo objeto, Batman posee sus propios corazón y mente. Desde el momento en que, en su juventud, vivió la dramática y espeluznante experiencia de contemplar el asesinato de sus padres, se ha dedicado por completo al más severo régimen de desarrollo personal y a la misión de combate contra el crimen más plenamente centrada concebible. Es el paradigma último de un hombre empeñado en una misión de la que nada puede apartarlo. Su preparación para esa misión y el modo en que la ejecuta han creado a un espíritu independiente, un foco de austera severidad y un sentido de soledad y aislamiento inigualados por ninguno de los demás justicieros enmascarados. Es oscuro, adusto, distante, terrible incluso. Desde luego, no es el tipo con el que iríamos a jugar a bolos o quedaríamos por ahí para tomar una pizza. ¿Podría llegar a tener un amigo? ¿Podría llegar a ser amigo de alguien?

Sin embargo, esta alma solitaria, la más solitaria de todas, está rodeada por un círculo íntimo de socios, compañeros y quizá incluso amigos. No debería sorprendernos mucho. El gran filósofo Aristóteles comprendió que los seres humanos somos, en lo esencial, criaturas sociales. En la *Ética nicomáquea*, Aristóteles incluye una afirmación que ha sido utilizada por Jeph Loeb en la magistral serie de *Batman* titulada *Hush* («Silencio»): «Sin amigos nadie querría vivir, aunque tuviera todos los otros bienes» (*EN*, 1155).[1] Bruce Wayne es

---

1. Aristóteles, *Ética nicomáquea*, disponible en varias traducciones. Las referencias entre paréntesis indican la sección del texto con una numeración tradicional de los pasajes, que cabe hallar en casi todas las ediciones modernas. (En castellano se cita por la traducción de Julio Pallí Bonet, Gredos, Madrid, 2000. La cita corresponde al libro VIII: «Sobre la amistad».)

un industrial archimillonario cuya mansión y vida están repletos a rebosar de bienes materiales, pero incluso él necesita más que eso.

De Aristóteles a la Batcueva

El análisis aristotélico de la amistad nos ayudará a entender las varias relaciones íntimas o cercanas de la vida de Batman, pero antes convendrá aclarar un punto. La palabra griega para «amistad» o «amigo», así como el concepto correspondiente en el mundo antiguo, eran algo más amplios que nuestra interpretación contemporánea de la amistad.

Solemos designar como «conocidos» a las personas con las que hemos tratado, tanto si participan significativamente en nuestras vidas como si no ocurre así. Hablamos de una «relación», en general, cuando la participación es más continuada. Y luego, por descontado, entre las relaciones hay socios, compañeros, colegas, vecinos, familiares y lo que ahora designamos más específicamente como «amigos». En términos contemporáneos, un amigo es una relación relativamente íntima o al menos cercana. Solemos concebir como amigos a los buenos compañeros que, incluso si viven a distancia, mantienen un lazo fuerte y comparten intereses comunes, algunos aspectos de la intimidad emocional y quizá incluso un sentimiento de asociación episódica. Si tenemos en mente que el concepto de los antiguos griegos era algo más extenso que la categoría de las relaciones que hoy solemos identificar con la amistad, entenderemos a Aristóteles mucho mejor.

Aristóteles afirma que hay tres clases distintas de amistad. Cabe hallar más de una clase en la misma relación, pero aun así estas distinciones nos ayudan a comprender las naturalezas diversas de las relaciones. El primero e inferior de los niveles de la amistad es lo que Aristóteles llamó «amistad por interés» o «por utilidad». Es una relación que permite a las dos partes extraer beneficios prácticos la una de la otra y el motivo de participar en la relación es ese mismo beneficio. Así ocurre con los socios de un negocio, los miembros de una banda de música o los participantes de un equipo de super-héroes como la JLA (Liga de la Justicia de América), los Vengadores (Avengers) o el Escuadrón Supremo (Squadron Supreme). Todos ellos se benefician de una manera práctica de la relación. Este servicio continuado y mutuo es lo que mantiene con vida una amistad por utilidad.

Una segunda forma de amistad, algo más elevada, es lo que Aristóteles denomina «amistad por placer». Se trata de una relación que no se basa en la utilidad mutua para algún proyecto o actividad sino en el disfrute compartido. A los amigos por placer les gusta pasar el rato juntos, disfrutan de la compañía del otro, lo pasan bien el uno con el otro. Es una clase de amistad que dura tanto como el placer en el que se cimienta. Sin duda, de una amistad por placer también pueden derivarse otros beneficios mutuos de la asociación y los amigos por utilidad pueden disfrutar de la interacción mutua. Entiéndase que no son categorías que debamos tomar como exclusivas. Aun así, podríamos categorizar cualquier amistad de doble nivel según sea su naturaleza más fundamental. De unos diríamos, supongamos: «Claro, sin duda se llevan bien y parece que lo pasan bien juntos, pero son, sobre todo, compañeros en la lucha contra la delincuencia». O bien: «Claro, hacen negocios juntos, pero cuando se retiren, aún tocarán juntos en el mismo grupo, fumarán juntos, pasarán el rato juntos en casa del uno o del otro... Congenian así de bien». En otras palabras, una relación puede contener elementos tanto de utilidad como de placer y, no obstante, para un caso particular, una de estas dos categorías puede resultar más fundamental que la otra.

Aristóteles sostenía que existe una tercera y más elevada forma de amistad, la «amistad perfecta» o «completa», llamada igualmente «amistad por virtud». Es la clase de relación admirable que solo se produce entre dos personas virtuosas y comprometidas con lo bueno, entregadas la una a la otra y que, al menos hasta cierto punto, vienen a ser iguales. Este grado de igualdad es importante, para Aristóteles, en todas las clases de amistad; el filósofo creía que si una relación se desequilibra demasiado y pesa en exceso sobre un solo lado, es probable que se acabe. Pero es posible interpretar que las categorías aristotélicas de la amistad valoran la igualdad tanto más cuanto más ascendemos hacia las formas superiores de la amistad. La forma superior de la relación —la amistad completa—, según nos cuenta el historiador antiguo Diógenes Laercio, Aristóteles la caracterizó con las palabras famosas de «un alma en dos cuerpos».

Según Aristóteles, un amigo completo desea el bien a su amigo «por él mismo»; por el amigo mismo, por amor de él, sin ninguna intención egoísta de obtener beneficios. Una amistad perfecta «se centra en el otro» por parte de los dos amigos. Cada uno desea dar al otro y ver prosperar al otro. La amistad completa implica beneficio, placer y bondad, y Aristóteles creía que duraba tanto como pudiera durar la bondad de los amigos, porque la bondad engendra utilidad y placer. Y puesto que Aristóteles creía que la genuina bondad es algo permanente en cualquier ser humano, también creía, en consecuencia, que la amistad perfecta era eterna. Pero el filósofo también reconoce que son casos relativamente raros, dado que las personas verdadera y perdurablemente buenas son muy escasas.

Con este análisis triple como instrumento, examinemos ahora algunas de las relaciones más próximas a Batman. Queremos determinar qué clase de amistad podrían ser y, en última instancia, si alguna de ellas se eleva hasta el punto de constituir un ejemplo de la tercera forma de relación, la amistad perfecta.

Batman y Robin

Batman ha tenido muy pocos compañeros a lo largo de los años. Aquí nos centraremos en el primero y, cabe decir, el más importante. La historia original de Robin comenzó en el circo. John y Mary Grayson, más conocidos como «los Grayson voladores», estaban actuando en el trapecio cuando sus cuerdas se partieron y ellos cayeron y murieron. Su hijo, Dick Grayson, fue testigo de la muerte de sus padres, igual que Bruce Wayne en su infancia. Bruce estaba entre el público cuando ocurrió el accidente y se compadeció de inmediato de Dick. El joven huérfano no tenía dónde ir, por lo que Bruce tuvo la generosidad de acogerlo. Dick no tardó en averiguar que la muerte de sus padres no había sido un accidente sino un acto planeado. Bruce sintió que los sentimientos correspondientes de Dick —cólera, tristeza y confusión— ante este crimen tan terrible debían enfocarse hacia un punto de vista más positivo. Para intentar dirigir la vida de aquel joven en la dirección correcta, Bruce le reveló su identidad como Batman y se ofreció a instruir a Dick para que pudiera ayudarle en la lucha contra el crimen. Así fue como Dick Grayson se convirtió en Robin.

Es natural que el lector considere esta relación entre los dos justicieros como una amistad. Aparecen a menudo juntos, se conocen bien el uno al otro y es frecuente que unan sus fuerzas para conseguir objetivos comunes. También parecen disfrutar de la compañía mutua. Sin duda, se diría que encarnan elementos de las dos formas inferiores de la amistad según Aristóteles. Su relación contiene partes discernibles tanto de utilidad como de placer.

Veamos primero los beneficios que Robin obtiene de la relación. Batman adopta el papel de mentor y ayuda a Robin a entrenarse para ser un justiciero digno de acompañarlo. En un análisis más detallado, vemos que Batman aporta mucho a Robin:

1. Alimento, cobijo, ropa y otros elementos esenciales, además de un vehículo guapísimo, artilugios asombrosos y un escondrijo impresionante.
2. Instrucción física y mental para que Robin desarrolle sus habilidades de cuerpo y pensamiento en la lucha contra el crimen.
3. Un sentido de misión en la vida.
4. Compañía.

Pero en el estudio aristotélico de la amistad, en la relación debe existir alguna clase de igualdad o reciprocidad equilibrada, si queremos considerarla amistad genuina y, sobre todo, si debe ser duradera. Como Robin no es más habilidoso que Batman y no puede ofrecer a su mentor ningún bien material que este no pudiera obtener por sí mismo, ¿qué forma de reciprocidad hay en esta amistad?

En primer lugar, Robin también aporta servicios a Batman, como una ayuda muy práctica en la lucha contra la delincuencia y asistencia constante en el desarrollo continuado de su misión. Por descontado, esto no implica que Batman no pudiera hacerlo en solitario —no le iba nada mal antes de que se conocieran—, pero Robin añade cierta eficacia al combate y amplía el espectro de lo que se puede conseguir en cualquier momento dado. Esto, sin duda, es valioso para una persona tan centrada en su misión como Batman. Aun así, cabría alegar que, dada la propia motivación de Dick Grayson en la lucha contra los delincuentes, esta amistad con el mayor detective y justiciero del mundo le beneficia a él mismo, en este aspecto en particular, más de lo que beneficia a Batman, es decir, que sigue existiendo en la relación una enorme desigualdad.

La solución de Aristóteles parece ser que el amigo inferior debe devolver una cantidad proporcionada y compensadora de amor y honor. Se diría que Robin lo hace. Sin duda, atiende y cuida a Batman, lo honra y es muy respetuoso con él. Se esfuerza por servir a su mentor, sin usurpar ni un instante su posición. Y aprecia profundamente la relación que mantienen.

Además, Robin proporciona a Batman un grado notable de placer social e intelectual. Aquí se incluye el placer de enseñar a un alumno tan capaz y dotado y la satisfacción de formarlo hasta que sea un gran hombre, así como el simple placer de su compañía. Robin también obtiene placer con las enseñanzas de Batman y la compañía duradera. Pero bien podría ser que, según la sabia sugerencia de muchos filósofos, el placer del benefactor sea aún mayor que el del beneficiario, con lo cual el gozo de Batman en esta relación de patrocinio sería más hondo e intenso que el de Robin. Aun así, el placer del que Robin disfruta no es nada irrelevante.

Aristóteles afirmó que los jóvenes basan a menudo sus amistades en el placer, hecho que parece ser cierto en el caso de Robin. Sin duda, él obtiene placer en todas las situaciones en las que emplea elementos aprendidos u obtenidos de Batman, como la pericia de combate o los increíbles artilugios de lucha contra el crimen que le ha entregado Bruce. Disfruta de la emoción de la caza frente a un mentor de fuerza tranquilizadora. Y, por descontado, goza de hacer el bien a su comunidad. En definitiva, son muchos los aspectos de la relación con Batman que le resultan placenteros.

Por desgracia, la amistad de los jóvenes, basada en el placer, a menudo es inestable. En palabras de Aristóteles: «Estos viven de acuerdo con su pasión y persiguen, sobre todo, lo que les es agradable y lo presente, pero con la edad también cambia para ellos lo agradable. Por eso, los jóvenes se hacen amigos rápidamente y también dejan de serlo con facilidad» (*EN*, 1156). Es algo que podemos ver con Robin, hasta cierto punto, aunque es más propio decir que su amistad con Batman no se detiene sino que cambia. A medida que Robin crece, va desarrollando habilidades cada vez más semejantes a las del Hombre Murciélago. En consecuencia, ya no aprende tanto de su viejo maestro. Vivir a la sombra de Batman y tener que hacer siempre lo que se le dice empieza a incomodar al joven, para quien la amistad va resultando cada vez menos placentera. A la postre decide adoptar una nueva identidad como Nightwing y abandonar tanto a Batman como la ciudad de Gotham para desempeñar una carrera propia como justiciero en la vecina ciudad de Blüdhaven.

Durante una primera etapa posterior a la ruptura, la relación entre Batman y Robin fue algo tirante. Había cierta sensación de distanciamiento, mezclada con decepción, quizá incluso con resentimiento. Solo cruzaban sus caminos cuando los casos en los que trabajaban los obligaban a visitar la ciudad del otro. Al final, el Caballero Oscuro fue capaz de recomponer la situación y desagraviar a su joven compañero Nightwing, mostrando un respeto genuino por sus habilidades y reflejando que no estaba molesto con su marcha. En este punto parecen haber renovado la amistad, basándola esencialmente en el placer, más como iguales, o casi iguales, y disfrutan de la compañía del otro en todas las ocasiones en las que les resulta posible combatir juntos el crimen. El respeto y la elevada consideración mutua incrementan el placer que sienten en compañía del otro y por los logros del otro. La situación avanza hacia una amistad completa, pero no parece alcanzar nunca un nivel tan elevado.

El Murciélago, Harvey Dent y Dos Caras

La historia de la relación de Batman con Harvey Dent es la de una amistad real que se ha echado a perder. Harvey era el fiscal del distrito para Gotham City y a menudo colaboraba estrechamente con el teniente de policía Jim Gordon. A través de Jim, Harvey conoció a Batman y, desde un principio, tuvo más en común con este de lo que tenía Jim. En primer lugar, Batman y Dent eran aproximadamente de la misma edad y, por descontado, compartían el interés por impartir justicia. Sin embargo, mientras que Gordon solo deseaba atrapar a los criminales de acuerdo con los Libros —respetando la letra de la ley—, Harvey sentía mucha envidia de la capacidad de Batman de moverse fuera de la ley y, en lo que a él mismo respectaba, no tenía reparos en hacer cuanto fuera preciso para detener a un criminal o conseguir una condena. Harvey y Batman desarrollaron una amistad por interés muy similar a la que ya existía, aunque de un modo algo tenue, entre Batman y Gordon, con la importante diferencia de que Batman estaba a punto de confiar a Harvey su identidad real cuando un acontecimiento trágico provocó que las cosas evolucionaran en espiral hacia una dirección muy distinta.

Mientras Dent estaba interrogando a un sospechoso en un juicio, lo rociaron con un ácido que dejó cicatrices horribles en la mitad de su rostro. Esta desfiguración física activó un desorden de personalidad múltiple, hondamente arraigado, que le hizo adoptar el personaje de Dos Caras (Two-Face). Dos Caras se convirtió muy pronto en delincuente y asesino, aquello que Batman más despreciaba. Un justiciero comprometido con la lucha contra el crimen, ¿podría seguir siendo amigo, bajo algunas condiciones, de esta persona? Si la amistad que los unía hubiera sido de la forma más elevada, la amistad completa basada en la virtud, no cabe duda de que Aristóteles habría juzgado imposible su continuación. Sin embargo, el filósofo también aconsejaba prudencia al sostener que un hombre virtuoso no debería cortar esta clase de relación de un modo precipitado. Se debe terminar con una amistad virtuosa cuando «la maldad del amigo es incurable» (*EN*, 1165). Pero si una persona se puede rehabilitar y puede volver a ser buena, cabe proseguir con la forma superior de la amistad. Dent y Batman, por desgracia, no desarrollaron nunca una amistad completa según el concepto aristotélico. Se movían principalmente en el nivel de la amistad por interés, aunque a Batman se le hubiera ocurrido la posibilidad de ir más allá.

A primera vista, podría parecer que ningún rasgo del carácter de una de las partes debería excluir necesariamente la continuación de una amistad por utilidad, mientras las dos partes siguieran resultando útiles la una para la otra. Dent, por ejemplo, podría determinar que, aun siendo ahora un delincuente y asesino, continuaría ayudando a Batman a atrapar a otros criminales, para lo cual le proporcionaría pistas. Por su lado, quizá Batman podría pensar que este servicio revestía la suficiente importancia como para hacer caso omiso de las desafortunadas nuevas tendencias de Dent y continuar ayudándolo. Pero el simple acto de imaginar este escenario ya se contradice con el sentido de lo correcto y lo incorrecto de Batman, a todas luces intransigente. Batman nunca haría eso. Nunca jamás continuaría con una amistad por interés bajo condiciones ni remotamente similares a estas.

Esto quizá arroje algo más de luz sobre el análisis aristotélico de las amistades por utilidad. A su modo de ver, parece que esta clase de amistad solo puede prolongarse en la misma medida en que la utilidad continúe viva de un modo suficientemente recíproco, pero aquí nos encontramos en un caso en el que eso no podría ocurrir. Un hombre virtuoso no puede emplear el trabajo de un hombre vicioso de tal forma que se constituya una amistad. Colaborar con la corrupción corrompe. Y esto no escaparía a Batman, quien, por otro lado, tampoco toleraría algo así. Por tanto, quizá podemos considerar que las amistades por interés tienen este rasgo en común con las amistades «perfectas»: si una de las partes es virtuosa, esto supone una limitación para lo que la otra parte puede ser. Si uno de los amigos desciende al mal, una persona virtuosa debe poner fin incluso a una mera amistad de interés.

Aun a pesar de lo mucho que Batman se esfuerza por rehabilitar a Harvey —así, le proporciona la cirugía plástica necesaria para reestructurar su cara y toda la terapia que pudiera requerir para restaurar su personalidad previa—, nada de ello consigue restablecer el yo original de Dent, el yo con el que Batman se sentía tan compatible. Por ello, a Batman no le quedará otra opción, al final, que enterrar la amistad que un tiempo antes había significado tanto para él.

El Policía y el Justiciero

Siempre ha estado claro que Batman es capaz de cumplir con su misión en solitario, si es preciso, pero al mismo tiempo, nuestro superhéroe siempre ha estado abierto a la ayuda de cualquier persona a la que respete. Durante su primer año de lucha contra el crimen en las calles, adquirió conciencia de dos cuestiones importantes que podían darle ventaja en su misión. Primero, convenía sembrar el miedo en sus oponentes y pillarlos por sorpresa. Para eso resultaban útiles el disfraz y la táctica de ser rápido como el rayo. En segundo lugar, necesitaba contar con alguien dentro del corrupto departamento de policía de Gotham, alguien que se guiara por sus mismos valores y estuviera dispuesto a colaborar en la batalla contra la delincuencia. La persona que mejor encajaba con esta descripción era el teniente de policía James Gordon. Hacia el final de *Batman: Year One*, veremos que Bruce reflexiona sobre esta necesidad cuando se dice a sí mismo: «Yo no puedo hacerlo solo. Necesito a un aliado, alguien de dentro. A Jim Gordon. A mi lado».

Desde el primer momento, es obvio que Batman busca a Jim Gordon porque quiere usarlo como medio para un fin. En un principio, Gordon no está seguro de si puede confiar en Batman. Como justiciero enmascarado, este personaje está dispuesto a acometer acciones vetadas a la policía, rasgo que preocupa a Gordon. Sin embargo, Batman demuestra ser digno de confianza y él y Gordon llegarán a ser buenos aliados e incluso amigos.

Se trata de otro ejemplo clásico de la aristotélica amistad por interés. Batman puede usar la información e investigar servicios del departamento de policía para ayudar a resolver crímenes o delitos y atrapar con rapidez a los responsables. Gordon puede usar la Batseñal para convocar a Batman cada vez que el departamento necesita ayuda especial. Es decir, tanto Batman como Gordon se benefician de la relación. Los dos obtienen lo que necesitan y quieren de esta asociación mutua. Su relación es una calle de doble sentido que acumula beneficios para las dos partes.

Uno podría preguntarse por qué esta relación se mantiene como amistad de interés sin ampliarse a una relación adicional de placer. Un examen atento de la interacción entre estos dos hombres nos dará la respuesta. Cuando Batman está cerca de Gordon, está siempre protegido. Si Gordon averiguara la verdadera identidad de su amigo enmascarado, podría arrestarlo cuando creyera que se había extralimitado. Así pues, Batman mantiene en secreto verdades importantes sobre sí mismo, que no le conviene revelar al útil amigo de azul. Por su parte, Gordon ha tenido siempre algunos problemas de confianza con Batman. Sabe que si logra que el Caballero Oscuro prometa tratar un caso de un modo concreto, lo hará así, pero que, en otras circunstancias, puede resultar muy impredecible. En algunas ocasiones, como cuando Batman ha traído a compañeros jóvenes —como los diversos Robin—, Gordon se ha preguntado seriamente sobre el juicio de Batman. Además, ¿acaso es fácil sentirse cómodo y tranquilo, disfrutar placenteramente, en presencia de una persona que jamás se quita la máscara? Si la confianza no fuera problemática en todos estos sentidos, tanto Batman como Gordon podrían disfrutar más de la compañía mutua y quizá desarrollar una relación no tan orientada exclusivamente hacia el cumplimiento de una misión.

Aristóteles comenta que las amistades por interés pueden romperse fácilmente. Si en alguna ocasión Batman llegara demasiado lejos, hasta el extremo de matar a alguien, incluso si ello pudiera parecer justificado, ya no estaría contribuyendo al concepto de la justicia de Gordon, con lo que la amistad terminaría. El concepto de la justicia, para Gordon, es mucho más estricto que para Batman: cree que se debe perseguir a los criminales tanto como se pueda y castigar sus delitos, pero siempre dentro de los límites de la ley. Si el departamento de policía emitiera la orden de arrestar a Batman, Gordon cumpliría con ella y haría cuanto estuviera en su mano para detenerlo. En estas circunstancias, este oficial ya no se mostraría abierto a colaborar con Batman en su misión sino que, muy al contrario, se interpondría en ella, de manera que no podrían mantener la relación. Igualmente, hay acciones que Gordon podría emprender y que distanciarían a Batman. Si el policía se tornara aún más purista en lo relativo a la letra y el espíritu de la ley, podría dejar de ser útil a los intereses de Batman. No tenemos razón para creer que, en ninguno de estos casos, pudiera continuar existiendo entre los dos una relación suficientemente intensa como para considerarla alguna clase de amistad.

Batman y Gordon solo se ven cuando los llama el deber, no en otras circunstancias. En uno de los cómics, Gordon intenta buscar una socialización mayor, fuera de la misión compartida, pero es en vano, porque Batman lo corta:

> GORDON: Podrías hacer una pausa. Hay... Hay una fiesta en casa de Bruce Wayne. De disfraces o así. Podrías venir... vestido como vas.
>
> *Batman guarda silencio.*
>
> GORDON: No es que yo quiera ir. Es Barbara. Cuando se le mete algo en la cabeza...
>
> BATMAN: Barbara...
>
> GORDON: La mujer. Mira... Dejémoslo
>
> *Batman se marcha sin decir nada más.*
>
> GORDON: Es la última vez que intento algo parecido...

Entre los dos no hay material suficiente para apoyar una amistad que vaya más allá de la simple utilidad. Trabajan juntos cuando es necesario y beneficioso, y se respetan el uno al otro, pero en sus vidas no hay nada más que cultive una forma superior de amistad. Son compañeros, colegas en la lucha contra el crimen en Gotham, pero en el fondo, nada más.

Batman y Catwoman

Batman mantiene una relación única con Catwoman. Sus primeros encuentros no fueron amistosos, porque Catwoman era una delincuente: era una ladrona y es difícil imaginar que un ladrón y un justiciero comprometido se puedan llevar bien. Pero Batman y Catwoman siempre se han sentido atraídos mutuamente, pese a actuar en lados distintos de la ley. ¿A qué puede obedecer esta atracción? ¿Qué la hacía posible?

En primer lugar, Batman tiene muy buena vista. Y quien se haya fijado en Catwoman no tendrá dificultades en comprender este nivel más superficial de la atracción física. A fin de cuentas, el Hombre Murciélago no es un murciélago sino un hombre. Pero la cuestión llega mucho más lejos. Batman admira el arrojo personal y la extrema pericia de Catwoman, quien ha desarrollado su cuerpo al máximo, al igual que el propio Batman. Es una mujer fuerte, muy capaz, próxima incluso a una gimnasta olímpica con una disposición asombrosa a asumir riesgos físicos extraordinarios. Todo esto atrae a Batman. Pero ¿cómo puede explicarse que el justiciero supere su disgusto visceral hacia la actividad delincuente? Hay un hecho que salva la situación.

En lo más profundo de su ser, Catwoman es, esencialmente, una persona de buen corazón. No es mala, malvada ni perversa, en ningún sentido; aparte de sus hazañas en el robo de botines de primer orden, que toma casi como un juego, siente una afinidad con el bien de la que no se puede librar. Al igual que Batman, ella no causa la muerte de nadie y a menudo renuncia a la actividad criminal si cree que con ella podría dañar a Batman. La emoción principal de su vida se la proporciona el robo, pero la atracción por el justiciero es tan intensa que podría considerar en serio la posibilidad de reformarse. Batman lo sabe, por instinto. Siempre ha confiado en que Catwoman acabaría abandonando el camino del robo y uniéndose al bando de los buenos. En fechas recientes, su vida ha cambiado, en efecto, para mejor: se ha convertido en protectora de su barrio. Por este cambio de ánimo y de actividad, la relación con Batman ha prosperado y este incluso le ha confiado el mayor de sus secretos: su identidad como Bruce Wayne.

La amistad de Batman con Catwoman es, claramente, de la clase placentera. Cuando ambos estaban en lados contrarios de la ley, aun así disfrutaban del juego del ratón y el gato (y el murciélago y el gato, claro está). Batman aprecia mucho un desafío difícil, tanto como Catwoman las emociones intensas. Incluso cuando actuaba como ladrona, Catwoman podía ayudar a Batman en algún caso, de forma esporádica. No era una circunstancia estable, por lo que no se podía contar con la ayuda de Catwoman. Como Batman no era ni su mentor ni su compañero, ella no estaba obligada, literalmente, a ayudarle en su misión ni en lo que él dijera. Su relación, en consecuencia, no ha podido ser una amistad por interés o utilidad.

La relación de Batman y Catwoman, principalmente, es romántica. Aristóteles creía que las relaciones románticas son amistades por placer, dado que los que se aman disfrutan de la compañía del otro. Hasta el momento, la situación no ha llegado más lejos.

El Mayordomo y el Hombre de la Mansión

La amistad más inusual que Batman ha mantenido con otra persona quizá sea la que lo une a su mayordomo, Alfred. Alfred ya trabajaba para la familia Wayne cuando nació Bruce. Es la persona más próxima a él y él lo conoce de toda la vida. Cuando Thomas y Martha Wayne murieron, Alfred se ocupó de criar e instruir a Bruce del modo en que lo habrían querido sus padres. Aunque tanto en su comportamiento como en su propio pensamiento Alfred sigue siendo el «mayordomo», en realidad adoptó una función casi paternal en la vida de Bruce y también lo ayudó, desde el principio, en la misión como Batman. Una vez constatado todo esto, ¿qué clase de amistad sería la que une a Bruce y Alfred?

Sin duda, tienen elementos de una amistad por interés. Alfred siempre trabaja y el propósito de su trabajo no es otro que ayudar a Bruce Wayne, incluso en su vida de luchador contra el crimen, de todos los modos imaginables. A cambio, Alfred recibe alojamiento, comida y ropas de la mejor calidad y cabe suponer que unos ingresos no poco cuantiosos. Es difícil determinar si estos beneficios fluyen entre Batman y su mayordomo por la sola razón de que son los requisitos del trabajo, para Alfred, y de ofrecer un empleo, para Bruce, o si quizá Bruce y Alfred se entregan a proporcionar todo lo que puedan al otro, de muchas y variadas maneras, porque son amigos. La relación entre ambos es tan amable y amistosa como pueda serlo la de dos adictos al trabajo, en todos los momentos en los que Alfred está desempeñando su labor, lo que viene a suponer, en realidad, todo el tiempo.

Alfred ocupa un lugar único entre los amigos de Batman por el hecho de que su propia convicción de estar desempeñando una misión importante está tan arraigada como la de Batman. No reserva esfuerzo alguno en su función de mayordomo de la familia Wayne. Aunque siempre intenta que Bruce se tome ratos libres y descanse de su papel de Batman por un tiempo, este mayordomo, el mejor de los concebibles, no practica lo que recomienda. Él nunca se toma un tiempo libre de reposo. Nunca vemos a Alfred con asuntos personales, como salir con alguien, quedar con los amigos para jugar al póquer o asistir a un concierto. Y, por descontado, Bruce nunca le anima a hacerlo, en buena medida porque a él tampoco le parece que sea parte necesaria de ninguna vida normal y bien ajustada. En la proximidad de la Batcueva, no se aplican las mismas costumbres de salud vital que en el resto del mundo.

Quizá sea el hecho de compartir esta convicción tan fuerte lo que impide que Bruce y Alfred lleguen a ser amigos de la clase más elevada. Alfred no quiere ser otra cosa que el mayordomo y Bruce siempre será el señor. Como hemos visto, Aristóteles consideraba que la igualdad era un factor necesario en una amistad virtuosa, factor que no cabe obtener por completo mientras Bruce sea el jefe y Alfred, el empleado. Y resulta casi imposible imaginar una circunstancia en la que esto no sea así. Si Alfred abandonara su puesto o si Bruce le dejara marchar, sería un giro tan radical que sin duda implicaría un distanciamiento personal de lo más grave que, por sí solo, impediría desarrollar una amistad completa. Bruce y Alfred se necesitan mutuamente para concebir la misión que tienen en la vida, según la entiende cada uno de ellos. Cualquier ruptura de la relación sería considerada, con toda probabilidad, un acto de deslealtad terrible. Así pues, aun a pesar del hecho de que probablemente Alfred es la persona más próxima a Bruce —y más próxima de lo que nadie puede llegar a estar si las cosas no cambian—, no pueden ser amigos perfectos porque cada uno de ellos siente que tiene una misión que lo abarca todo, y si esto cambiara de un modo relevante, seguirían sin poder ser amigos perfectos por las secuelas inevitables de un cambio de tal calibre. Por consiguiente, de nuevo, una relación entre Batman y uno de sus compañeros más cercanos parece destinada a no ascender a la más elevada de las categorías de amistad ni superar la condición ya conseguida.

La amistad perfecta que siempre se escapa de las manos

¿Qué impide a Batman contar con lo que Aristóteles consideraba una amistad perfecta? No son solo sus principios, tan elevados. No es solo que los demás no satisfagan sus exigencias. También parece haber mucha responsabilidad en él mismo. Esta clase de amistad supone un gran compromiso personal y esto resulta casi imposible para Batman, después de la promesa que formuló a sus padres difuntos. Ha entregado tanta parte de su tiempo y esfuerzo a la lucha contra el crimen que apenas le queda nada para los amigos. Esta es la causa de que, como hemos visto antes, todos los amigos de Batman deban encajar, de un modo u otro, en su misión. Todos los que lo rodean le ayudan, como socios o compañeros: Jim Gordon, Harvey Dent (antes de convertirse en Dos Caras), Robin (que se convirtió en Nightwing), Batgirl (que se convirtió en Oráculo), los otros tres Robin (Jason Todd, Tim Drake y Carrie Kelly, en *The Dark Knight Returns*), Alfred y todos los demás. En ocasiones, Batman olvida la enorme proximidad de todas estas personas en su vida. En un cómic reciente, *Hush*, Batman confiesa a Catwoman que es incapaz de mantener amistades íntimas y ella le recuerda, en cambio, que tiene muchos amigos.

> BATMAN: Yo... Yo no valgo para esto. Para tener amigos. Compañeros. Todo acaba en muerte y traición. Si alguna vez supe hacerlo, lo perdí la noche en que mataron a mis padres.
>
> CATWOMAN: Cuéntale eso a Nightwing. A Robin. A Oráculo. ¿Hace falta que siga?

Es cierto que todas estas personas son amigos y compañeros de Batman, pero ¿acaso alguno de ellos satisface los requisitos de la forma perfecta de la amistad? ¿Los satisface él mismo?

En su corazón, probablemente Batman intuye que es dificilísimo que pueda llegar a tener una amistad del orden más elevado. Al convertirse en Batman, Bruce Wayne hizo ciertos sacrificios, uno de los cuales fue la capacidad de entregarse plenamente a otra persona. Su vida ya está tomada, ya tiene dueño: la promesa hecha a sus padres y el compromiso con la justicia. En una ocasión sintió intensamente la tentación de dejar atrás el mundo de Batman, pero una vez superada, Bruce ha aceptado el precio que debe pagar para continuar con su misión.

He aprendido algo este fin de semana de Halloween. Creía que no tenía más elección que ser Batman. Que Gotham me había elegido para que la protegiera. No es así. Desde la noche en que me privaron de mis padres, elegí. Esto supone que algunos de los deseos de mi corazón no se cumplirán... Pero son muchos más los que se satisfacen... Es una buena elección.

Aristóteles afirma que los hombres buenos son, en cierto sentido, amigos de sí mismos. Quizá sea cierto en el caso de Bruce Wayne. Es amigo de sí mismo y de su propia máscara alternativa. Batman utiliza a Bruce Wayne y Bruce Wayne utiliza a Batman. Se trata de una amistad de utilidad, por interés. Y quizá las dos máscaras obtengan algo de placer en las escapadas respectivas. Pero si existe alguna clase de amistad perfecta disponible para Bruce (o para Batman), tal vez sea esta: la soledad de la relación de él consigo mismo. Bruce Wayne está entregado al bien y se entrega a lo que considera su bien mayor, lo que significa que se compromete con Batman. En su caso hallaremos no «un alma en dos cuerpos», sino un alma en dos máscaras, dos identidades, dos formas de presentarse al mundo. Como la naturaleza de su misión lo consume todo, esta forma de amistad virtuosa parece ser la única que podrá llegar a conseguir.

Pero esto mismo, o al menos algo similar, quizá sea cierto de muchos de los superhéroes. Y estos parecen darse cuenta de los límites y restricciones de su vida, derivados de la llamada que han sentido y de la responsabilidad que comporta. En *Superman: The Man of Steel* («Superman: el Hombre de Acero»), John Byrne y Dick Giordano retratan un primer encuentro de Batman y Superman. Cuando se separan, Batman se dice a sí mismo: «¡Un hombre notable, desde luego! ¿Quién sabe? En una realidad distinta quizá lo habría llamado "amigo"».[2]

Cuando desde la filosofía miramos el arte —ya sea una novela, un cómic, una pintura o una película— pueden ocurrir varias cosas. Puede ser que arrojemos luz sobre la obra de arte o que ampliemos nuestra comprensión filosófica o que, de resultas de ello, arrojemos luz sobre nuestras propias vidas. En ocasiones podemos conseguir ambas cosas. Pero la empresa filosófica habrá respondido a su exigencia más perentoria si consigue iluminar mejor nuestra experiencia en el mundo. Sentirnos llamados a cumplir una misión en la vida es algo bueno e importante, pero la historia de Batman es un excelente relato que nos advierte del precio que nos arriesgamos a pagar si no logramos mantener un equilibrio. Hay personas que sienten como una obligación personal la necesidad de llevar una vida de servicio desequilibrada. A menudo son nuestros héroes, también nuestros superhéroes. El resto debemos llevar cuidado, sin embargo, de aprender bien la lección que nos enseñan y ejercitarnos a fondo para no permitir que nuestro trabajo y el servicio que prestamos al mundo nos alejen de las necesidades más básicas: las de una vida buena y feliz, entre las que Aristóteles incluyó, como aspecto crucial, la amistad.

2. John Byrne y Dick Giordano, *Superman: The Man of Steel*, n.º 3, DC Comics, Nueva York, p. 22.

10

Los 4 Fantásticos como familia: el lazo más fuerte de todos

Chris Ryall y Scott Tipton

Cuando reflexionamos sobre cuestiones filosóficas en los cómics de superhéroes, solemos centrarnos en el superhéroe individual y en el transcurso de sus aventuras. A fin de cuentas, él es la persona concreta que posee superpoderes y la que ha elegido si los utilizará para bien o para mal. En otras páginas de este libro, por ejemplo, abundan las cavilaciones sobre por qué un héroe individual es bueno y elige emplear sus poderes en beneficio de la humanidad y por qué, por el contrario, otros individuos poderosos eligen quizá convertirse en supermalos y actuar según su propio interés personal, concebido con gran estrechez de miras y en detrimento de la sociedad. Pero, por descontado, en los relatos clásicos de los superhéroes hay otros temas sobre los que pensar, además de por qué alguien escoge actuar de un modo u otro. Aristóteles (384-322 a.C.) creía que somos, en lo esencial, criaturas sociales. Este punto de vista nos puede dirigir hacia otro nivel de la vida de los superhéroes que bien vale la pena analizar desde una perspectiva filosófica.

En este capítulo, nos centraremos en un punto al que apenas han prestado atención la mayoría de los grandes filósofos a lo largo de los siglos, pero que resulta fundamental para comprender tanto la naturaleza como la condición humanas: la idea de la familia. En particular, examinaremos cómo una serie de personas superdotadas pueden trabar lazos de unión entre ellas hasta crear una especie de unidad familiar. En la mayoría de los cómics, la familia queda relegada a una posición de trasfondo de la narración principal y se cede el protagonismo a las vistosas batallas entre los individuos con superpoderes. Una excepción notable son *Los 4 Fantásticos*, de Marvel, cuyos lazos familiares son una parte de su historia tan relevante como sus aventuras.

La primera familia

Muchos superequipos afirman estar unidos por algo similar a los lazos familiares. Desde la Liga de la Justicia de América hasta los Teen Titans (Titanes Adolescentes), los miembros de estas unidades proclaman a menudo que sus compañeros de equipo son más que compañeros en la lucha contra el crimen: son su familia. Se trata de un tema muy habitual en los cómics, casi tanto como las remodelaciones de tales equipos. Ya sea por el cambio de los miembros, las querellas internas o las empresas en solitario, resulta inevitable que los individuos que conforman esos grupos se vayan separando, reuniendo y reorganizando en varias ocasiones. El compromiso distintivo de la familia se proclama y vocea, pero en general no parece que se sienta como tal. Los 4 Fantásticos, a pesar de las numerosas semejanzas con estos otros equipos, muestran algunas diferencias. El equipo ha visto cómo sus miembros se mantenían unidos durante más de cuarenta años de aventuras. ¿Por qué? ¿Cómo mantiene unidos a los miembros la existencia de auténticos lazos familiares, mientras otros equipos van cambiando de un modo que se antoja inevitable?

Por descontado, el lector atento que ha seguido sus aventuras a lo largo de los años sabe que incluso Los 4 Fantásticos se han separado temporalmente y han incorporado de forma ocasional a algún otro miembro, pero aun así siguen figurando en una categoría distinta a la de cualquier otro equipo de superhéroes. Exhiben un compromiso y una forma de continuidad que no se ve a menudo en el mundo superheroico. De hecho, a Los 4 Fantásticos, según fueron creados por el guionista Stan Lee y el dibujante Jack Kirby, y según han sido perpetuados por muchos otros autores a lo largo de los años, se los designa con frecuencia como la «primera familia de los cómics Marvel». El hecho de que dos de los cuatro miembros sean hermanos carnales (Johnny Storm y Susan Storm-Richards) nos da la primera clave de por qué se comportan de un modo más familiar que otros equipos. Como un tercer miembro, Reed Richards, se ha casado con Sue, el núcleo familiar es evidente. Sin embargo, es precisamente el cuarto miembro el que singulariza de verdad a este equipo cuando se lo compara con cualquier otro grupo de la historia de los cómics.

Este cuarto miembro es Ben Grimm, al que se conoce como La Cosa. Su única vinculación inicial con el núcleo familiar es a través de su amistad con Reed Richards. Habían sido compañeros de estudios universitarios y luego camaradas en el ejército. Por descontado, no es nada raro que las amistades formadas en la universidad y la milicia se extiendan de por vida, de forma que, en apariencia, no hay aquí nada extraordinario. No lo hay, hasta que lo miramos con más detalle.

Con el terrible accidente que otorgó los superpoderes a todo el equipo, Ben no solo obtuvo superfuerza y un cuerpo a prueba de balas sino que también le ocurrió algo muy desafortunado: quedó horriblemente desfigurado. Además, cabe recordar que este accidente fue consecuencia, en buena medida, de la hibris personal de Reed, esto es, su ambición desmesurada. ¿Y es esta una base firme para asentar sobre ella una amistad duradera o unos vínculos familiares? No exactamente...

La formación de lazos familiares

El superequipo de Los 4 Fantásticos nació en los cómics a principios de los años sesenta del siglo pasado. La pujante cultura juvenil de la época parecía más interesada en las inquietudes típicas de la adolescencia, por lo que un cómic que abordaba cuestiones más fundamentadas —como la traición, la angustia o las peleas de familia— quizá parecía menos preparado para llegar a su público objetivo que otros cómics que mostraban a adolescentes con superpoderes. Sin embargo, el cómic también se ocupaba de temas tales como la alineación individual, la naturaleza de una familia y la importancia de la amistad con más intensidad que otras propuestas de su momento. Y, sin duda, todas estas cuestiones son casi definitorias de los años de transición por los que debe abrirse paso el adolescente típico.

La historia original de Los 4 Fantásticos no parece muy idónea como base para una sociedad perdurable de ninguna clase. Platón (H. 428-347 a.C.) incluye a un personaje en su tratado de la *República* que afirma que la motivación dominante en la vida humana es el deseo de poder. En su primera aparición, el genial científico Reed Richards parece movido justamente por esta clase de aspiración al poder y la supremacía. Sus acciones y el origen de la familia como equipo superheroico se hacen eco del impulso que subyacía a la carrera espacial que se desarrolló en la política internacional de finales de los cincuenta y primeros años sesenta. Ambas nacían de un deseo intenso: los estadounidenses anhelábamos derrotar a nuestros poderosos rivales, los soviéticos, en el espacio exterior. El personaje platónico que defiende la importancia del poder, Trasímaco, asevera que, a su modo de ver, el hombre justo siempre aspira a ganar la batalla a los injustos. Así es como los estadounidenses de 1960 se veían a sí mismos en comparación con los soviéticos.

Reed diseñó una nave espacial, pero no la había puesto a prueba con el rigor necesario o no había reflexionado adecuadamente sobre las tensiones que podría sufrir en su primer viaje. Sentía tal anhelo de ser el primero en el espacio que no prestó la atención debida a estos problemas. Su amigo, y a su vez piloto de la nave, Ben Grimm, expresó su reticencia: ¿seguro que había llegado ya el momento de llevar aquella nave experimental al espacio exterior, antes de conocer bien los efectos que podrían tener los rayos cósmicos? Pero Reed no veía más allá de sus intereses. Sentía que sus deseos se hacían eco de los deseos del país, a los que dio voz su prometida, Susan Storm, al decir: «Ben, hay que aprovechar esta oportunidad... ¡Salvo que queramos que los rojos nos ganen la partida!». Susan llegó a poner en duda la masculinidad de Ben, al afirmar que nunca habría imaginado que justamente *él* fuera un cobarde.

Por el camino de la provocación —o eso parece—, Ben se enrabieta con el desafío de Sue y acto seguido decide pilotar la nave sin más contemplaciones, pese a que su inquietud era legítima y sin haber considerado de nuevo la prudencia del plan concebido por su amigo, el temerario Reed. Es interesante señalar que, en los cuarenta años de aventuras posteriores, se retratará a Ben como el carácter impetuoso e impulsivo, mientras que Reed se caracterizará por la cautela y la calma analítica. Quizá esta inversión de roles derivó, en parte, de la culpa que Reed lleva clavada por lo que pasó a continuación. El equipo se completa cuanto el hermano adolescente de Sue Storm, Johnny, tiene el pronto de acompañarlos. «Yo voy con mi hermanita, no hay más que hablar». En esta dosis de lógica adolescente, se pueden ver las semillas del compromiso familiar que hallamos en el núcleo de este reducido grupo.

Sócrates (470-399 a.C.) creía que la virtud se recompensa por sí sola, sean cuales sean las consecuencias. Por descontado, Sócrates no estuvo nunca en el lado de los receptores de rayos cósmicos de una historieta futurista. Sue pagó un precio muy alto por su lealtad a Reed, y Johnny, por su decisión de ponerse de lado de su hermana. Cuando el cohete alcanzó la velocidad de escape —y, como ansiaban sus tripulantes, se impuso a los soviéticos en la carrera espacial— hubo consecuencias terribles para los cuatro intrépidos. Al igual que el Ícaro de la mitología, la nave espacial de Reed impactó contra el suelo como resultado de una acción rebosante de orgullo e impetuosidad.

Aun así, este resultó ser el menor de sus problemas. Muy pronto, los cuatro tripulantes descubrieron que habían recibido unos poderes inusuales, reflejo sobrecogedor de sus respectivas personalidades. Susan Storm, por entonces la más tímida y modesta del grupo, podía volverse invisible. El interior desenvuelto y rocoso de Ben Grimm pronto tuvo un igual en su exterior. Reed Richards, de intelecto muy ágil, encontró que era capaz de estirar el cuerpo tanto como el pensamiento. Y el adolescente Johnny Storm, de temperamento feroz, ardía al cabo de poco como la Antorcha Humana.

Después de que el equipo se tranquilizara y reflexionara sobre lo que les había pasado, no perdieron el tiempo y formularon lo que iba a ser una misión relativa a su nuevo poder. El brusco Ben Grimm lo expuso sucintamente: «Hay que usar estos poderes para ayudar a la humanidad, ¿vale?». Los otros tres miembros expusieron su pleno acuerdo. Nació un equipo —*The Fantastic Four*, Los 4 Fantásticos— con un propósito meridianamente claro, pero ¿es este todo el lazo que los une o hay algo más? ¿Su relación crecerá más allá de la amistad básica y el deseo de servir a la humanidad?

Una comunidad para vivir bien

Hasta aquí, el origen del grupo, aun siendo singular, en un principio derivó tan solo en la formación de equipo que no era apenas distinto de otros equipos de su momento: un grupo de personas con superpoderes resueltas a ayudarse mutuamente en la lucha contra el mal y a emplear sus fuerzas extraordinarias para salvaguardar a la humanidad. Sin embargo, ya desde su primera batalla contra el mal, hay signos de que entre ellos funciona algo superior al mero deseo compartido de hacer el bien conjuntamente. En medio de un combate, Ben le dirige a Sue un comentario insultante sobre Reed, su prometido. Es obvio que aún siente cólera hacia Reed y le reprocha ser el culpable del accidente que lo ha desfigurado. Sue responde: «¡Ay, Ben! ¡Ojalá pudieras dejar de odiar a Reed por lo que te pasó!».

Estas palabras de Sue enlazan con otra cuestión interesante, de la que no se hablará durante años. ¿Por qué Ben continúa demostrando, al respecto de casi todo, una gran lealtad de acción hacia un amigo que, en efecto, le arrebató la vida que hasta entonces había conocido? A diferencia de los otros tres miembros del equipo, Ben es el único cuyos poderes no puede ocultar. Mientras que los otros pueden pasar como ciudadanos corrientes y miembros normales de la sociedad —si no incluso como personas especialmente atractivas—, Ben se ha convertido para siempre en un marginado, una aberración, un monstruo repulsivo. En otras muchas obras literarias, los monstruos intentarán destruir a sus creadores, pero en este caso, de un modo u otro, la transformación de Ben parece haber reforzado sus lazos con Reed y el equipo en general.

Así, aun a pesar de sus ocasionales estallidos de cólera, en esencia se consolida lo que se está convirtiendo en una fuerte unidad familiar. La pregunta es la siguiente: ¿por qué?

Buena parte de la respuesta hay que buscarla en el carácter de Ben. En la universidad jugaba en el equipo de fútbol americano y también había sido parte del ejército. Ben es, por naturaleza, un miembro leal de sus equipos, capaz de unirse a los demás. Cuando su exterior cambió, su resolución y su carácter interior devinieron aún más fuertes. Para él resultaba importante hacer lo que era mejor para el mundo, desde luego, pero aún más vital resultaba hacer lo mejor para sus amigos, que —mediante sus transformaciones, si no antes— se habían convertido en algo semejante a su familia de hecho. Todos eran distintos a los seres humanos corrientes, por mucho que Reed, Sue y Johnny pudieran esconder esas diferencias. Tales diferencias tenían un origen común y todos habían decidido dedicarlas a un uso común. Ben estaba allí justamente por esos rasgos compartidos y porque deseaba apoyar al grupo, pero también parece que figuraba entre ellos para recordar a Reed qué podía ocurrir si volvía a soltar su capacidad intelectual sin frenos, sin tener en cuenta las consecuencias que pudiera reportar a otros. En esencia, por tanto, Ben actúa como conciencia de Reed.

En su influyente libro *Política*, Aristóteles se esforzó por comprender la esencia de cualquier grupo de personas que viviera y trabajara en comunidad. En cierto pasaje, se preguntó qué es una ciudad. Su respuesta es muy perspicaz: «Una ciudad es una comunidad para vivir bien».* Tomemos este pensamiento y extrapolémoslo. Según el razonamiento

* Se traduce según la breve formulación inglesa de los autores del artículo. Más exactamente, se dice: «La ciudad es una forma de comunidad de iguales, con el fin de vivir lo mejor posible», Aristóteles, *Política*, libro VI, 1328a, Gredos, Madrid, 2000, trad. de Manuela García Valdés. (*N. de los t.*)

del propio Aristóteles, justo así es como funciona cualquier grupo de personas que se asocian y colaboran buscando el bien.[1] Un barrio es una sociedad típica en la que cabe pensar que las personas se agrupan para vivir mejor. También puede serlo una empresa. En realidad, este puede ser el mejor modo de concebir un equipo de la clase que sea. Y en lo que respecta más directamente a este artículo, quizá podemos aplicar este mismo análisis a la unidad familiar. Idealmente, una familia es una comunidad para el bienestar especialmente íntima. De hecho, si los miembros de una familia no comprenden esta característica de su relación, lo más probable es que, en esa familia, la situación nunca sea tan buena como podría llegar a ser. Cabe afirmar, incluso, que la familia es la comunidad humana más fundamental y la que provee a todas las demás. Venimos a este mundo por una agrupación de una clase especial y sobrevivimos durante nuestros primeros años por el entorno de protección que nos brindan otros. Al crecer, aprendemos nuevas maneras de participar en esta unidad comunitaria, la más antigua y pequeña de todas, y lo que aprendemos allí nos enviará al mundo con ciertas expectativas e instrumentos para vivir en la comunidad más amplia de los seres humanos, buenos o malos.

Por descontado, no todos los miembros de una familia tienen que estar relacionados por nacimiento y sangre, pero, para compartir los lazos más íntimos con un grupo específico de otras personas, alguien no tan relacionado debería ser aceptado en la unidad, en un caso típico, con un grado importante de apoyo y compromiso, y entonces, él mismo debería llegar a exhibir una actitud de apoyo, un compromiso

---

1. Para más detalles sobre la cuestión, véase Tom Morris, *If Aristotle Ran General Motors*, Holt, Nueva York, 1997. (*Si Aristóteles dirigiera General Motors*, Planeta, Barcelona, 1997, 2006, trad. de Montserrat Gurguí.)

con los demás y una inclinación a participar en acciones que contribuyen al bien de los demás. En otra de sus obras, la *Ética*, Aristóteles ofreció un análisis de la amistad que también podemos emplear para arrojar algo de luz sobre la familia. Distinguió entre tres tipos de amistad: las basadas en el interés o la utilidad, las basadas en el placer y el disfrute y, por último, las que reflejan el interés y el compromiso mutuo que engendra la bondad virtuosa.[2] Las relaciones entre los miembros de una familia, típicamente, reflejan por lo menos una o dos de estas bases de la amistad, si no las tres. Esto no quiere decir que los miembros de una familia no puedan ser reacios a ayudar, difíciles de llevar o cascarrabias en la interacción. También ocurre con los amigos, a veces. Pero para desarrollar y mantener los lazos de una familia —incluso de una familia extensa—, las personas implicadas tienen que ser capaces, al menos en parte, de perdonar o dejar pasar o superar acciones y actitudes contrarias que, de otro modo, quebrarían la unidad y distanciarían a unos de otros. No hay amistad perfecta; tampoco las familias lo son. Los miembros de Los 4 Fantásticos, desde luego, discuten y se enfadan unos con otros, pero su compromiso mutuo fundamental y el placer que obtienen en la mutua compañía siempre los vuelven a reunir.

Detengámonos por un momento en las tres bases de la amistad identificadas por Aristóteles. Comencemos por el interés. En este nivel, la amistad obedece a que los amigos obtienen beneficios útiles de la relación. Cuando Ben está con Reed, Sue y Johnny, tiene la sensación de pertenecer a una familia, algo que no había tenido en toda su vida. En varios momentos de su carrera de lucha contra el crimen,

2. Para más detalles sobre el análisis aristotélico de la amistad, véase el capítulo 9 de este libro.

Ben se aparta del grupo y experimenta otras amistades, otros equipos y otros entornos, fuera de su familia de Los 4 Fantásticos, pero ninguna de estas experiencias —desde incorporarse a otro equipo de superpoderosos, como el de los Vengadores, a desarrollar una carrera de lucha libre con otros luchadores excepcionales— podía igualar los beneficios que le aportaba ser miembro de Los 4 Fantásticos. En el caso de Ben, el beneficio principal es el amor de familia y la sensación de que allí lo quieren y lo necesitan, las dos cosas. Otros equipos pueden disfrutar de su compañía y apreciar su habilidad, pero Ben solo se siente verdaderamente útil cuando actúa como conciencia y caja de resonancia de Reed. Reed y los otros le necesitan y él los necesita a ellos.

Luego hay amistades por placer. Se trata de relaciones entre personas que disfrutan de pasar tiempo juntas, aunque no obtengan ninguna utilidad o beneficio de ello. A Ben le costaría mucho reconocer la existencia de esta, por descontado: por naturaleza tiende a ocultar sus sentimientos más profundos mediante comentarios socarrones. Pero su capacidad intelectual y emocional es muy superior de lo que se permite demostrar al mundo, aunque sienta que debe interpretar a un personaje tan brusco y bronco como su apariencia. Durante años, él y Johnny han disfrutado de una especie de rivalidad fraternal que con frecuencia ha llevado a cierta rabia o fastidio; sin embargo, el placer que siente Ben al actuar como receptor de esa relación y las infantiles maquinaciones de Johnny no logran enmascararlo por entero tras los comentarios distantes, el golpetazo al sofá ni en las ocasiones en las que, dando un portazo, se marcha con furia y promete no volver nunca. Siempre vuelve, claro está, porque en cierto nivel estas batallas amistosas le proporcionan ante todo placer y un verdadero sentimiento familiar. Las familias discuten y se pelean, Ben lo sabe tan bien como cualquiera de nosotros.

A menudo, la causa de esas discusiones es la preocupación por el otro, y esto, justamente, permite que perduren.

Por último, está lo que Aristóteles denomina amistad por virtud o completa. Se trata de la relación más elevada entre personas moralmente buenas y virtuosas que se respetan y cuidan entre sí. En esta clase de amistad, cada amigo ama al otro por él solo. En otras palabras: Ben y Reed pueden ser amigos completos si Reed cuida de Ben por mor de Ben, independientemente de si él, Reed, saca algún partido de la situación. Y lo mismo se aplica a la inversa. Esta no solo es la forma más fuerte de amistad, sino que también es la que Reed y Ben experimentan en su grado más intenso. Igualmente, se trata de la forma de amistad que más culpable hace sentir a Reed.

Reed se preocupa sinceramente por el bienestar de su amigo Ben, tanto como por el de su núcleo estrictamente familiar —en su pensamiento, en realidad, son intercambiables—, pero Ben actúa como recordatorio cotidiano del brutal fracaso de Reed como amigo. ¿Quizá una parte de su lazo de amistad existe porque Reed necesita sentir esa culpa un día tras otro? Quizá sí. Ver la apariencia de Ben y saber que el culpable de ello ha sido Reed podría llegar a actuar, en cierto modo, como factor de la dependencia mutua. Aun a pesar de las grandes hazañas que Reed realiza, aun a pesar de los admirables inventos y máquinas que crea, no puede dejar de pensar que hay un milagro, quizá solo uno, que se le escapa: devolver a su mejor amigo su forma humana.

Si examinamos todas las interacciones de Los 4 Fantásticos, veremos que tanto las categorías aristotélicas de la amistad como su idea de que la familia puede considerarse una comunidad para vivir bien son instrumentos útiles, pues nos ayudan a comprender que este equipo de superhéroes es una vibrante unidad familiar compuesta de amigos que cuidan los unos de los otros, a pesar de sus diferencias y desacuerdos. Los miembros de una familia, en un grupo sano, se apoyan unos a otros (utilidad), disfrutan unos de otros (placer) y cuidan del bienestar de los otros (virtud). Cualquier familia será más fuerte si posee un sentimiento de comunidad en apoyo de los objetivos y valores compartidos. Ben Grimm, criado en un hogar roto, lo comprende y se halla como en casa y mejor que en ningún otro lugar, dentro del sistema de respaldo y refuerzo del equipo, con esos buenos amigos que cuidan de él y se cuidan entre sí.

La familia, en los momentos de agitación

Toda familia y todo equipo vive momentos de agitación, pero Los 4 Fantásticos han pasado más que la mayoría. Sin embargo, siempre perseveran. En ocasiones, sus problemas los causan los malos con los que tienen que combatir; en otras ocasiones, proceden del anhelo normal de vivir un vida «corriente». En sus cuarenta y cinco años de historia, el equipo ha sufrido una serie de divisiones, desintegraciones o abandonos. Ben se ha marchado con la intención de encontrarse a sí mismo, para descubrir que el camino que buscaba le llevaba directamente de vuelta al equipo. Su sentido del yo se basa en la necesidad de ser necesario, el deseo de hacer bien y un sentimiento de pertenencia. Johnny, el miembro más joven del equipo y, por ello, la persona que era más probable que afirmara su independencia huyendo de los supuestos límites de la familia, ha descubierto que la independencia que ha buscado a menudo no es tan atractiva como la familia que él mismo había ayudado a construir. Reed y Sue, hoy casados y con hijos, también han experimentado su cuota de discrepancias y desavenencias conyugales: salvar al mundo y encontrar tiempo para la intimidad puede resultar una cuestión muy dificultosa. Pero también han permanecido en su lugar y han conservado el compromiso mutuo. Con frecuencia, las amenazas que recibía el equipo los ha movido a reflexionar sobre si la lucha contra los superenemigos representaba un entorno adecuado en el que criar una familia y esto ha derivado en el intento de labrarse una vida tranquila lejos del entorno del equipo, pero, inevitablemente, cualquier empeño por vivir una vida «normal» fuera de la familia central de Los 4 Fantásticos solo terminaba por ofrecerles, por una razón u otra, un entorno peor que el que poseían antes de su partida.

Todos los miembros del equipo han intentado cortar amarras con el grupo, en una u otra ocasión, y todos han terminado reunidos otra vez, más sabios y felices que cuando se separaron. Sin duda, también existía la posibilidad de vivir una vida buena, con sentido y virtud, apartados los unos de los otros. Así pues, el atractivo de la unidad familiar, para sus miembros, tenía que ver con algo más que con tan solo estas cosas, por muy importantes que puedan ser. Esencialmente, se debía a una sensación de comodidad y de ser capaces de desarrollar su potencial mejor como parte de la unidad que en solitario. Los cuatro miembros han vivido aventuras en solitario, pero todos ellos tenían, como miembros del equipo, un sentimiento de completitud que no podían hallar en ningún otro lugar. Solo cuando están juntos experimentan las sensaciones más hondas de poder confiar y merecer la confianza ajena, de compartir verdadera y fundamentalmente los objetivos comunes, de poseer una base firme y segura.

Las mejores familias no abusan de los juicios morales: permiten que cada miembro desarrolle y realice su potencial. En una buena familia, los objetivos de los diversos miembros corren en paralelo con los de los demás, sin establecer una oposición mutua. Y una familia existe como la fuente de apoyo más fiable que podamos llegar a tener. Los miembros de una buena familia intentan echarse una mano en tiempos de necesidad. Todos estos rasgos se pueden ver en Los 4 Fantásticos.

Sin embargo, parte de lo que convierte a Los 4 Fantásticos en algo muy similar a una familia —mucho más semejante a ella que cualquier otro superequipo— también ha supuesto perjuicios. Los primeros días, el papel de Ben en el equipo resulta disfuncional, en muchos sentidos; enseguida asumió un papel casi infantil en la relación con Reed y Sue, se «escapó de casa» con frecuencia y Sue y Reed tuvieron que cumplir con el deber paternal de rescatar al hijo extraviado. Desde este punto de vista, las frecuentes peleas de Ben con Johnny vuelven a ser identificables como una rivalidad fraternal: los dos reñirían entre sí para obtener la atención de sus «padres» Reed y Sue.

A la inversa, los sentimientos paternales de Reed hacia Ben, mal enfocados, se han extendido incluso más allá de las primeras aventuras del equipo. En cierto momento, Reed comprende un hecho importante sobre la imposibilidad de Ben de recobrar la forma humana normal, pero, en lugar de actuar como un amigo y desvelarle la verdad recién descubierta, Reed determina mantener en secreto este hecho inquietante, sin revelárselo a Ben porque, como bien podría afirmar un padre de un hijo: «Era lo mejor para él». El padre, en la forma de Reed Richards, es quien más sabe.

De las varias ocasiones en las que Ben ha abandonado a Los 4 Fantásticos, la que lo ha tenido alejado por más tiempo del equipo obedecía a la sensación de haber sido traicionado. No obstante, como todos los demás miembros del equipo que, en un momento u otro, han decidido marcharse, Ben regresó y no por cumplir con ningún sentido del deber, sino por sentirse atraído hacia los demás aun a su pesar. Como se ha dicho a menudo, uno puede elegir a sus amigos, pero no a la familia. Esta es una elección ya tomada. Con frecuencia, esto parece igual de cierto para las familias «construidas» que para las naturales. Nos hallamos unos a otros y ocurre que sentimos un lazo, sobre el que no deliberamos; luego, de forma consciente, decidimos formar una unidad familiar. Este lazo de familia surge más por una afinidad mutua que por decisión y deber.

Incluso los miembros de «relleno» temporal de Los 4 Fantásticos han llegado al equipo, en una mayoría de casos, a través de una vinculación familiar. Varios se han incorporado, como ocurre con frecuencia con los nuevos miembros de una familia extensa, por relaciones con los «hijos» del equipo. Así ocurrió con la novia de Johnny, Crystal, de los Inhumanos, y con Lyja, o con el vínculo romántico de Ben con Sharon Ventura («Ms. Marvel»). El miembro de sustitución que se integró en el grupo por más tiempo, Jen «She-Hulk» Walters (Hulka), no tardó en adaptarse a los roles familiares: pronto desarrolló una rivalidad pseudofraternal con Johnny y participó en una relación romántica con Wyatt Wingfoot, amigo de toda la vida de la familia de Los 4 Fantásticos. Podemos ver que, incluso aquellos que pretendían unirse al equipo estableciendo una relación meramente profesional, acaban siendo subyugados por la verdadera naturaleza familiar del grupo.

Valores del trabajo en equipo

Una familia es una unidad social pequeña que aspira a preservar la vida de sus miembros. Aristóteles comprendió que, al formar parte de una sociedad mayor, obtenemos ventajas adicionales; de otro modo, decía, nos contentaríamos con vivir en marcos menores, como los de la familia o la tribu. Pero es en la familia donde empieza todo. Como hemos visto, el objetivo último de cualquier grupo similar a una familia es vivir bien, más allá de tan solo vivir y mantener con vida a los demás integrantes del grupo. Los 4 Fantásticos, unidos por el hecho de ser una familia y consolidados por el bien mayor de la sociedad, han conseguido esas dos metas.

A menudo, las familias normales se forman con la intención de crear una unidad protectora para los niños pequeños. En un sentido más amplio, Los 4 Fantásticos dirigen hacia el exterior esta misma naturaleza protectora: los ciudadanos corrientes de todo el mundo se convierten en sus hijos y viven bajo su amparo. Los miembros de Los 4 Fantásticos también se esfuerzan por mejorar la vida de los integrantes del propio equipo, pero con sus poderes, su riqueza y su libertad, siempre centran igualmente la atención en mejorar la vida de los demás. Gracias a su lazo familiar especial, han devenido amigos en el sentido más elevado de la palabra, así como socios para un bien mayor.

Estas amistades de entrega genuina del propio yo son raras y sirven de ejemplo de las diferencias que separan a Los 4 Fantásticos de otros superequipos. Aristóteles describió la amistad completa como aquella que existe entre personas que se aman unas a otras y solo desean el bienestar de los demás. La diferencia entre este equipo de cuatro y, por ejemplo, los Vengadores, podría parecer insignificante en muchos aspectos. Ese otro equipo también está integrado por amigos, en su mayor parte, y también se unen para combatir el mal. Sin embargo, la amistad entre los miembros de los Vengadores (y otros muchos equipos) suele orientarse casi siempre hacia el propio yo, cuando no es incluso un tanto egoísta (puesto que las personas a las que designan como amigos reciben esta consideración, ante todo, porque sirven a los propios intereses primordiales). En cambio, la amistad existente entre los miembros de Los 4 Fantásticos parece ser más similar a la amistad verdadera y completa que es equiparable, en el fondo, al amor. Es generosa y benevolente y solo aspira a favorecer el bien ajeno. En el caso de Los 4 Fantásticos, este amor por los otros es lo que, en definitiva, otorga al grupo una unión que cabe calificar de familiar con toda propiedad.

11

Sabiduría de cómic

Michael Thau

En los cómics de superhéroes abunda la acción. Abundan las narraciones magistrales, los personajes míticos, un arte gráfico increíblemente vibrante y grandes pinceladas de humor. Pero también cabe hallar muestras de auténtica sabiduría. Esto puede resultar sorprendente para quien no esté familiarizado con los cómics. En un momento en que la sabiduría parece haber desaparecido de la mayor parte de la cultura, podemos hallarla encarnada, representada y descrita —de formas fascinantes— en las historietas de superhéroes.

Como el trabajo oficial de un filósofo es prestar atención a la sabiduría donde quiera que esta se pueda encontrar, en este artículo quiero echar un breve vistazo a la sabiduría según aparece en algunos arcos narrativos superheroicos esclarecedores. Veremos que el generalizado escepticismo cultural sobre la sabiduría se refleja en algunas de sus apariciones en los cómics superheroicos, pero también veremos destellos de una apreciación sincera de lo que supone la sabiduría.

¿Dónde está toda la sabiduría?

La palabra «filósofo» procede del antiguo mundo griego y significa «amante de la sabiduría». En nuestro tiempo, todo el mundo sabe qué es un amante (o, al menos, creemos saberlo), pero resulta curioso que, en cambio, el concepto de sabiduría se ha esfumado en buena medida de nuestras vidas cotidianas. No se ha perdido por completo, como pueda ocurrir con voces como tílburi, calesín, landó u otras denominaciones de clases de carruajes tirados por caballos, que han desaparecido de nuestra conversación normal y solo resultan familiares a los entusiastas de la literatura decimonónica. Aún tenemos, todos nosotros, cierta noción de qué es la sabiduría y la idea de que poseerla, se supone, es algo bueno. No obstante, el hecho de que la idea de sabiduría apenas aparezca en nuestra vida cotidiana puede inducirnos a preguntarnos si de verdad estamos convencidos de que sea algo bueno.

¿Cuándo fue la última ocasión en la que oyó el lector que se describía a alguien como una persona sabia o que usted mismo pensó en otra persona como un sabio o una sabia? Pregúntese si la noción de sabiduría tiene algún peso en sus pensamientos, sueños o planes de lo que le gustaría ser. El concepto aún puede aparecer alguna vez en la conversación, pero lo más frecuente no es que se alabe la sabiduría de una acción o una persona sino que se use en un sentido negativo, en referencia a un «sabelotodo».* La mayoría de nosotros, en

---

* En inglés la palabra *wise* tiene el sentido adicional de «sensato, prudente», por lo que el autor mencionaba como posible una frase coloquial del tipo: «¿Tú crees que ha sido razonable hacer eso?». También recogía el uso cinematográfico de *wise-guy* («sabelotodo» o «graciosillo») como «gánster, criminal». No son usos reproducibles en español, donde sin embargo hay un conocido entrenador de fútbol apodado por la prensa «el Sabio de Hortaleza» y popularmente se recuerdan aquellos versos de «cuentan de un sabio que un día». (*N. de los t.*)

nuestra conversación cotidiana, no pensamos nunca en la sabiduría ni hablamos de ella en términos positivos.

No solo el concepto de sabiduría se ha esfumado, en la práctica, de la cultura común, sino que también ha desaparecido casi por completo de la mayoría de los departamentos universitarios de filosofía. Mientras que los libros y artículos de profesores de filosofía sobre temas como la fe, el conocimiento, el deseo y otras actitudes y disposiciones cognitivas se encuentran a porrones, me sorprendería que se pudiera dar más que con un puñado de ensayos académicos publicados en los últimos veinte años sobre la cuestión de la sabiduría. En realidad apuesto a que la mayoría, si no todo, lo que encontraríamos sería materia histórica: gente que se esfuerza por exhumar las ideas de los magníficos muertos de antaño.

El concepto de la sabiduría tampoco está más vivo en la mente de los filósofos cuando no escriben los artículos para las revistas profesionales sino que, sencillamente, viven su vida. Por mucho que la palabra «filosofía» aún signifique, literalmente, «amor por el saber», no he oído nunca, en los encuentros administrativos de los departamentos de filosofía del país, que un filósofo le diga a otro: «Creo que el trabajo deberían dárselo a Smith, porque, a fin de cuentas, ama la sabiduría más que nadie» o ni siquiera un simple «porque es muy sabio». Los términos de elogio más frecuentes —vaya, en la medida en que pueda ser frecuente que un profesor de filosofía alabe a otro— son por ejemplo «inteligente», «brillante» o «ágil», pero es casi inconcebible que a un filósofo académico contemporáneo se le ocurra describir a otro según crea ver en él la presencia o ausencia de sabiduría.

La sabiduría es una virtud tan olvidada que incluso en el departamento oficial de las universidades, donde se supone que debería residir el amor a la sabiduría, no parecen tener ninguna preocupación por dónde haya ido a parar la cosa.

¿No resulta extraño, más aún, inconcebible? ¿Cómo hemos llegado hasta aquí? Antes de que la idea de sabiduría acabe tan anticuada como los carruajes decimonónicos, quizá sería un buen momento para preguntar por qué la sabiduría parece haberse desvanecido de nuestro pensamiento y, demasiado a menudo, de nuestras vidas. Si nos fijamos en cómo ha venido funcionando la sabiduría en esos barómetros culturales que solemos designar comúnmente como «cómics», podremos establecer en el tiempo alguna parte del proceso de desaparición. En otro tiempo, la sabiduría tuvo un lugar reconocido en los relatos de, al menos, algunos superhéroes, pero en el mundo de los cómics, las cosas tampoco son hoy lo que eran.

La sabiduría del Capitán Marvel

Quien tenga experiencia en la lectura de cómics sabrá que la sabiduría no siempre ha sido una virtud olvidada en el mundo moderno. Pensemos en el Capitán Marvel original: un viejo brujo concede al joven Billy Batson la capacidad de transformarse en un personaje adulto semejante a Superman con solo pronunciar el nombre del mago, «Shazam». Además de que el mago está retratado con la imagen típica de la sabiduría —un anciano de barba larga y ropa blanca—, también es significativo que el primero de los seis poderes y virtudes que le otorga el decir «Shazam» (un poder por cada una de las letras del nombre) sea la sabiduría de Salomón, gran sabio de la Antigüedad, cuyas sabias palabras, según decía la tradición, constituyeron los libros bíblicos de Proverbios y Eclesiastés, además de El cantar de los cantares, cuya composición también se le atribuía.

En la fecha de su creación, en 1940, el Capitán Marvel no respondía a ningún concepto único o extravagante. Por entonces, cuando se construía un superhéroe plenamente típico,

era de lo más natural incluir la sabiduría en su lista de superpoderes —o de formas ampliadas de excelencia personal—,
no menos que la superfuerza y supervelocidad, pero en el
mundo contemporáneo, la situación es distinta. Sí, puedo
imaginar a un autor de cómics populares que, cuando quiere
crear un personaje nuevo, decide que uno de sus atributos
heroicos será la sabiduría, pero estoy seguro de que el autor
nunca diría: «Eso es, hagámoslo sabio» sin añadir un «pero»:
«Hagámoslo sabio, pero...».

Para tener una idea clara de la clase de situación que segui-
ría al «pero», bastará con mirar cómo figura la sabiduría del
Capitán Marvel en la historia según la cuenta Geoff Johns en
las páginas de la JSA (Sociedad de la Justicia de América).
Como veremos, Johns nos ofrece el «pero» sin arrojar a la
basura lo que venía antes. Su historia adopta un punto de
vista escéptico con respecto a la sabiduría, pero no llega a
caer en un cinismo desbordado; en consecuencia, también
nos resultará útil para ayudarnos a comprender con más precisión por qué la sabiduría ha caído en desgracia. En este renacimiento actual de la Sociedad de la Justicia, Johns no solo
cuenta historias nuevas sino que también narra con variaciones parte de las viejas historias. En su concepto del Capitán
Marvel, netamente contemporáneo, Billy Batson solo se
transforma en el Capitán de un modo puramente físico. Así,
cuando el adolescente dice: «Shazam», aunque su cuerpo se
convierte en el de un superhéroe adulto y fornido, mentalmente sigue siendo el mismo chico joven e ingenuo que era
antes de un cambio tan notable. En particular, Billy no recibe
en su persona la sabiduría de Salomón, aunque sí adquiere la
fortaleza de Hércules. Su cuerpo cambia, pero su mente no.
Ahora experimenta la sabiduría de Salomón como una voz
exterior que le aconseja qué debe hacer cuando el chico necesita esa orientación.

La idea de la sabiduría personificada, capaz de hablar con una persona desde el exterior de su pensamiento, no es nueva. El recurso lo empleó un filósofo tan destacado como Boecio, en su clásica *La consolación de la filosofía*, escrita mientras estaba encarcelado por unas acusaciones falsas. El autor se imagina que Filosofía lo visita y escucha con atención lo que ella desea decirle.[1] Pero la voz de la sabiduría que habla a Marvel ha reemplazado la idea de que él mismo poseyera la sabiduría como una de sus seis nuevas formas de excelencia. ¿Por qué ocurre así? En un principio nos preguntamos si se debe a que la sabiduría ya no se contempla como una capacidad excelente o si Johns ha reflexionado y llegado a la conclusión de que la sabiduría personal no es algo que uno pueda añadir instantáneamente a una persona, por lo cual lo mejor que puede producir la transformación en el joven es una disponibilidad nueva y fácil de la sabiduría. Dejando ahora de lado por qué exactamente la sabiduría ya no forma parte del despliegue de nuevas características personales, el desarrollo narrativo de la historia nos permitirá contemplar con más detalle la incertidumbre moderna sobre la cuestión.

A lo largo de la nueva narración construida por Johns, Billy y una adolescente de la Sociedad de la Justicia, conocida como Stargirl (su nombre real es Courtney Whitmore) desarrollan una relación romántica. Flash, antiguo miembro de la JSA, se da cuenta de que el Capitán Marvel está pasando mucho tiempo con esta joven y, como Flash no sabe que en realidad el Capitán es otro adolescente, se preocupa mucho: ¡al pare-

---

1. La sabiduría —en griego, *sofía*— se concebía tradicionalmente como un personaje femenino, en cierto sentido, aunque los consejos que daba eran tan importantes para el éxito masculino como para las mujeres del mundo. (En castellano véase, por ejemplo, *La consolación de la filosofía*, Alianza, Madrid, 1999, trad. de Pedro Rodríguez Santidrián.)

cer, un compañero suyo en apariencia casi cuarentón anda colgado de una chica menor de edad! Se lo comenta al propio Capitán, quien irá a hablar con Stargirl, para comentar la impresión de impropiedad que su naciente relación causará en el resto de la Sociedad de la Justicia. El Capitán decide romper con Stargirl, pero es relevante observar que esta decisión no es una idea del propio Billy; antes al contrario, se nos da a entender que se ha limitado a seguir el consejo que la sabiduría le daba al respecto. De hecho, Stargirl, que no quiere romper, comprende que Billy solo está siguiendo el consejo de Salomón, por lo que le ruega que vuelva a su identidad adolescente original, sabedora de que, en ese estado, sus decisiones sobre ella no se verán influidas por la sabiduría de Salomón y entonces, probablemente, ya no romperán.

La atracción que siente Courtney por Billy y el miedo a perderlo hacen que quiera mantener la relación aun a pesar de que, a ojos de sus compañeros de equipo, esto será muy problemático. Los otros miembros de la Sociedad de la Justicia no saben que, en realidad, Marvel solo tiene dieciséis años, por lo que todo lo que ven es un hombre en la treintena que se acerca en exceso a una menor de edad. Los integrantes de la JSA ven a Marvel como el modelo que representa; si Flash le expone la situación no es porque crea que el Capitán pueda pretender algo inadecuado. El carácter de Marvel es muy conocido y se da por sentado que nunca intentaría establecer una relación con una chica de dieciséis años, más aún, que nunca haría nada que pudiera indicar esa tendencia. De esta forma, para que Billy y Stargirl puedan continuar juntos, el impresionante superhéroe deberá revelar a la Sociedad de la Justicia que él —el Capitán Marvel, compañero estimadísimo en el equipo— es un simple adolescente. Aquí está la clave: Billy debe elegir entre romper con Courtney o desvelar al resto de la JSA que el Capitán Marvel solo es, de hecho, un adolescente en un cuerpo de hombre superpoderoso. Y es esta última alternativa —desvelar el secreto de Billy a la Sociedad— lo que pretende evitar el consejo de la sabiduría.

Desde este punto de vista, el consejo de romper la relación con Courtney podría parecer, en un principio, más próximo al propio interés que a la verdadera sabiduría. En efecto, el coste de revelar su identidad civil real —en estas circunstancias, el coste de permanecer con Courtney— sería que, muy probablemente, la Sociedad de la Justicia pasaría a hacer mucho menos caso del Capitán Marvel. Una persona sabia y con experiencia obtiene una clase de respeto y deferencia que un adolescente no obtendrá nunca, por mucho que pueda gozar de una relación muy estrecha con un consejero particularmente sabio. Sencillamente así es. Los que trabajan en empleos peligrosos o se mueven en situaciones arriesgadas, naturalmente, preferirán colaborar con personas que tengan al menos la misma experiencia que ellos han acumulado, si no más. Además, poseer la sabiduría de Salomón sería una cosa, una ventaja ciertamente positiva, pero el hecho de poder disponer de ella, siempre gracias a una especie de consejero místico muy próximo, es algo muy distinto. Sabemos cómo se adquiere la sabiduría práctica (o, al menos, creemos saberlo): mediante la experiencia y la reflexión cuidadosa sobre esa experiencia, pero no tenemos ni idea de cómo podría comunicarse la sabiduría de una persona muerta hace mucho con el pensamiento de alguien vivo en la actualidad y, en consecuencia, no sentiríamos ninguna tendencia natural a confiar en alguien que, pese a su evidente inexperiencia juvenil, nos asegura que tiene acceso a toda esa enorme sabiduría. Para complicar aún más las cosas, los otros miembros de la Sociedad de la Justicia sabrían que, independientemente de lo que pudiera contarle a Marvel esta sabia voz consejera, al final le correspondería a él interpretar sus palabras y decidir cómo conviene proceder. Si el chico no posee la suficiente sabiduría propia, no se puede confiar en que sepa usar adecuadamente la sabiduría ajena.

Así pues, a primera vista, podemos sentir la tentación de sospechar que el consejo de la sabiduría de Billy respecto de lo que debe hacer en este caso responde a una motivación egoísta de parte de la sabiduría: si queda manifiesto el secreto de Billy, la voz de la sabiduría, por mucho poder e influencia que pueda conservar sobre el chico, ya no tendrá la misma cantidad de poder e influencia que de otro modo ejercería sobre el resto del equipo. De hecho, el dilema que Johns construye para Billy es, en cierta manera, ingenioso, porque de todas las virtudes que la pronunciación de «Shazam» le otorga, la única que resultaría risible a sus compañeros de equipo —o, al menos, muy dudosa—, si llegaran a conocer su secreto, sería el acceso a la sabiduría.

Si los otros miembros de la Sociedad de la Justicia de América supieran que Marvel es, en realidad, un chaval de dieciséis años con la capacidad incrementada, seguro que no encontrarían ningún problema en el resto de virtudes excelentes —físicas o mentales— que él había manifestado en el pasado. Ellos seguirían confiando sin ningún problema en su fuerza, su velocidad, su valentía, su resistencia, etcétera. Ahora bien —incluso dejando de lado que esta revelación causaría cierto resentimiento y quizá desconfianza hacia Marvel, por haberles ocultado el hecho durante tanto tiempo—, es evidente que, si se conociera la verdad, Billy ya no gozaría de la clase de autoridad que posee alguien reconocido por su sabiduría. El consejo «sabio» de romper la relación con Courtney, por tanto, tiene otro fin que el indicado más arriba: claramente, busca preservar la autoridad de Marvel. Para un lector que en verdad aprecie la importancia de la sabiduría, esto puede parecer completamente propio e idóneo. En cambio, para muchos lectores, solo será una demostración cínica de que la personificación de la sabiduría es tan calculadora y egoísta como cualquier otro ser, no la clase de cualidad admirable que destaca por encima de todo, con una pureza y perspicacia que la hace merecedora de la atención general.

Escepticismo y cinismo sobre la sabiduría

Para saber hasta dónde puede llegar nuestro escepticismo contemporáneo hacia la sabiduría, es fácil hallar ejemplos en otros cómics de superhéroes. Por ejemplo, en la serie *Tierra X* (*Earth X*), de Jim Krueger y Alex Ross, se descubre que Odín, el sabio Padre Supremo de Thor y los demás dioses noruegos, es en realidad un supremo timo: resulta ser un humano frágil e inseguro que se aprovechó de la única debilidad de una poderosa raza alienígena para convencerlos de que eran dioses y él, su rey. Obtiene su poder de ellos y los gobierna bajo una fachada falsa; su supuesta sabiduría es solo una máscara de un interés personal descarnado. Aunque creo que el retrato de la sabiduría en Johns puede estar teñido de una pizca de escepticismo, no creo que vaya tan lejos como esta caracterización totalmente deconstructiva de Odín en *Tierra X*. Sin duda, el consejo que la sabiduría da a Billy está concebido para preservar la autoridad de este, pero ello no supone necesariamente que el consejo resulte egoísta en exceso y, en el contexto global de la narración de Johns, tampoco aparenta serlo. Billy tiene una labor que cumplir como Capitán Marvel; no hay modo de que pueda realizar ese trabajo con eficacia si sus compañeros averiguan toda la verdad sobre él.

De una persona sabia, tanto en las tradiciones filosóficas occidentales como en las orientales, se espera que esté distanciada de la pura percepción de los sentidos: lo que vemos, oímos, gustamos, olemos y tocamos. Como los sentidos nos transmiten información sobre lo que hay externo aquí y ahora, una persona verdaderamente sabia no oscila tanto a un lado y otro por efecto de los deseos y miedos temporales arraigados en las apariencias actuales. Ve las cosas desde una perspectiva temporal más amplia y comprende que sus sentimientos actuales no tienen tanta importancia como parecerían poseer naturalmente. La sabiduría no indica a Billy que preserve su autoridad por la simple razón de que aquella sienta miedo; no hay ningún indicio de que Johns pretenda revelar, o apuntar siquiera, que la sabiduría sea en realidad un timo como lo es Odín en *Tierra X*. Al intentar conservar su autoridad, antes al contrario, la sabiduría parece estar avisando honradamente a Billy de que debe hacer caso omiso de las pasiones del aquí y el ahora, y debe dar preferencia a una concepción más amplia de quién es él y qué obligaciones le corresponden. Aunque ciertamente el consejo de la sabiduría busca que no se pierda su propia autoridad, que ejerce mediante la autoridad constante del Capitán Marvel en la Sociedad de la Justicia de América, no se trata, en ningún caso, de una recomendación egoísta y estrecha de miras. Para poder desempeñar su labor, Billy necesita exhibir ante la JSA la estatura de un hombre auténticamente sabio y, por tanto, el consejo de la sabiduría tiene en efecto un aire auténticamente sabio.

Ello no obstante, aunque Johns no presenta a la sabiduría como un engaño, el retrato que nos ofrece no es el de admiración inequívoca, como lo habría sido uno creado en tiempos de la invención original del Capitán Marvel. Vemos el dolor de Courtney cuando le ruega a Billy que regrese a su yo plenamente adolescente de forma que no escuche a la sabiduría; y cuando Marvel se aleja de ella, no estamos seguros de que el Capitán haya actuado correctamente. El hecho de que la sabiduría no esté ofreciendo un consejo insincero que obedezca ante todo a su propio interés personal estrechamente concebido evita el engaño, pero uno puede equivocarse sin por ello engañar a nadie y, así, cuando Marvel desaparece, el lector no tiene la certeza plena de que la exigencia de la sabiduría —haz caso omiso de tus sentimientos actuales y centra la atención en el panorama general— represente en verdad el curso que sus acciones deben tomar. En 1940, la pregunta de «¿Por qué debería el panorama general frustrar los sentimientos actuales de Billy?» ni siquiera se le habría ocurrido a un lector de cómics. En estos primeros años del siglo XXI, por el contrario, no podemos evitar hacernos esa clase de preguntas.

Lo que exige la sabiduría

Las historias escritas por Geoff Johns en *Flash*, *JSA* y otros títulos se acompañan de un aire *retro* que encaja a la perfección. Al igual que un número refrescante de los actuales creadores de cómics, logra contar historias que despiertan la misma diversión inocente que era esencial en los héroes de los cómics de las Edades de Oro y Plata, al tiempo que evitan la impresión anticuada que suelen causar esas historias en el lector contemporáneo. Y la forma en que su narración pone sobre la mesa preguntas sobre la legitimidad de las exigencias de la sabiduría en nombre del panorama general (sin poner en duda su legitimidad o sinceridad cuando afirma hablar en beneficio de ese panorama más amplio), es un buen ejemplo de la pericia del autor a la hora de reconocer y responder a las dudas contemporáneas sobre los valores representados en el concepto de superhéroe, pero sin conceder todo el campo a esas dudas. Como el guión de Johns sobre el Capitán Marvel toma en cuenta cierto escepticismo actual sobre la sabiduría, pero sin entregarse a un cinismo desbordado, ofrece una buena ilustración de qué ocurre con la formulación tradicional de la sabiduría —y qué nos ocurre a nosotros— para haber desarrollado ese carácter escéptico.

En primer lugar, como hemos visto, la sabiduría hace hincapié en las exigencias del panorama general, por encima de las exigencias del momento actual. Como nuestros sentidos nos transmiten el aquí y ahora, como guía para la acción la sabiduría está situando la razón, en su concepción más amplia, por encima de la mera información sensorial. La petición de situar la razón por encima de los sentidos se halla tanto en la filosofía occidental como en la oriental. Podemos hallarla en el modo en que Platón describe a la persona sabia como aquella que hace caso omiso de los objetos temporales de la percepción sensorial para contemplar las formas eternas; también en el *Bhagavad-Gita*, que nos ordena distanciarnos de los objetos sensoriales.

Pero nuestros sentidos no se limitan a presentar ante nosotros el aquí y ahora; nos lo presentan, como quien dice, EN LETRAS MAYÚSCULAS. Nuestros sentidos ejercen un poder natural sobre nuestras acciones y, por tanto, hace falta recibir instrucción para situarlos en lo que la sabiduría considere que sea la perspectiva adecuada. Por ello, aunque en cierta manera puede parecer que la sabiduría denigra los sentidos, hay un modo en el que, en realidad, está exaltando las clases correctas de experiencia. Así, salvo que hayamos experimentado en muchas ocasiones la frecuencia con la que los sentidos nos pueden engañar o confundir, y nos lo hayamos tomado a pecho, es fácil que los sentidos nos engañen una y otra vez. Los más sabios también se han dado cuenta de otra cosa: si no recibimos alguna instrucción especial que nos permita resistir la inmediatez de las apariencias a fin de dominar el poder natural de nuestros sentidos, la razón tiene muy pocas posibilidades de ser la que determina nuestras acciones. Por ello mismo, la revelación de que el Capitán Marvel solo tiene dieciséis años destruiría, casi con toda certeza, la confianza de sus compañeros en su sabiduría: alguien de dieciséis años, sencillamente, no podría haber recorrido nunca el abanico de experiencias necesarias para obligar a su atención a alejarse de las insistentes exigencias de la percepción sensorial, cuando ello es preciso.

Como la sabiduría sitúa la razón por encima de los sentidos, es fácil perder de vista el modo en el que la experiencia resulta central para el concepto de sabiduría. Sin embargo, según muchas escuelas de pensamiento, el camino de la sabiduría requiere ejercicios de meditación concebidos explícitamente para debilitar el poder que los sentidos tienen sobre nosotros. Tendemos a asociar esta clase de instrucción con las tradiciones filosóficas orientales y, en consecuencia, es habitual que en los cómics se diga que los héroes han recibido las enseñanzas de maestros del Oriente. Ahora bien, esto obedece a que nuestra idea de la filosofía occidental está restringida a nuestros conocimientos universitarios occidentales y, así, nuestra idea de la instrucción filosófica occidental se asocia incorrectamente con trivialidades tales como exámenes y ensayos sobre temas muy abstractos, teóricos o directamente aburridos. En realidad, y al contrario de esta idea imperante, la filosofía occidental cuenta con una rica tradición de sabiduría y una tradición de práctica meditativa —además de los místicos de Occidente, quizá los estoicos sean el ejemplo más obvio— y, como en el caso de la meditación oriental, el objetivo es en parte aprender a resistirse, a elevarse por encima del poder natural de los sentidos. La idea más general de que la sabiduría solo puede adquirirse mediante la instrucción es central en la *República* de Platón, buena parte de la cual se ocupa de establecer el larguísimo proceso de formación necesario para adquirir auténtica sabiduría. El sabio de

Platón cuenta con la viveza e intensidad del mundo temporal, según se lo transmiten los sentidos, pero logra dirigir la mirada hacia las verdades eternas de la razón. Nos resulta fácil olvidar que, si es capaz de hacerlo así, es solo gracias a un largo y sistemático proceso de rigurosa formación.

Al ensalzar la imagen más amplia sobre la más reducida, la sabiduría no solo requiere que aprendamos a resistir el atractivo natural de los sentidos, sino que también nos pide resistir al impulso natural de las emociones. En uno de los arcos narrativos más conocido de Daredevil, el mentor de Matt Murdock, Stick —misterioso extranjero que lo está instruyendo en artes de combate exóticas y sabiduría práctica— acabará alejándose de su alumno porque ve a Matt incapaz de controlar sus emociones. El dominio emocional siempre ha sido clave en las tradiciones de la sabiduría clásica.

Nuestros sentidos nos hacen fijarnos en el panorama más inmediato no solo porque nos transmiten el aquí y ahora, sino también porque siempre presentan el aquí y ahora desde *nuestra perspectiva*. Por ejemplo, la información sobre el mundo que obtenemos mediante la vista se organiza en torno de los ejes izquierda-derecha y arriba-abajo, pero izquierda, derecha, arriba y abajo no son propiedades objetivas del mundo. Algo está a la izquierda o a la derecha, o arriba o debajo de otra cosa, solo desde una perspectiva determinada. Además, todos nuestros sentidos organizan el mundo de acuerdo con la proximidad o distancia de los objetos a nosotros. Nuestra perspectiva, asimismo, está esencialmente implicada en nuestra respuesta emocional más natural ante el mundo. Así, por ejemplo, la cólera repentina ante lo que se percibe como un insulto implica más cosas que el hecho objetivo de que alguien te ha dicho algo, y el hecho de percibir como ofensivas esas palabras también implica de un modo esencial tus sentimientos sobre ese hecho. Al situar el panorama general por encima de la imagen inmediata, la sabiduría rechaza que la reacción emocional natural ante el mundo pueda ser fiable como guía de acción. Incluso un superhéroe que actúa movido por la cólera antes que por el raciocinio se está buscando problemas, en todo caso.

Las técnicas meditativas concebidas para transmitir sabiduría reduciendo nuestra dependencia y proximidad con los objetos de la experiencia sensorial también deberían, se supone, disminuir el efecto que nuestras emociones nos provocan. En la versión reciente del Capitán Marvel, la relación de Courtney y Billy hace que ella sienta miedo de romper. Billy siente el mismo apego por ella y, potencialmente, las mismas emociones, pero la orientación de la sabiduría le dirige hacia el panorama general y le exige hacer caso omiso de esas emociones. En los primeros días de los cómics de superhéroes, cuando se creó el personaje del Capitán Marvel, el consejo de la sabiduría podía recibirse sin escepticismo porque no sentíamos una sospecha generalizada en contra de las pretensiones del panorama general. Es algo que también podemos ver en otras formas de entretenimiento popular. Por ejemplo, en la escena final de *Casablanca*, cuando Humphrey Bogart le dice a Ingrid Bergman: «Los problemas de tres pequeños seres no cuentan nada en este loco mundo». Se pretende que los espectadores sientan como algo próximo a una tragedia que el amor de los personajes de Bogart y Bergman deba retroceder ante la situación general, pero no se espera que sintamos dudas al respecto de la primacía del panorama general sobre las inquietudes personales, aunque estas se frustren. Y si, como ocurre en este caso, nuestra cultura se ha tornado cada vez más escéptica sobre los dictados de la sabiduría, es porque somos cada vez más escépticos sobre la idea de que el panorama general deba frustrar en efecto nuestras inquietudes personales.

Nuestros problemas con la sabiduría

Hay quien desdeña la primacía del panorama general porque, sencillamente, cree que no hay ninguna imagen más amplia que valga la pena considerar. Otros, simplemente, han olvidado cómo mirar. Según hemos podido ver anteriormente, cuando afirmamos que, antes de decidir qué hacemos y cómo actuamos, deberíamos contemplar siempre el panorama general, la sabiduría debe dominar y someter nuestras reacciones sensoriales y emocionales ante el mundo. El descenso hacia el escepticismo con respecto a la sabiduría deriva del hecho de que, en comparación con nuestros antepasados, hemos desarrollado actitudes muy distintas hacia la emoción y la información sensorial.

De acuerdo con nuestro modo de pensar contemporáneo, lo que verdaderamente importa es el placer o el dolor de nuestra experiencia sensorial actual. Nunca pensamos en ello como algo que solo nos distrae de lo que realmente importa. Tendemos a pensar que la felicidad consiste en gozar de experiencias sensuales placenteras y evitar las dolorosas. En cambio, nuestros ancestros tendían a creer que la felicidad solo puede conseguirse cuando aprendemos a descartar el placer y el dolor sensoriales. Esto no significa, por descontado, que la idea de que existe un lazo muy fuerte entre el placer y la felicidad sea exclusiva de nuestra época.

Los epicúreos, por citar un ejemplo, compartían nuestra idea de que el placer resulta esencial para una vida feliz. Sin embargo, es importante comprender que, para los epicúreos, distinguir lo que es verdaderamente placentero requiere una formación e investigación muy serias. Estos antiguos filósofos se distinguían de nosotros, que pensamos que toda evaluación inmediata de si una experiencia sensorial ha resultado placentera o desagradable es una conclusión sacrosanta;

ellos no daban por sentado que la imagen menor de los sentidos pudiera ser siempre, ni siquiera a menudo, una guía de lo que realmente es bueno. Los epicúreos creían que distinguir cuidadosamente lo que en verdad es más placentero exige entrenarnos para mirar más allá del atractivo inmediato de la experiencia sensorial disponible con mayor facilidad. Peter Parker supera con frecuencia la presión y el atractivo de la experiencia sensorial inmediata y el placer disponible de inmediato para salir a la ciudad como Spider-Man y ayudar a los demás. Como resultado, experimenta placeres más hondos, que nunca habría llegado a conocer sin este ejercicio de autodisciplina y de actuación coherente con el panorama general de las cosas.

Nuestra actitud hacia las emociones también es característica. Nuestros antepasados, tanto en Oriente como en Occidente, concebían las emociones como cosas externas al yo, cosas que, cuando se les permite determinar nuestras acciones, socavan nuestra autonomía y nuestra libertad. Pensamos en las emociones como algo interno al yo y, en consecuencia, creemos que la expresión emocional es una expresión del yo genuino. Es interesante observar, a este respecto, que la palabra «pasión» procede de la misma raíz que lo «pasivo», porque, para nuestros ancestros, hallarse bajo la influencia de una pasión suponía que nuestra capacidad de determinar nuestras propias acciones —es decir, de actuar con libertad— quedaba gravemente debilitada. Según la formulación de Benedicto de Spinoza (1632-1677), tradicionalmente se ha creído que somos *esclavos* de nuestras emociones. Pero en tiempos recientes, concebimos las emociones como fuerzas interiores que, de alguna forma, poseemos y exigen con justicia una expresión exterior. De acuerdo con Sigmund Freud (1856-1939), hemos llegado a imaginar la mente como una especie de máquina de vapor, lo que nos impide bloquear la expresión de las emociones a largo plazo; si la emoción no se expresa, la presión interna se acumula y, de un modo u otro, al final tendremos que liberarla. Así pues, la idea de entrenarnos para no quedar sometidos a las propias emociones —idea común a muchas concepciones antiguas de la sabiduría— nos resulta hoy penosamente ridícula.

El modo de pensar contemporáneo tiene la característica de parecer inevitable. Por eso muchos avances científicos rompedores han sido ridiculizados a menudo por personas destacadas e inteligentes, incluso con frecuencia por los mismos expertos. Llegamos a acostumbrarnos tanto a ciertas formas de pensar que aquellas sugerencias más radicalmente distintas pueden sonar risibles, aun siendo ciertas. Para nuestros antepasados, que no concebían las emociones como algo interno, básico y natural, nuestras teorías modernas de la *represión emocional*, junto con nuestras ideas sobre sus consecuencias, no les resultarían menos ridículas.

Tendemos a dividir las concepciones del mundo según líneas culturales, como las de Oriente frente a Occidente, de forma que Platón, Aristóteles y un profesor de universidad del moderno Estados Unidos se consideran parte de una misma concepción, mientras que los Upanishads y los *ashrams* serían parte de otra concepción. Pero nuestro estudio de la sabiduría en los cómics ha puesto de relieve que existe una división más importante entre el pensamiento occidental contemporáneo y el pensamiento pasado de todas las culturas. La sabiduría posee características similares y recibe un respeto similar a lo largo de las diversas culturas del pasado y solo en el Occidente contemporáneo se ha extendido por todas partes la duda con respecto a la sabiduría y su defensa del panorama general frente al reducido e inmediato.

Ahora que hemos visto el cambio de concepción que subyace a nuestro escepticismo para con la sabiduría, podemos ver también a qué obedece esto. El lector o lectora de este libro tendrá, casi con seguridad, calefacción en invierno y aire acondicionado en verano: puede controlar la temperatura del hogar con el simple gesto de situar un termostato en el nivel preferido. En menos de veinte minutos, ese lector puede acceder, muy probablemente, a una tienda que venderá una diversidad de alimentos impresionante, inalcanzable incluso para los más poderosos reyes de los tiempos pasados. Para nuestros ancestros, una vida centrada en lo menor e inmediato de los miedos y deseos actuales era una garantía casi total de una vida infeliz, puesto que apenas podía disponerse de recursos con los que satisfacer la emoción y la experiencia sensual; cuando su experiencia sensorial inmediata les decía, por ejemplo, que hacía demasiado calor o demasiado frío o que sentían hambre o sed de algún alimento o bebida especial, si permitían que estas exigencias de lo menor determinaran su felicidad, no cabe duda de que habrían sido infelices. Ahora bien, en el Occidente contemporáneo, al igual que en algunas otras zonas del mundo, esto ya no es así. Hemos construido un nuevo mundo humano en el que las exigencias del momento se pueden satisfacer cada vez más y cada vez con más facilidad. Sin duda, esto contribuye mucho al escepticismo respecto de la pretensión de resistir el impulso natural de la experiencia de los sentidos y de las emociones a favor de un panorama más general. Ello también explica en parte por qué miramos la sabiduría con más escepticismo.

Los hechos materiales de los tiempos pasados imposibilitaban casi por completo el pensar que la felicidad pudiera consistir en satisfacer las exigencias del panorama de los sentidos y, por el contrario, hacían casi inevitable creer que una vida feliz requería otra actitud: esforzarse por aprender a hacer caso omiso de esos datos en beneficio del panorama más amplio. Sin embargo, aunque nuestro escepticismo para con la sabiduría solo haya sido posible cuando el progreso material ha permitido aliviar los miedos temporales y satisfacer los deseos del momento, que la realidad posibilite una actitud no la convierte necesariamente en una actitud correcta o adecuada. Sócrates y otros filósofos de la Antigüedad creían que satisfacer todas las exigencias inmediatas solo nos deja aún más insatisfechos. Y es un hecho curioso el que, en tiempos de una prosperidad material sin precedentes, la gente parezca quejarse y protestar más que nunca. De hecho, en las sociedades materialmente menos avanzadas del pasado, quejarse se consideraba, casi universalmente, algo pernicioso. Una de las instrucciones básicas del *Bhagavad-Gita* es que, por mal que vayan las cosas, uno no debería quejarse nunca, en ningún caso. Así pues, aun a pesar de nuestra capacidad única de satisfacer las exigencias del panorama más inmediato, no resulta claro, en absoluto, que nuestro escepticismo para con la sabiduría y su defensa del panorama general haya aumentado en algo nuestra felicidad. Probablemente por esta misma razón, el concepto de sabiduría, aunque en su mayoría ausente de nuestras vidas cotidianas, sigue teniendo sentido para nosotros una vez lo hemos comprendido adecuadamente.

Tercera parte

Los superhéroes y el deber moral

12

¿Por qué son buenos los superhéroes? Los cómics y el anillo de Giges

Jeff Brenzel

En el transcurso de su dilatada conversación, los filósofos occidentales apenas han dedicado atención a los superhéroes. En el mismo principio, Sócrates y Platón meditaron acerca de los dioses y semidioses y, en los últimos cien años, más o menos, los filósofos profesionales han charlado unos con otros acerca de cuestiones tan extraordinarias como el superhombre nietzscheano, el demonio de Laplace, los cerebros guardados en tarros o los infinitos mundos posibles. Algunos filósofos sostienen asimismo animados debates acerca del futuro «transhumano»: ¿cómo se relacionarán los individuos creados a partir de la ingeniería genética o los mejorados biomecánicamente con aquellos de nosotros que sigan siendo «simplemente humanos»?

Tristemente, los estudiosos contemporáneos han hecho caso omiso, casi por completo, de los mundos de imaginación desbordante de los tebeos de superhéroes, en los que las mentes de artistas y lectores han hecho evolucionar a los personajes durante generaciones y a lo largo de centenares de ciclos de historias. Esta desatención filosófica, probablemente, será tan solo un reflejo del desprecio generalizado que existe hacia las historietas gráficas. Escoja usted la razón que más le guste para explicar por qué los críticos culturales han menospreciado los cómics de superhéroes: por las fórmulas de sus tramas y argumentos; porque dan lugar a subculturas subversivas; por sus peculiares condiciones de distribución; por una actitud de desdén hacia un público considerado, de forma errónea, exclusivamente juvenil. O quizá solo se debe a que los filósofos considerarían inadecuado que sus colegas supiesen que solían acurrucarse bajo las mantas leyendo las aventuras de la Mujer Maravilla o Spider-Man a la luz de una linterna.

Por mi parte, reconozco abiertamente que me convertí en un loco de los cómics Marvel en la época en que Stan Lee inauguró la Edad de Plata. A principios de los sesenta, corría al quiosco cada mes y me llevaba todos los números de Los 4 Fantásticos, Spider-Man, Iron Man y la Patrulla X.[1] Cuando los editores de este libro me invitaron a reflexionar acerca de los superhéroes desde una perspectiva filosófica, experimenté ese sofoco del viejo aficionado que ha encontrado una excusa suficientemente noble como para ponerse al día con las lecturas atrasadas. Me llevé una sorpresa al enterarme de que había una tienda de tebeos a cuatro manzanas de mi despacho de Yale, de la que salí al cabo de dos horas... y salí mejor de lo que había entrado, enriquecido por una larga conversación con el propietario de la tienda, muy bien informado, y cargado con una caja de novelas gráficas, historias clásicas, reimpresiones de la Edad de Oro y títulos de actualidad.

Tras familiarizarme de nuevo con aquellos viejos amigos, vi que con los años mis héroes habían seguido haciendo el

---

1. Por desgracia para mis planes de jubilación, mi madre tiró todas mis cajas de cómics cuando me marché a la universidad. El pesar por la pérdida económica que esto me ha supuesto queda aliviado por el hecho de que aquella colección distaba mucho de hallarse en buen estado.

bien y luchando contra el mal, lo que a menudo habían pagado a un precio muy alto. Siendo como soy un filósofo que gusta de las preguntas grandes y jugosas, empecé a poner en duda si era verosímil que los superhéroes fueran fieles a semejantes cometidos durante tanto tiempo. Dicho de otro modo: ¿por qué una gente dotada con esta clase de poderes habría de ser tan buena?

Afinando la cuestión

Siempre es difícil hallar respuestas satisfactorias para las grandes preguntas y, con frecuencia, los filósofos invertimos una cantidad de tiempo considerable en desgranar el grano de la paja, hasta llegar al meollo del asunto. En este caso, preguntarse por qué son buenos los superhéroes plantea una cuestión que podemos abordar desde distintas perspectivas. Existe al menos un sentido en el que la pregunta parece responderse a sí misma, mediante la propia definición del concepto de «superhéroe». Si un personaje enmascarado y dotado de poderes fuera de lo normal no hiciera el bien y luchase contra el mal de algún modo reconocible por el lector medio, es de suponer que no aparecería como protagonista de una historia de superhéroes; si acaso, de hacerlo, encarnaría el papel del personaje supermalvado.

Pero ¿es así realmente? Algunos guiones y proyectos rompedores han puesto en tela de juicio los elementos propios de la figura del superhéroe en los cómics tradicionales, sin convertir por ello al héroe en malvado. A mitad de la década de los ochenta, la editorial DC Comics llevó a cabo un magnífico esfuerzo en este sentido, en su merecidamente célebre serie de *Watchmen*. Algunos personajes de esta serie estaban pensados, sin duda alguna, para suscitar interrogantes acerca de los valores superheroicos típicos de las historias tradicionales. El personaje de Rorschach, por ejemplo, reúne impulsos y métodos problemáticos estrechamente ligados al tipo de justicia del *vigilante* (justiciero autónomo) que practica Batman, personaje tradicional de DC. Los creadores de *Watchmen* utilizaron a otro personaje, el Doctor Manhattan, para investigar de qué forma poderes de magnitud divina (pensemos en los de Superman muy multiplicados) pueden acabar modelando una conciencia distanciada, muy ajena, moralmente, a la experiencia humana del día a día.

Otros escritores, en los últimos veinte años, también han usado el formato de la novela gráfica para enfrentar más profundamente a los personajes tradicionales con estas cuestiones. Tomemos, por ejemplo, la figura de Batman en la serie de historias del *El Caballero Oscuro* (*Dark Knight*) y la de Superman en obras como *Kingdom Come*. Por supuesto, aun en los casos en que los escritores han asumido una postura con respecto a los superhéroes que los críticos podrían calificar de contraria o subversiva, esos mismos escritores están dando un testimonio claro de la idea de que *se supone* que los héroes del cómic deben ser buenos, idea que resulta clave en sus obras. Al poner en tela de juicio la psicología o los valores superheroicos, nos recuerdan hasta qué punto es clave en los superhéroes el concepto de bondad. Además, nos provocan para que veamos que un superhéroe no puede ser bueno solo por definición. Para que sea un personaje mínimamente verosímil, es necesario que el individuo dotado de superpoderes *escoja* ser bueno y tiene que seguir siéndolo de alguna forma claramente reconocible.

Una falacia genética y algo demasiado simple

Estas consideraciones nos ayudan a encontrar otra forma de comprender nuestra pregunta original sobre por qué los superhéroes son buenos. Aunque pueda resultar un hecho interesante de la historia cultural, desde el punto de vista filosófico no resulta relevante que, en los comienzos de su andadura, los superhéroes de la industria del cómic fueran buenos, prácticamente, por ley. Tal como han señalado a menudo los historiadores del *comic-book*, los cómics de terror de principios de los cincuenta ocasionaron un brote de histeria en contra de las historias gráficas tal que, debido a la presión ejercida en varias sesiones del Congreso de Estados Unidos en 1954, las grandes editoras de cómics se vieron obligadas a crear un código al que acordaron someterse. Una disposición clave del «Código del Cómic» original estipulaba que «siempre y en todo caso, el bien triunfará sobre el mal y el criminal [será] castigado por sus fechorías».[2] Aunque con el tiempo el Código fue perdiendo importancia, durante décadas hizo que se aplicaran limitaciones básicas sobre el contenido y el tono de las historias. Cualquier persona que esté familiarizada con la historia del Código podrá, por tanto, sentir la tentación de afirmar que los superhéroes tradicionales «se hicieron buenos» por la sola razón de que los protagonistas de los cómics tenían que estar diseñados de antemano de acuerdo con el Código.

Pero esto no constituiría una respuesta rigurosa a nuestra pregunta filosófica. Por más que en los años siguientes la actitud y las motivaciones de los superhéroes tradicionales fueran, en cierto sentido, una consecuencia del Código del Cómic, al haberse *gestado* dentro de las limitaciones impuestas, las disposiciones del Código no explican por qué las historias de superhéroes que se atenían a él consiguieron acaparar el

---

2. Para el texto completo del Código y un tratamiento de su historia, véase Les Daniels, *Comix: A History of Comic Books in America*, Outerbridge y Dienstfrey, Nueva York, 1971. En el momento de publicar este libro, se podía consultar una copia del texto original del Código en varias direcciones de internet, como por ejemplo www.comics.dm.net/codetext.htm.

interés de un público tan amplio. Recordemos que no por el mero hecho de cambiar los cuentos de terror por historias de superhéroes se preveía cosechar tan grande éxito comercial. El Código del Cómic podría haber acabado con la vida de los cómics, sin más. Por tanto, debemos pensar que ha sido la creatividad literaria combinada con un público lector nutrido y receptivo lo que ha mantenido «vivitas y coleando» las figuras de superhéroes moralmente buenos. Y es que resultó que nosotros, los lectores, aceptamos a los superhéroes buenos y pagamos por ellos. En consecuencia, a muchos de nosotros nos tiene que haber parecido verosímil y atractivo que un individuo dotado con poderes sobrehumanos escogiera hacer el bien y combatir el mal. Visto desde una perspectiva ligeramente distinta, cuando nos preguntamos «¿Por qué son buenos los superhéroes?», nos estamos preguntando también por qué esta condición ha constituido una base de éxito a lo largo de cincuenta años de historias cautivadoras.

Hay otras formas de eludir la cuestión. Podríamos, para empezar con una de ellas, considerar las ideas de Stan Lee, el locuaz, pintoresco y en ocasiones venerado espíritu que hizo posible el ascenso y crecimiento de la editora Marvel Comics. En su comentario a un volumen de historias reimpresas en 1975, Lee preguntó:

> ¿Se han detenido a pensar alguna vez que, en casi todas las historias del mundo —no solo las de los cómics superheroicos—, se enfrentan de un modo u otro los buenos contra los malos? Es la fórmula básica, no solo para los cómics sino para prácticamente todas y cada una de las clases de cuentos de aventuras. ¿Y no es toda historia un cuento de aventuras, una vez que llegamos a su meollo?[3]

3. Stan Lee, *Son of Origins of Marvel Comics*, Simon & Schuster's, Nueva York, 1975, p. 165.

Pasando ahora por alto que Lee reduce rápidamente toda la literatura a los relatos de aventuras, parece decirnos que los conflictos resultan centrales en la experiencia humana y que las historias de superhéroe, simplemente, encarnan esos conflictos y los escriben en una letra grande que todo el mundo puede leer: «polis y cacos», indios y vaqueros, malos y buenos, héroes y malvados, nosotros y ellos.

Sin embargo, un poco más adelante en el mismo texto, Lee añade otra reflexión:

> Por supuesto, al escribir la típica historia al estilo Marvel, es casi imposible esquivar algunos temas secundarios y extrínsecos, de corte moral o filosófico. Al fin y al cabo, la batalla entre un héroe y un malvado (que es a lo que se reducen, prácticamente, todas nuestras historias) es en lo esencial un conflicto entre un tipo bueno y uno malo o entre el bien y el mal.[4]

Por otra parte, Lee no pierde de vista el componente «aventura» cuando centra nuestra atención en la «batalla entre un héroe y un malvado». Si se hubiera detenido ahí, quizá solo nos estaría diciendo: «A los niños les va a encantar, segurísimo, una buena pelea. Y nosotros queremos complacerles». Muchos críticos de cómics pensaron que las historietas iban de eso y creyeron asimismo que eso es lo que pensaba Stan Lee. No obstante, Lee también reconoce —aunque quizá con cierta renuencia— que las cosas no son tan simples. Sin duda, un escritor y un ilustrador pueden forjar personajes dotados de poderes fantásticos y prepararles un guión con escenas adecuadas, de forma que los lectores puedan proyectar en ellos sus fantasías personales de fuerza y poder. Otra cosa es, sin embargo, resolver todas aquellas cuestiones morales «ex-

4. Lee, *Son of Origins*, p. 188.

trínsecas» que van aflorando conforme uno se encuentra enfrentando el bien contra el mal.

Resultó que Lee era mejor que su palabra o, al menos, mejor que las palabras que yo he citado aquí. Lo que revitalizó los cómics después de 1961 fue la feliz inspiración de Lee de hacer a los superhéroes más humanos. En lugar de ser los meros portadores de unos poderes inusuales —protagonistas de cartón piedra metidos en combates repetitivos contra oponentes igualmente acartonados—, surgieron personajes con un desarrollo más pleno, como Los 4 Fantásticos y Spider-Man, que empezaron a encarar cuestiones existenciales impredecibles. Los guiones tocaban múltiples asuntos y, con el tiempo, los personajes respondían de forma distinta a sus experiencias. Los «temas secundarios ... de corte moral o filosófico» empezaron a ocupar durante más tiempo el primer plano, sin por ello llegar a interrumpir o desplazar por completo la acción. En resumen, la figura del superhéroe empezó a crecer. Muchos héroes empezaron a preguntarse qué hacían y por qué. No es casual a este respecto que una de las películas de superhéroes más recientes, *Spider-Man 2*, se ocupe de forma casi exclusiva de los motivos y la motivación que empujan a Spider-Man a ser un héroe.

Hemos considerado, pues, otra respuesta que en realidad tampoco sirve. Aun cuando todas estas afirmaciones fueran ciertas, los superhéroes no pueden ser buenos simplemente porque (1) toda historia es una historia de aventuras; (2) toda historia de aventuras trata, en lo esencial, de una lucha; (3) toda lucha se reduce a buenos contra malos, y (4) todos los buenos que combaten el mal son, en algún sentido, héroes y, si cuentan con superpoderes, son superhéroes buenos. Cuando los superhéroes empiezan a crecer y a pensar por sí mismos —como acabó sucediendo, en lugar de simplemente saltar de un lado a otro y lanzarse contra otras personas asimismo enmascaradas—, las cosas se les empiezan a complicar, igual que nos sucede a nosotros.

El problema de los orígenes

Como último paso para afinar nuestra pregunta, debemos considerar todavía otra forma más de responderla que tampoco nos servirá. Quizá el lector ya lo haya pensado antes. ¿Acaso no tiene todo superhéroe una «historia del origen» que explica por qué vive o actúa de una determinada forma? Sí, es cierto. No cabe duda de que los relatos de origen son de gran importancia para los superhéroes de los cómics y, tras varias décadas de desarrollo, diversos escritores e ilustradores los han ido creando, adornando o ajustando. Además, estos relatos tienden a servir, a lo largo de todo el arco narrativo, como una especie de piedra de toque para los aspectos básicos de la personalidad del superhéroe o de su misión. Bruce Wayne se convirtió en Batman porque fue testigo de la muerte de sus padres a manos de un violento delincuente; en aquel momento fue incapaz de evitar su pérdida, pero acabó dedicando su vida a impedir el uso de la violencia contra otras personas y a llevar a los delincuentes ante la justicia. Superman es el hijo de un científico, bueno y noble, de un planeta condenado a la destrucción, que lanza al futuro héroe a la Tierra, donde lo encuentra y adopta una bondadosa pareja, Jonathan y Martha Kent. Los Kent inculcan al niño las virtudes y los valores del mundo rural de Estados Unidos, según se viven en el pueblecito de Smallville (que no en vano significa, literalmente, «pueblecito»). La Patrulla X está formada por adolescentes mutantes que, por esta mutación, repugnan a la mirada de los seres humanos normales, que los temen y odian. Un profesor sabio, también mutante, los reúne y entrena para que trabajen en equipo por el bien de la humanidad, de modo que puedan superar su destino de marginales solitarios.

Así es como funciona. Muchos «supervillanos» también tienen una historia del origen que pretende «explicar» por qué son malos. Quizá la historia menos convincente de todas sea la que Jerry Siegel creó finalmente en 1960 para el archienemigo de Superman, Lex Luthor. En esta narración, el chico Luthor es un genio de la ciencia, amigo, además, de Superboy. Mientras trabaja en un antídoto que espera que proteja a su amigo de la kryptonita, la única materia a la que este es vulnerable, Luthor prende fuego accidentalmente al laboratorio. Pide la ayuda de Superboy, que pasaba por allí, y este apaga el fuego a través de una ventana abierta. Sin embargo, al soplar también empapa a Luthor con sustancias químicas que hacen que a Lex se le caiga todo el pelo. Lex, inexplicablemente, acusa entonces a su rescatador de haber destruido el experimento de la kryptonita porque se siente celoso de su genialidad en el campo de la ciencia. Al cabo de tres o cuatro viñetas, Luthor está jurando eterna venganza contra Superboy bajo el ridículo pretexto de que su antiguo y fiel amigo ha querido hacerle daño, no solo echando por tierra su empeño de alcanzar el éxito científico sino también dejándolo calvo.[5]

No he citado aquí esta ridícula historia del origen por su valor como entretenimiento, sino como vestigio de la clase de desarrollos de la trama que solía verse en las historietas. Igual que con las narraciones épicas, biográficas o históricas tendemos a recrear nuestros propios orígenes, este tipo de historias funcionan más como *signos* o *interpretaciones* de un personaje

5. Esta historia apareció en *Adventure Comics* n.º 271 (abril de 1960). En el momento de escribir estas palabras, se podía consultar en la red, en http://super man.ws/tales2/howluthormetsuperboy/

que como *explicaciones*. El rasgo distintivo de Lex Luthor, a lo largo de casi toda su carrera en el cómic, es que su animosidad hacia Superman es de un carácter casi exclusivamente personal.[6] Por tanto, en la mayoría de sus muy elaborados ardides se mezclan la típica ambición descabellada de regir el mundo, propia de todo malvado de cómic, con una intensa obsesión por destruir a Superman en concreto. Por eso Luthor necesitaba una «historia del origen» que contuviera alguna noción de ataque personal hacia su persona por parte de Superman.

Asimismo, cuando intentamos explicar nuestra personalidad positiva o negativa, o la de quienes nos rodean, a veces destacamos un factor en concreto, ya sea propio de nuestra estructura genética o de nuestra educación, que consideramos suficientemente notable para que haya sido el factor causal en la formación de nuestro «destino». Aunque estas historias puedan valernos como excusas o como inspiración, por más que resulten provechosas para los programas televisivos de confesiones públicas, siempre tienen el mismo problema: ningún suceso aislado ni conjunto de experiencias, por más que nos haya marcado, determina por completo las decisiones que tomamos o las actitudes que adoptamos hacia esas experiencias. ¡Las personas no somos tan sencillas! La historia del origen de Lex Luthor es valiosa, sobre todo, porque da la casualidad de que, al ser tan mala, no podemos pasar por alto que carece por completo de verosimilitud explicativa.

<hr>

6. El personaje de Lex Luthor, así como su relación con Superman, se revisó en la década de 1980 y se ajustó de nuevo para la serie de televisión *Smallville*. Los detalles son relevantes para el argumento de *Superman* y para sus seguidores, pero no para la cuestión que quiero tratar aquí.

Los superhéroes y el anillo de Giges

Queríamos saber por qué los superhéroes elegirían hacer el bien. Hemos descartado varias formas de abordar y responder la cuestión. Hemos visto que no es adecuado decir que los superhéroes son buenos por definición. Tampoco son una mera representación delegada de las fantasías adolescentes sobre poderes impresionantes y una violencia supuestamente aceptable por venir del lado de los buenos. Por último, también sabemos que las «historias del origen» no explican mejor por qué los individuos dotados con poderes sobrenaturales escogerían hacer el bien o el mal, no mejor de lo que otras historias análogas pueden explicar cuestiones personales nuestras. Quizá ya podamos resolver al menos una de las preguntas reales acerca de ser buenos que todo superhéroe debe intentar responder.

En un pasaje famoso, casi al principio de la *República* de Platón, Sócrates sostiene que el hombre que vive una vida virtuosa y justa, aunque no sea recompensado con honores o riquezas, será más feliz que aquel que cae en la injusticia, por más que el injusto prospere y se libre de pagar por las consecuencias por sus malas acciones. Uno de los amigos de Sócrates, Glaucón, cree que la mayoría de las personas consideraría esta afirmación muy poco creíble. La naturaleza humana es tal —dice Glaucón— que, a ojos de la mayoría, lo mejor «sería [poder] cometer injusticias impunemente», mientras que lo peor es «no poder desquitarse cuando se padece injusticia».* Visto así, la idea general de «justicia» resulta ser meramente un pacto, un acuerdo entre los que son demasiado dé-

---

* *República*, libro II, pp. 359-360. Se cita aquí y en adelante por la traducción de Conrado Eggers Lan en Platón, *Diálogos*, vol. IV: *República*, Gredos, Madrid, 2000.

biles para eludir la injusticia por sí solos, pero que temen sufrirla de los más fuertes.

Por decirlo crudamente, la mayoría débil coopera para aprobar leyes y generar suficiente desaprobación social para evitar que la minoría fuerte se haga con todo el poder. De ahí se deriva que cualquier persona lo suficientemente fuerte como para llegar hasta lo alto y dominar a los otros con impunidad, y que sin embargo elige no hacerlo, en cierto sentido no sería natural. Según dice Glaucón:

> Los que cultivan la justicia no la cultivan voluntariamente sino por impotencia de cometer injusticias ... sorprenderemos al justo tomando el mismo camino que el injusto, movido por la codicia; [es] lo que toda criatura persigue por naturaleza como un bien, pero que por convención es violentamente desplazado hacia el respeto a la igualdad.

Llamemos a esto la concepción descarnada de la naturaleza humana. Para demostrar que las personas son esencialmente egoístas salvo cuando actúan bajo restricciones sociales, Glaucón cuenta la historia del antepasado de un hombre a quien aparentemente conocían él y Sócrates, Giges el lidio. Según el relato, este antepasado de Giges es un pastor al servicio de un rey. Descubre en una cueva un anillo mágico que lo hace invisible. En cuanto se cerciora del poder del anillo, «maquinó el modo de formar parte de los que fueron a la residencia del rey como informantes y, una vez allí, sedujo a la reina y, con ayuda de ella, mató al rey y se apoderó del gobierno». La moraleja de la historia no se hace esperar: «Por consiguiente, si existiesen dos anillos de esa índole y se otorgara uno a un hombre justo y otro a un injusto, no habría nadie tan íntegro que perseverara firmemente en la justicia y soportara el abstenerse de los bienes ajenos, sin tocarlos... Se diría que esto es una importante prueba de que nadie es justo voluntariamente, sino forzado» (*República*, 360*b–e*).[7]

La idea que subyace tras la historia es que la moralidad y la ley solo evolucionaron como vías para controlar la desmedida ambición individual, más que como expresión directa de aquello a lo que todos aspiramos y que todos valoramos. Cuanto más compleja se vuelve nuestra sociedad, mayor es nuestra necesidad de cohesión social y regulación de la conducta individual, y mayor es la recompensa, para todos, de un sistema moral y legal. Estos sistemas posibilitan, entonces, el desarrollo de sociedades aún más complejas. La idea de que las personas inventan sistemas morales para domeñar y limitar una naturaleza humana egoísta y egocéntrica es una concepción verosímil y sólida, con una prolongada ascendencia filosófica y una notable elaboración por parte de filósofos posteriores, de Hobbes a Nietzsche.

Como aparte, para aquellos que gusten de leer con atención, hablaré de J. R. R. Tolkien, quien contaba con un nutrido bagaje clásico y era, sin duda, buen conocedor de las teorías platónicas. Lo interesante a este respecto, pese a todo, no es que Tolkien siguiera el ejemplo de Platón para crear *El señor de los anillos*; lo verdaderamente interesante es que Frodo Bolsón, igual que nuestros amigos superheroicos, se comprometía a «resistirse al poder del anillo». Ya sea en su verosimilitud intrínseca como personajes o en su capacidad para atraernos e inspirarnos, constituyen una sólida ne-

7. Los filósofos siempre se han referido a esta historia, de un modo un tanto extraño, como «el anillo de Giges», sugiriendo quizá que este artefacto misteriosamente poderoso ha ido pasando de generación en generación —junto con sus tentadoras opciones— y quizá en la época en que se sitúa la historia estuvo en manos del propio Giges. O quizá los filósofos, simplemente, no leyeron atentamente el texto de Platón. Siento decir que es algo que sucede muchas veces con los filósofos.

gativa al punto de vista según el cual la naturaleza humana es egoísta en todo momento y en todo lugar. Ello no obstante, no nos explica de ninguna forma clara y obvia por qué el egoísmo no podría llegar a ser *razonable*, al menos en determinadas circunstancias. Platón hace que Glaucón nos llame la atención a este respecto comparando a un hombre injusto que simplemente aparenta ser justo, se hace rico, consigue el respeto social y jamás paga por sus delitos, con otro hombre justo que resulta encarcelado erróneamente y muere de un modo miserable. Glaucón le pregunta a Sócrates cómo va a creer nadie que el justo, en este caso, puede ser realmente el más feliz de la pareja, pero esto es lo que Sócrates anhela decir.

El resto de la gran obra platónica trata esta cuestión desde varios niveles. Jamás se ha escrito otro análisis del asunto más sutil, más fértil, más complejo ni, a menudo, más frustrante. Como no podemos ocuparnos aquí de todos los detalles relevantes, simplemente intentaré describir la respuesta de Platón de forma breve, aplicarla a los superhéroes y dejar al lector que reflexione sobre ello.

Platón presenta la primera parte de su respuesta a las objeciones de Glaucón haciendo que Sócrates bosqueje lo que parece una rudimentaria teoría psicológica. Sócrates propone que nuestras almas estarían divididas en tres partes que, a grandes rasgos, son los apetitos animales, las emociones y la razón. Puesto que la justicia en una ciudad-estado se basa en que toda persona contribuya al bien común sometiéndose a la regulación de las leyes, la justicia en el alma se produce cuando las emociones están entrenadas adecuadamente y apoyan a la razón en su gobierno de nuestros deseos y apetitos. Por tanto, cabe interpretar que la justicia es como el buen orden o la buena salud del alma. Así como nadie consideraría razonable llevarse todo el dinero del mundo a cambio de un cuerpo corrupto y muy ajado, tampoco nadie se estaría comportando de un modo razonable al arruinar la salud de sus almas por mor de un beneficio material o una condición social.

Algunos comentaristas modernos critican este razonamiento en respuesta a las dudas de Glaucón sobre la justicia, en parte porque entienden que Platón nos propone equiparar bondad o justicia con alguna clase de armonía psicológica. Si Platón hubiera propuesto realmente esto, podríamos aducir tres objeciones serias. En primer lugar, que las malas personas suelen parecer bastante contentas y libres de espíritu: experimentan cierta forma de armonía interior, a diferencia de las buenas personas, que suelen hallarse angustiadas e intranquilas en su pensamiento. En segundo lugar, no está claro por qué alguien no podría mantener controlados de forma racional sus apetitos y emociones y, al mismo tiempo, ser una persona fríamente calculadora que persigue unos objetivos negativos. En tercer lugar, tampoco resulta obvio por qué alguien con un alma correctamente equilibrada se sentiría movido, en virtud de este equilibro, a ayudar a nadie más.

Siguiendo otras interpretaciones, yo no creo que Platón estuviera proponiendo una psicología tal como la entendemos nosotros, ni rudimentaria ni de otra clase, sino que más bien usó el relato inicial del alma con miras a preparar el terreno para la cuestión central de la *República*, que trata sobre el ascenso de una persona desde la oscuridad y la confusión hacia la luz. Tanto la «psicología» platónica como su visión del Bien ideal y eterno presentan la proposición de que en nuestro interior contamos con un potencial extraordinario, que no todos alcanzamos, y un estado último al cual podemos y debemos aspirar. Platón creía, además, que la incomodidad que surge a partir de nuestros múltiples conflictos internos y nuestros numerosos esfuerzos inadecuados para alcanzar el significado de ser bueno, nos llevaría, al menos a algunos de nosotros, a luchar para mejorar nuestra comprensión y alcanzar una vida mejor, más feliz y más plenamente realizada. Al considerar la cuestión de si la persona injusta que disfruta de sus bienes conseguidos ilícitamente es «más feliz» que la justa que termina pudriéndose en prisión, Platón quiere que veamos que, aunque ninguno de estos personajes, estando plenamente desarrollados, escogería libremente la vida de la otra persona, aquel que ha sido totalmente justo y bueno puede pensar bastante razonablemente que es mejor quedarse en la cárcel que vivir como ha elegido hacerlo el injusto. Además, Platón afirma que *solo* aquel que busca ser bueno y lo consigue puede conocer plenamente todo el atractivo tanto de la vida justa como de la injusta y valorarlas adecuadamente una frente a otra. Solo con la verdadera bondad se obtiene el verdadero conocimiento acerca del valor relativo de ambas alternativas.

Aquí es donde Platón enlaza con la verosimilitud de la motivación del superhéroe. Quiere decirnos que hay algo en nuestra naturaleza y en la realidad que nos encamina en dirección a la bondad, aunque al principio podamos hallarnos confusos en nuestro pensamiento y rodeados de cosas malas. Platón identificó este «algo» como un principio eterno, una forma o una idea del Bien, un principio que existe realmente y del que podemos participar.

Cuando Aristóteles retomó esta línea de pensamiento, negó la idea platónica de que «el Bien» fuera algo unificado, un elemento que existe de manera independiente y del que participan todas y cada una de las cosas buenas individuales. Por otra parte, Aristóteles tuvo siempre una concepción muy fuerte de la *teleología* de las cosas: la idea de que, por naturaleza, aspiramos o apuntamos hacia un estado de cumplimiento o realización, por más débilmente que percibamos lo que pueda ser.[8] Para Aristóteles, para que algo alcance todo su potencial o su condición de pleno florecimiento, debe tomar conciencia o hacer realidad su propio y particular potencial de excelencia. Para ser los mejores especímenes de su especie, los caballos han de ser fuertes y veloces y los árboles deben crecer altos y extender sus copas. Cuando describe a los seres humanos, Aristóteles señala que hay dos cosas que nos distinguen de los demás animales: nuestra capacidad racional y nuestra clase de vida social y política, que no tiene igual. Aristóteles, en consecuencia, dedicó buena parte de su reflexión a las cualidades, los hábitos o las virtudes que podrían llevar a la gente a la excelencia por la vía de emplear el intelecto en cooperación con otras personas para alcanzar el bien común.

Esta clase de pensamiento, en la filosofía moral, suele designarse con el nombre de «ética de la virtud». Hace hincapié en las aspiraciones y posibilidades humanas, más que en las prohibiciones y reglas éticas, aunque por descontado no ignora el papel de las normas. En el caso de los superhéroes, es importante señalar que no importa hasta dónde lleguen sus poderes: jamás escaparán a las mismas preguntas que nos debemos formular nosotros acerca de nuestro potencial de excelencia. Esto es, los superhéroes también deben preguntarse qué tipo y clase de persona son y cuál es la mejor clase de vida disponible para este tipo de personas. Igual que nosotros, tienen que ir aprendiendo al paso si disponen de lo necesario para desarrollar sus posibilidades particulares. Más en concreto, tienen que averiguar si encajan con el resto del mundo social y cómo (un mundo en el que se incluye la gente normal y corriente, además de otros superhéroes), así como qué roles

8. El término griego para designar un objetivo, un estado final o un propósito cumplido es *telos*.

o papeles especiales pueden desarrollar en este mundo gracias a sus poderes y capacidades. Tienen que descubrir qué pueden ofrecer a los otros y qué pueden recibir de ellos a cambio.

Si volvemos a pensar en los comentarios de Stan Lee que citábamos antes, podemos ver que estuvo muy cerca de formular lo que de especial tienen los superhéroes con respecto a la pregunta sobre la bondad. Él decía que, en sus historias, resultaba *inevitable* enfrentar a buenos contra malos y que era «casi imposible» escribir aquellos relatos sin tener en cuenta «algunos temas secundarios ... de corte moral o filosófico». Creo que acertó en los dos casos, pero por razones que no supo expresar. Entre otras cosas, el hecho de estar en posesión de unos poderes inusuales, simplemente, hace que a los superhéroe les resulte aún más difícil eludir las preguntas a las que todos debemos enfrentarnos acerca de nuestros papeles, nuestras posibilidades y nuestros objetivos en la vida. A diferencia de lo que suele ocurrirnos a todos los demás, la sociedad no les ofrece formas estandarizadas y aceptables de encajar en el mundo social. Puesto que, a todas luces, su potencial excede de lo normal, los superhéroes *deben* batallar con el significado de esa potencialidad en sus proyectos de vida y en su actitud moral. Tal como señaló con gran acierto Ben, el tío de Spider-Man: «un gran poder conlleva una gran responsabilidad». O según comentaron en cierta ocasión los humoristas filosóficos del Firesign Theater: «Un poder tan grande solo puede usarse para bien... o mal».[9] Quizá no sea

9. Firesign Theater, *The Tale of the Giant Rat of Sumatra*, Columbia Records, 1974. Si es usted un aficionado a los superhéroes y nunca ha oído hablar del Firesign Theater, esta parodia de Sherlock Holmes es un buen lugar por el que comenzar a disfrutar de sus diversas grabaciones. Hay toda una subcultura dedicada a las intrincadas y complejas sátiras del Firesign Theater y no me sorprendería descubrir que comparten buena parte del público con el cómic.

cierto que todo aquel que obtenga un anillo mágico se comporte igual que el famoso antepasado de Giges, tal vez porque la naturaleza humana incluye el anhelo de completitud o realización del que hablaban Platón y Aristóteles. Pero es cierto, sin duda, que el sorprendido pastor tenía que hacer *algo* con el anillo. No es verosímil que lo dejase olvidado en un estante.

Por ello, las grandes historias de superhéroes están plagadas de inquietud personal y el empeño de determinar cómo puede vivir mejor una persona dotada de grandes poderes. Miremos una vez más *Kingdom Come*, la terrorífica obra épica de Alex Ross y Mark Waid en el sello Elseworlds, en la que Superman decide, de un modo sombrío y fatídico, abandonar su retiro y aislamiento. Pensemos en el vano esfuerzo de Peter Parker cuando pretende dar la espalda a sus superpoderes en *Spider-Man 2*. Recordemos los distintos dilemas sobre si actuar o no a los que se enfrentan los Observadores en las primeras sagas de *Los 4 Fantásticos*. Examinemos cómo explora estos temas Kurt Busiek con los personajes de Samaritano y Winged Victory (Victoria Alada) en su merecidamente elogiada serie de *Astro City*. Entre las otras cosas que hacen, todos los grandes superhéroes formulan para nosotros las preguntas importantes que debemos plantearnos acerca de nuestro poder y nuestras posibilidades de hacer el bien, y apuntan, quizá, a algunos de los modos en los que nuestras vidas no pueden ser más que exploraciones de las posibles respuestas.

13

¿Por qué deberían ser buenos los superhéroes? Spider-Man, la Patrulla X y el «doble peligro» de Kierkegaard

C. Stephen Evans

La idea de un superhéroe con poderes especiales no es una invención de los cómics modernos. En su diálogo *República* (359c-360d), Platón incluye un breve relato sobre un «antepasado de Giges de Lidia» que descubrió un anillo mágico que lo tornaba invisible cuando se lo ponía en el dedo.[1] [*] Usando el anillo, el hombre entró en el palacio del rey, sedujo a la esposa del monarca y, con ayuda de esta, asesinó al rey y ocupó su lugar en el trono.

---

1. Como referencia de las obras de Platón, uso *The Collected Dialogues of Plato*, Princeton University Press, Princeton, 1963, eds. Edith Hamilton y Huntington Cairns. Sobre el anillo de Giges, véase también el capítulo 12 de este volumen.

* En castellano se manejan las traducciones de Conrado Eggers Lan, *Diálogos*, varios volúmenes, Gredos Madrid, 2000-2001. En este caso en concreto, por cierta incoherencia de los libros II y X de la obra platónica (uno de cuyos ecos se percibe, quizá, en la nota 7 del capítulo precedente), esta edición castellana no habla en ese pasaje del «antepasado de Giges de Lidia» sino de «Giges, el antepasado del lidio». (*N. de los t.*)

Platón y la pregunta de por qué deberíamos ser buenos

En la *República*, esta historia de poderes mágicos se cuenta para formular la pregunta de si la gente ama la justicia o la bondad por sí mismas o solo porque se dan cuenta de que, si son injustos o inmorales, sufrirán consecuencias negativas. La historia del antepasado de Giges está puesta en boca de Glaucón, que representa lo que podríamos denominar «punto de vista del inmoral» (aunque él sostiene que no se trata de su concepción personal). Glaucón afirma que, si una persona justa hallara este anillo mágico, se comportaría exactamente igual que una injusta. Con ese anillo, defiende Glaucón:

> no habría nadie tan íntegro que ...., soportara el abstenerse de los bienes ajenos, sin tocarlos, cuando podría tanto apoderarse impunemente de lo que quisiera del mercado, como, al entrar en las casas, acostarse con la mujer que prefiriera y tanto matar a unos como librar de las cadenas a otros, según su voluntad, y hacer todo como si fuera igual a un dios entre los hombres.

Si Glaucón está en lo cierto, los habitantes de la mayoría de mundos del cómic tienen la suerte de que, en ellos, los personajes dotados con superpoderes se hayan comprometido, por lo general, con lo que es correcto y está bien, y usen sus extraordinarios dotes en beneficio de los otros. Parece muy probable que Glaucón tenga razón, al menos en parte, con respecto a los seres humanos. En el mundo real, mucha gente usaría sus superpoderes para fines egoístas y quizá malignos.

El retrato sobrio y realista que Glaucón expone de la naturaleza humana va incluso más allá de esto. El problema no es simplemente que muy pocos, quizá nadie, serían justos y buenos en caso de contar con poderes que los capacitasen para hacer lo incorrecto sin miedo al castigo. Afirma también que si hubiera personas con poderes especiales tan comprometidas con el bien que aún quisieran seguir esforzándose por ser justas, los demás los despreciaríamos y miraríamos con desdén, aunque tuviéramos buenas razones para reservarnos esa opinión delante de ellos: «Si alguien, dotado de tal poder, no quisiese nunca cometer injusticias ni echar mano a los bienes ajenos, sería considerado por los que lo vieran como el hombre más desdichado y tonto, aunque lo elogiaran en público, engañándose así mutuamente por temor a padecer injusticia».

En la *República*, Glaucón continúa y, con la ayuda de su hermano Adimanto, desafía a Sócrates. Sócrates quiere argumentar de forma convincente que la gente debería buscar el bien y no solo aparentar ser buenos. Glaucón afirma que si en verdad Sócrates desea convencerlo de esta afirmación, debe demostrarle que la vida de una persona que en realidad es justa, pero tiene reputación de injusta, es superior a la vida de una persona que en realidad es injusta, pero goza de la fama de justo. Para descubrir si amamos la justicia por sí misma, debemos llevar a cabo ese experimento teórico: comparar a una persona perfectamente justa, pero con reputación de injusta —y todas las consecuencias derivadas de esa reputación—, con otra persona que es tan hábil en su comportamiento injusto que consigue labrarse y conservar la fama de justo. En este experimento teórico, hay que «quitarle la apariencia de justo» al individuo que en realidad lo es, en lugar de meramente parecerlo. En tal circunstancia, si uno aparenta ser injusto aunque en verdad no lo sea, «será azotado y torturado, puesto en prisión, se le quemarán los ojos y, tras padecer toda clase de castigos, será empalado y reconocerá que no hay que querer ser justo, sino parecerlo».*

* *República*, trad. de Conrado Eggers Lan, pp. 361*b*-362*a*. (*N. de los t.*)

Platón presenta estas ideas para movernos a pensar acerca de por qué deberíamos preocuparnos por ser buenos. Quizá pueda sernos de ayuda formular la misma pregunta a un superhéroe de cómic. ¿Por qué alguien dotado de superpoderes debería preocuparse de ser bueno? Reflexionar sobre este caso podría arrojar algo de luz sobre la pregunta que Platón quiere formular a propósito de nuestra persona.

Kierkegaard y el concepto del «doble peligro»

Platón nos presenta este retrato —de la buena persona que, al ser tenida por injusta, sufre en consecuencia— como un experimento teórico e hipotético. No obstante, hay razones para pensar que el filósofo griego no la consideraba una situación imposible: Sócrates, su maestro, a quien reverenciaba como el mejor y el más sabio de los hombres, había sido ejecutado por los atenienses tras haber sido acusado con falsedad de corromper a la juventud.

Muchos siglos después de Platón, otro gran admirador de Sócrates, el filósofo danés y «padre del existencialismo» Søren Kierkegaard (1813-1855) formuló el desafío platónico bajo otra forma. En su perspicaz trabajo *Las obras del amor*, Kierkegaard describe la vida que todos los seres humanos estamos llamados a vivir como una vida de amor universal.[2] Afirma que Dios nos ha llamado a amar al prójimo como a nosotros mismos y no se nos está permitido decir que nadie queda excluido de la categoría «prójimo».

2. Søren Kierkegaard, *Works of Love*, traducido y editado por Howard V. Hong y Edna H. Hong, Princeton, Princeton University Press, 1995, p. 192. Todas las citas de esta obra aparecerán en paréntesis con la abreviatura *Amor*. (Hay trad. cast.: *Las obras del amor: meditaciones cristianas en forma de discursos*, Sígueme, Salamanca, 2006, trad. de Demetrio G. Rivero.)

Obviamente, no es fácil vivir esta clase de vida de amor. Para poder amar de este modo, debemos superar el natural egoísmo y la simple inercia que nos empuja a obtener la satisfacción de nuestros propios deseos cuando estos entran en conflicto con el bien de los demás. A los problemas que estas dificultades nos crean podríamos llamarlos el «primer peligro» que nos amenaza en tanto que seres morales. Se trata de un obstáculo interno para alcanzar la bondad, la justicia y el amor.

No obstante, Kierkegaard sostiene que si superamos este primer peligro y empezamos a encaminarnos hacia el amor que nos exige la más elevada moral, nos enfrentaremos a una segunda dificultad —esta vez, externa— y, en consecuencia, en nuestro empeño de alcanzar el bien y el amor nos las tendremos que ver con un «doble peligro». Tras identificar la lucha por llegar a ser un verdadero amador con la lucha por llegar a ser un verdadero cristiano, Kierkegaard afirma que «la lucha verdaderamente cristiana siempre implica un doble peligro, porque se lucha en dos lugares: primero, en el ser interior de la persona, donde uno debe luchar consigo mismo, y luego cuando avanza en esta lucha, fuera de la persona con el mundo» (*Amor*, p. 192). Kierkegaard cree que el experimento teórico descrito en la *República* no es una situación hipotética, ni contraria a los hechos, sino que refleja la realidad de la vida de una persona genuinamente comprometida con el bien.

Todos comprendemos que una persona moral debe practicar cierto grado de sacrificio, para vencer la potente fuerza del deseo egoísta y liberarse de modo que pueda actuar en interés de los demás. Kierkegaard compara dos interpretaciones del sacrificio. Lo que él llama la concepción «meramente humana» del sacrificio consiste en «abandonar los deseos, los anhelos y los planes de amor hacia uno mismo; entonces se nos estima, se nos honra y se nos ama por ser rectos y sabios». El auténtico sacrificio del cristiano (esto es, aquella persona que realmente ama a su prójimo) es de otra índole. Dice Kierkegaard: «Abandona los deseos y anhelos de amor hacia ti mismo, abandona los planes y propósitos egoístas de modo que puedas actuar de una manera verdaderamente desinteresada por el bien; y luego, por esa misma razón, soporta que abominen de ti casi como de un delincuente, que te insulten y te ridiculicen» (*Amor*, p. 194).

¿Por qué debería ser así? Para Kierkegaard, igual que para Glaucón, es una simple consecuencia del hecho de que el nivel de virtud moral más corriente no es muy elevado. Podemos admirar a los santos desde una distancia de seguridad, pero es probable que encontrarnos en la realidad con un desinterés heroico nos cause desasosiego. Este es uno de los temas que Kurt Busiek y Alex Ross exploran con gran perspicacia en su obra maestra de la novela gráfica: *Marvels*. En el Nuevo Testamento, Jesús dice que sus contemporáneos levantaban monumentos a los profetas que eran perseguidos en vida hasta la muerte. En nuestra historia contemporánea, el nacimiento de Martin Luther King Jr. es una fiesta nacional y todas las grandes ciudades tienen una calle que recuerda el nombre del líder y mártir por los derechos civiles. No obstante, en vida King fue un personaje controvertido que suscitó muchas críticas y, por supuesto, terminó sufriendo el destino de Sócrates, Jesús y Gandhi. La vida de una persona así es como una reprimenda permanente para nosotros y, por tanto, no es de extrañar que no respondamos con un elogio universal.

Algunos superhéroes de cómics que se mueven desinteresadamente por el bien no parecen enfrentarse a ninguno de estos peligros. Superman es un ejemplo excelente. El Hombre de Acero casi nunca parece romperse la cabeza con respecto a si debería usar sus superpoderes para algo ni remotamente parecido a un objetivo egoísta. El episodio típico de Superman no gira en torno a un doloroso conflicto interior en el que debe vencer la tentación de acumular una fortuna o hacerse con el poder político, para así poder continuar haciendo el bien. Sin duda, hay ocasiones en las que Superman sufre al verse obligado a dejar de lado lo que constituiría una satisfacción personal (como sería casarse con Lois Lane) para continuar con su importante labor en pro de un bien superior, pero su personaje parece tan comprometido con «la verdad y la justicia» (por no hablar del «estilo americano») que no cabe dudar sobre el resultado de cualquier lucha interna. Y tampoco parece que Superman tenga que hacer frente al segundo peligro de Kierkegaard. Más bien da la impresión de disfrutar del elogio prácticamente universal y de la buena voluntad de aquellos a quienes ayuda, así como del público en general de su escenario ficticio.

Las luchas de Spider-Man

No todos los superhéroes cuentan con la relativa serenidad de Superman. Spider-Man, por ejemplo, sí parece enfrentarse a las dos clases de tentación mencionadas por Kierkegaard. Tal vez por eso han cosechado tanto éxito sus cómics y películas. Spider-Man nos ofrece un superhéroe con quien nos podemos identificar: Peter Parker es un joven que lucha por vencer tentaciones humanas normales y corrientes, además de con las numerosas tribulaciones de los años de adolescencia.

El primer tipo de dificultad kierkegaardiana es bastante evidente en la vida de Spider-Man. Está profundamente enamorado de Mary Jane Watson, «MJ». Sin embargo, su felicidad personal entra en conflicto con su vocación como superhéroe, tanto en las cosas pequeñas como en las grandes.

En *Spider-Man 2*, acuerda asistir a una función de teatro de Mary Jane y le promete no decepcionarla. Sin embargo, de camino hacia allí, se cruza con unos malhechores y acude al rescate de una persona inocente; llega tarde al teatro y MJ llega a la conclusión de que no puede confiar en Peter y que ella le resulta indiferente. En un nivel más profundo, Peter se ha dado cuenta de hasta qué punto puede resultar peligroso que aquellos por quienes se preocupa tengan una relación personal con él. Tanto su tía May como MJ están bajo la amenaza de los malos que quieren atacar a Spider-Man. Por tanto, decide que ha de dejar a un lado sus sentimientos hacia MJ, por el bien de ella.

Sin embargo, no es una decisión fácil. Peter sufre dolorosamente cada vez que ve a Mary Jane. En *Spider-Man 2*, optará por abandonar la vocación superheroica, se deshace del traje e intenta llevar una vida normal. En ese momento, su felicidad personal le parece más importante que su labor como superhéroe y cree que solo puede tener una de las dos cosas. El espectador nota su angustia personal y casi le aplaudimos la decisión de haber dejado de ser Spider-Man. El precio que debe pagar por entregarse al bien de los demás es demasiado alto.

Nótese que aun en este caso Spider-Man no siente la tentación de usar sus poderes para hacer el mal, salvo cuando descubre que cuenta con ellos y los intenta emplear, brevemente, para obtener un simple beneficio económico. La elección acaba siendo entre usarlos para hacer el bien o retirarse y llevar una vida personal normal. No existe jamás el temor de que Peter se convierta en uno de los archimalos. Lo que sí está en duda es si puede alcanzar el tipo de desinterés necesario que demanda el verdadero amor hacia el prójimo. Cuando le parece que lo que ha de sacrificar para ello es su felicidad personal, Peter siente la tentación de ser normal, pero no malvado. Hasta aquí, nada confirma el pronóstico de Glaucón según el cual una persona semejante a un dios, con superpoderes, buscaría sin duda hacer el mal con impunidad. Sin embargo, Spider-Man sí experimenta la lucha interior que Kierkegaard denomina «primer peligro». También aquí es como el resto de nosotros. La mayoría no sentimos la tentación de convertirnos en Hitler o en el Duende Verde. Solo queremos tener libertad para ocuparnos de nuestro jardín, para alcanzar nuestra felicidad personal, sin cederlo todo a las necesidades de los demás.

Hasta cierto punto, Spider-Man también experimenta el segundo peligro de Kierkegaard. A decir verdad, la mayoría de la gente a la que ayuda parece estarle debidamente agradecida por sus buenas obras. No obstante, J. Jonah Jameson, el editor del periódico en el que trabaja Peter Parker como fotógrafo, ofrece constantemente una imagen de Spider-Man como amenaza para la sociedad. Sus hazañas positivas son reinterpretadas y «elaboradas» para que parezcan lo contrario de lo que son. La verdad es que Jameson quizá se sienta tan incómodo ante la presencia de una bondad dotada de grandes poderes como predijo Kierkegaard que ocurriría a la mayoría de la gente. No se sabe del todo si Jameson cree de verdad que Spider-Man sea un peligro. El editor es, sencillamente, el paradigma de un hombre «práctico». Solo le interesa ganar dinero con la venta de los periódicos y si retratar a Spider-Man como alguien nefando lo ayuda a conseguir su objetivo, continuará haciéndolo con entusiasmo.

Curiosamente, pese a esta prensa constantemente negativa, la gente normal y corriente no parece odiar ni temer a Spider-Man. No obstante, si el mundo de Spider-Man se parece en algo al mundo real, un retrato negativo que aparezca sistemáticamente en los medios de comunicación tendrá consecuencias, a largo plazo, pero inevitables. Podemos avanzar que, además de la lucha personal con respecto a su vocación, Spider-Man se irá enfrentando cada vez más a la dolorosa sensación que describe Kierkegaard, en la que «el mundo» no aplaudirá su virtud heroica. La gente se negará con cinismo a creer en su bondad o, si saben que es real, seguirán el vaticinio de Glaucón y lo ridiculizarán como a un gran tonto, al menos por la espalda.

La Patrulla X y el doble peligro

El caso de Spider-Man demuestra que la relativa libertad frente a las luchas internas de la que goza Superman no es una condición de la que disfruten todos los superhéroes. No obstante, la Patrulla X, el grupo de los *X-Men*, nos ofrece un ejemplo aún mejor del «doble peligro» de Kierkegaard. Tanto en los cómics como en las películas, sus historias se ambientan en el futuro próximo, en una época en la que por todo el mundo nacen niños con mutaciones asombrosas.

La Patrulla X es un grupo de mutantes con poderes especiales de diversas clases. Algunos tienen poderes telepáticos o telequinésicos; por ejemplo, el profesor Charles Xavier tiene las dos capacidades y la doctora Jean Grey, solo la telequinesia. Otros cuentan con cualidades más extrañas, como Tormenta (Storm), que puede controlar el clima, o Cíclope, cuya mirada tiene un poder destructivo similar al de un láser. Las diferencias entre los mutantes y la gente «normal» han provocado que muchos ciudadanos de la calle teman e incluso odien a los mutantes, que por tanto se ven obligados a permanecer «encerrados». Políticos poderosos, como el senador Robert Kelly, aprovechan estos miedos y prejuicios y exigen una ley especial de registro de los mutantes, ley que recuerda de forma no poco inquietante a las medidas iniciales tomadas por la Alemania nazi en contra de los judíos.

¿Cómo deberían responder los mutantes a esta situación? Se produce un interesante desacuerdo, simbolizado por el enfrentamiento de dos viejos amigos: el profesor Xavier y Erik Lensherr, más conocido como «Magneto» por su especial capacidad de controlar los campos electromagnéticos. Magneto quiere librar una guerra contra los humanos normales y reúne a un grupo de mutantes para que lo ayuden a tal efecto, mientras que Xavier cree que es posible trabajar en paz a favor de un mundo tolerante en el que se acepte a los que son distintos. Con este propósito, Xavier ha puesto en marcha un internado para niños mutantes y, desde la mansión que sirve como centro docente, dirige a un grupo de mutantes conocido como *Patrulla X* (X-Men u «hombres X», en su designación original, aunque en el grupo hay bastante mujeres), que intenta frustrar los planes de Magneto, al mismo tiempo que se esfuerza en ayudar y proteger a los seres humanos normales. Abrigan la esperanza de que comprendan mejor quiénes son los mutantes y, en consecuencia, los acepten mejor.

Los mutantes asociados con Xavier crecen, de varias formas, hasta encarnar el amor al prójimo que Kierkegaard considera el deber humano más fundamental. Trabajan por el bien de los demás y luchan por conseguir un mundo en el que se acepte a todos los seres, humanos o mutantes, y no solo a los que son como nosotros, los que forman parte de una red familiar o de amigos o los que probablemente nos devolverán de un modo u otro cualquier beneficio que les reportemos. La Patrulla X trabaja por el bien de todos, incluso el de aquellos que intentan perseguirlos y hacerles daño. En la mejor de las circunstancias, su amor y preocupación por los demás parece incondicional en cuanto a la calidad e idealmente universal en cuanto al ámbito de acción.

Pero está claro que se enfrentan a varios tipos de lucha, no solo a la de protegerse de Magneto y las autoridades políticas que intentan perjudicarlos. El mero hecho de que en la comunidad mutante existan tanto seguidores de Xavier, que trata de realizar el objetivo de una paz global, como de Magneto, que persigue fines más excluyentes por medio de la violencia, demuestra que escoger el lado del bien no es fácil ni automático para los mutantes.

La historia de los mutantes encarna los dos peligros que Kierkegaard describe y estas dificultades están retratadas de un modo memorable en el personaje de Logan o «Lobezno» (Wolverine). Lobezno, que ha sufrido mucho como víctima de un perturbador experimento médico que le ha borrado casi toda la memoria, en un primer momento no parece interesado en ayudar a Xavier y su grupo. Solo le importan sus intereses personales. Al principio de la primera película de *X-Men*, parece más motivado por una cólera interior que por ningún deseo de ser bueno o hacer el bien. Sin embargo, cuando pasa a formar parte de la comunidad, va pareciendo que cada vez se preocupa más por ellos y por su causa. Aunque quizá se deba en parte a un interés amoroso por la doctora Grey, parece que en Lobezno va estableciendo cierta preocupación moral a medida que va estableciendo contactos personales. Un crecimiento moral de este tipo no resulta fácil, sin duda, para una persona que es víctima de los demonios internos que parecen gobernar a Lobezno, de manera que ilustra muy bien la primera dificultad analizada por Kierkegaard.

La Patrulla X, en su conjunto, parece ilustrar bien la segunda dificultad de Kierkegaard. Aunque están comprometidos con el bien y llevan este compromiso a la práctica por vías serias y no poco costosas, lo que reciben como recompensa por preocuparse del bienestar de otros es el miedo, la persecución y el odio. Por supuesto, la ilustración que ofrecen del segundo peligro de Kierkegaard no es quizá tan perfecta como podríamos desear: el odio a los mutantes no obedece ante todo a su bondad sino más bien al hecho de que son distintos. Pero es indiscutible que sus buenas obras no les brindan el respeto, el aprecio o la estima generales. Y, de hecho, cuando se añade a su bondad la grandeza de sus poderes, el campo está preparado para generar una especie de resentimiento particular por parte de muchas personas normales y corrientes. En realidad, podríamos contemplar las diferencias básicas de los mutantes como una especie de símbolo metafísico espectacular de cómo contemplaría la sociedad en general, probablemente, a una comunidad formada por individuos que se preocupan sinceramente por el bien. Y, en cualquier caso, es interesante señalar que el amor o la preocupación afectuosa que la Patrulla X muestra hacia los demás no parecen reducir en lo más mínimo la persecución general de la que son objeto. Quizá cuando alguien a quien se desprecia demuestra ser bueno, resulta natural que sus adversarios, e incluso muchos espectadores, se sientan contrariados y lo desprecien aún más. Después de todo, con su comportamiento han demostrado lo irracional y perverso que resultaba despreciarlos de principio y a nadie le gusta darse cuenta o admitir que su actitud personal ha sido irracional o carecía de justificación. Por desgracia, pero de forma natural, la emprendemos contra quienes nos llevan a un conocimiento de nosotros mismos tan desagradable.

¿Por qué son buenos los X-Men?

¿Por qué son buenos los miembros de la Patrulla X? ¿Por qué han de preocuparse de los demás, sobre todo cuando esos otros no se preocupan por ellos? Responder a esta pregunta podría sugerir asimismo una respuesta a la pregunta platónica sobre por qué los humanos normales deberían ser buenos.

Sin embargo, no es fácil establecer los motivos por los cuales los hombres de la Patrulla X deberían ser buenos y justos. Contemplaremos algunas de las posibilidades que ellos mismos apuntan de forma natural.

Una posibilidad es que se sientan motivados hacia el bien por la convicción de que este tipo de vida es la más eficaz para asegurarse la tolerancia y la aceptación ajenas. Desde esta perspectiva, su compromiso con el bien es el resultado de un cálculo estratégico acerca de qué política les resultará más efectiva a la hora de alcanzar sus objetivos. Sin embargo, parece que es muy poco plausible. Tal como hemos visto, la gente normal teme e insulta a todos los mutantes, incluidos los de la Patrulla. El hecho de que los X-Men se enfrenten al segundo aspecto del doble peligro —la hostilidad de un mundo exterior hacia ellos y hacia sus esfuerzos por hacer el bien— parece debilitar la idea de que sus motivos para hacer el bien sean consecuencia del más puro interés propio.

La idea de que los seres humanos reaccionan de forma positiva a un comportamiento genuinamente santo, en especial si se encuentra incómodamente cerca —tal como muestra el destino de los más grandes profetas—, no parece ser cierta y la reacción del común de la sociedad ante los X-Men tampoco parece suponer una excepción a esta norma. En cualquier caso, aunque los hombres X desearían sin duda que los demás los acepten, al menos a largo plazo (y no desesperan de lograrlo), su compromiso con el bien no parece basarse en la previsión de que esto ocurra. De hecho, la propuesta de Magneto —abandonar cualquier compromiso con el amor y el cuidado de los humanos normales— se basa en la ausencia real de aceptación que experimentan los mutantes. Si el compromiso de la Patrulla X con el bien hundiera sus raíces exclusivamente en un cálculo interesado, el argumento de Magneto tendría cierta fuerza genuina.

Una segunda posibilidad es que los hombres y mujeres de la Patrulla X, simplemente, no tengan más elección que procurar el bien. Quizá su constitución psicológica sea tal que en ellos es natural cuidar de los demás. Quizá la variación genética que les dio los superpoderes también les inculcó un inquebrantable deseo del bien. En este caso, la motivación para actuar de forma ética vendría sencillamente de la satisfacción interior experimentada al hacer el bien.

Esta posibilidad adolece de ciertos defectos. En primer lugar, no explicaría por qué algunos mutantes, como Magneto, han escogido lo contrario. En segundo lugar, cabe pensar que haría a los mutantes tan distintos de la gente normal que apenas se parecerían a ellos. Serían más como Superman, un alienígena del planeta Krypton, y no como seres humanos reales que por azar cuentan con una diferencia genética que les otorga superpoderes. Y esto aparenta ser falso: los mutantes parecen contar con todos los deseos y emociones normales en un ser humano. El conflicto romántico entre Cíclope y Lobezno por Jean Grey demuestra que luchan con deseos humanos y exhiben un comportamiento humano normal, incluido el más mezquino e interesado. En ningún caso parecen seres angelicales que simplemente no pueden hacer nada malo. Así que, en consecuencia, esta segunda posibilidad no parece más plausible que la primera.

También podemos descartar prontamente otras varias posibilidades. No parece que los hombres X se preocupen por las sanciones o los castigos legales: si hacen lo correcto no es porque, de lo contrario, los pueda perseguir la policía. E igualmente inverosímil es la idea de que actúen de este modo como consecuencia de una especie de piedad hacia los demás que, según conjeturó el filósofo alemán Nietzsche (1844-1900), fuera un signo de decadencia (la invención de una «moral del rebaño» que teme y odia a quienes son fuertes). Según parece, los mutantes son muy fuertes y no les falta seguridad en sí mismos; sus actitudes no parecen derivar en absoluto del tipo de resentimiento mezquino que, a juicio de Nietzsche, era la causa profunda de la moral altruista. Los miembros de la Patrulla son en su mayoría gente muy positiva, que no se deja llevar por la envidia o el resentimiento contra quienes son «fuertes y sanos». En todo caso, son ellos los que parecen los más fuertes y sanos.

Hasta este punto, nuestra investigación con respecto a la motivación de los hombres X no ha dado ningún fruto. Quizá deberíamos dar la vuelta a la pregunta y buscar qué mueve a los hombres normales a hacer el bien. Si podemos dar con una respuesta verosímil, podremos mirar si encaja con el caso concreto de los hombres X. Podríamos empezar por preguntarnos qué se sabe respecto de educar a los niños para que sean buenos. Al parecer, nadie tiene una fórmula con garantías de éxito. Aun los mejores padres tienen que enfrentarse a veces al dolor cuando sus hijos persiguen modelos de comportamiento contraproducentes. No obstante, en general, parece ser cierto que aquellos niños que crecen en casas donde son queridos y aceptados por unos padres que se preocupan por hacer el bien es más probable que terminen siendo personas que también se preocupan por hacer el bien.

¿Por qué ha de ser así? Creo que la respuesta más probable es que, cuando los niños son amados por sus padres, amados de verdad, lo natural es que quieran identificarse con ellos y ser como ellos. Experimentan un sentimiento de gratitud y admiración hacia sus padres y cualquier otra persona que se muestre bondadosa con ellos y dichos agradecimiento y admiración generan en su interior un amor personal hacia el bien. Vale la pena señalar que no se trata aquí de la posibilidad imaginaria que planteaba antes y que desestimé, en la que un individuo puede estar constituido de tal modo que no pueda escoger si ama el bien o no. Quizá por esto incluso los padres excelentes no siempre consiguen transmitir sus valores morales. No obstante, los niños que han interiorizado los valores de un buen padre, una buena madre o unos buenos padres, al menos tienen, como resultado, una motivación interna añadida para hacer lo correcto y el bien, alguna fuerza interna, emocional o psicológica que les brinda una razón para resistir a la tentación universal de ser puramente interesados.

El ejemplo de la educación de los niños puede extenderse a otros ámbitos, puesto que no pretendo sugerir con ello que quien haya padecido una educación familiar deficiente esté por ello condenado a ser un monstruo moral. Una persona que ha crecido en un entorno familiar deficiente, de adulto puede experimentar más dificultades para desarrollar un carácter bondadoso, pero hay muchísimos ejemplos de personas que se han alzado por encima del ejemplo de sus padres. Aunque, sin duda, estas personas habrán encontrado a lo largo del camino algún modelo positivo, alguien que les mostró bondad, se portó bien con ellos y, de este modo, estimuló su gratitud y admiración. En general, quizá el mejor consejo que se puede dar acerca de cómo hacer crecer la propia moralidad es rodearse de personas mejores que uno mismo.

Yo creo que esta respuesta también vale para los hombres y las mujeres de la Patrulla X. Podemos imaginar, sin duda, que Xavier es el reflejo de una educación que cultivó en él el amor hacia el bien. La verdad es que no sabemos mucho sobre su crianza. Aunque su padre murió siendo él bastante joven, al parecer tuvo una madre entregada y afectuosa, y quizá fue este cuidado amoroso el que alimentó su amor hacia el bien. Un aspecto importante de la Escuela Xavier de Jóvenes Superdotados es que se trata de un lugar en el que los estudiantes pueden sentirse aceptados y amados y, de este modo, llegan de forma natural a desear ser como aquellos que se dedican a ayudarlos. Lobezno, que al principio no parece preocuparse mucho por los demás, ha sufrido un mal terrible. Él también empieza a cambiar como consecuencia de su incorporación a una comunidad sinceramente moral. En el otro platillo de la balanza está Magneto, que sufrió la muerte de su familia a manos de los nazis y refleja claramente las cicatrices emocionales de unos malos tratos horribles. No es sorprendente que considere el amor de Xavier como algo ingenuo e incluso ridículo. Quizá entonces la mejor explicación que podamos dar para la motivación de los X-Men a practicar el bien sea que ellos aprendieron a amarlo como resultado de una relación con personas que son buenas.

Esta explicación también arroja luz sobre el caso de Peter Parker. Aunque la mayoría de los lectores situará de forma natural la motivación de su carrera superheroica en el trágico asesinato de su querido tío Ben, está claro que si este suceso movió a Peter a llevar a cabo hazañas positivas y proteger a su comunidad, más allá de una venganza mezquina, fue debido a la educación moral positiva de la que había disfrutado con sus tíos Ben y May. Eran personas amorosas y afectuosas, sin la menor reserva, y el trato que dispensaron al joven Peter fue formando de manera natural su propia sensibilidad y su escala de valores, dejando a un lado el lapso temporal en que se apartó del camino recto de la moral justo después de haber adquirido sus poderes, un lapso importante que, indirectamente, provocó la muerte de su tío.

Hallar una buena base para el Bien

Desde el punto de vista psicológico, creo que la respuesta a la que he llegado ahora tiene sentido. Encaja con lo que sabemos acerca del crecimiento de los niños y su desarrollo moral. Sin embargo, desde la perspectiva filosófica no estoy convencido de que esto sea todo lo que necesitamos para explicar por qué somos buenos o dar cuenta de cualquier cosa que podamos entender como razón para el bien, ya sea para nosotros, los humanos normales y corrientes, o para los superhéroes como Spider-Man y los hombres de la Patrulla X. Si imaginamos las cosas de otra forma, surge otra serie de problemas. En primer lugar, los niños no solo quieren ser como sus padres sino que también quieren distanciarse de ellos y adoptar sus propios puntos de vista y, por tanto, pueden tener una razón para rechazar las ideas paternas acerca del bien. Puede ocurrir que crezcan, lean a Nietzsche y decidan que las perspectivas de sus padres no son más que una invención de los débiles temerosos de reclamar su auténtico destino. Además, nadie tiene unos padres perfectos y mucha gente ni siquiera tiene unos buenos padres. Hay otros modelos posibles para acercarse al bien, en efecto, pero no todo el mundo tiene la suerte de establecer suficientes contactos con este tipo de personas. Incluso aquellos que cuentan con acceso a modelos de buen hacer también estarán siempre rodeados de otros ejemplos negativos de los que pueden aprender igualmente. Por tanto, es natural que busquemos una razón más sólida, más profunda, que explique por qué alguien decide ser bueno. Y es igualmente lógico que deseemos dar con una razón que se pueda aplicar a todo el mundo, no solo a los que han recibido una educación adecuada.

La respuesta a las ideas expuestas por Glaucón en la *República*, que Platón pone en boca de Sócrates, prescinde de esta clase de factores psicológicos y ahonda en cuestiones filosóficas acerca del carácter del ser humano y el tipo de universo en que nos encontramos. Platón quiere sostener que somos de una naturaleza tal que, a la larga, pese a nuestros deseos actuales, seremos más felices, tanto en esta vida como después de la muerte, si vivimos de acuerdo con la justicia prestando atención al bien. En efecto, Platón nos dice que, pese a lo que pueda parecer, la moralidad es el reflejo del carácter auténtico y profundo del universo. Quienes se comprometen con el bien se comprometen con lo que es profunda y eternamente verdadero. No es accidental que la visión del mundo platónica haya sido considerada en muchas ocasiones de carácter religioso. A menudo los autores cristianos —desde san Agustín, por ejemplo, hasta C. S. Lewis— han contemplado su concepción metafísica del mundo como algo totalmente congruente con su propia fe.

A la hora de tener una razón para ser buenos, Kierkegaard también considera necesaria una concepción religiosa. Su razonamiento, como el de Platón, intenta demostrar hasta qué punto una concepción de esta clase encaja con nuestra psicología. A decir de Kierkegaard, las obligaciones morales en general se basan en las relaciones entre las personas. Ser padre, hijo o hija, ciudadano de un país, ser esposo o esposa, todo ello es hallarse implicado en una red de responsabilidades mutuas. Hay algunas obligaciones que, simplemente, son constituyentes de este tipo de relaciones. Hasta aquí, esto encaja con lo que ya he dicho acerca de que nuestra razón para ser buenos va unida a nuestras relaciones con los demás. Pero también va más allá al indicar que, en ocasiones, estas relaciones no se limitan a poner los cimientos del amor por el bien sino que fundamentan aquella parte más estricta de la moralidad que llamamos *deber*.

Hay muchísimas acciones que están bien pero no las consideramos un deber ni un acto puramente obligatorio. Conducir a velocidad moderada es, en sí mismo, una acción positiva, por ejemplo, pero si existe un límite de velocidad máxima, se añade una obligación adicional, legal, de conducir más despacio. Puede ser bueno que un hombre y una mujer se amen, pero cuando intercambian los votos matrimoniales, crean unas obligaciones concretas añadidas de desarrollar un amor fiel entre ambos. Kierkegaard considera que amar a nuestros vecinos como a nosotros mismos no es algo meramente bueno sino que además constituye un deber.

¿Cómo podemos llegar a tener un deber como este? Desde el punto de vista de Kierkegaard, esta obligación se genera de la misma forma que otras clases de obligaciones: por medio de una relación. Solo que la relación, en este caso, es primero con Dios, que nos pide amar a nuestro prójimo como a nosotros mismos. ¿Por qué debemos atender la llamada divina? ¿Qué autoridad tiene sobre nosotros? Para Kierkegaard, debemos atender la llamada de Dios no porque este sea poderoso y temamos el castigo, sino porque Dios nos ama y nos ha creado para vivir una vida eterna a su lado. Igual que dos amantes se obligan el uno con el otro por la historia de sus actos compartidos, las promesas formuladas y los bienes que se entregaron mutuamente y recibieron con agradecimiento, del mismo modo nuestros corazones están «ligados hasta el infinito» a Dios por la relación que tenemos con nuestro Creador. Dice Kierkegaard: «Pero esa historia de amor eterna ha comenzado mucho antes; comenzó con vuestro comienzo, cuando llegasteis a existir a partir de la nada; y, como sin duda no vais a convertiros en la nada, tampoco termina en una tumba» (*Amor*, p. 150).

Dios nos ha creado de la nada y nos ha regalado cuantos bienes poseemos. Además, Dios nos ha destinado al mejor de todos los bienes: la vida eterna a su lado, una vida de la que no podremos gozar si no amamos el bien, porque Dios es pura bondad. Si la relación con una buena persona que se porta bien con nosotros puede movernos hacia el bien, no cabe duda de que una relación con Aquel que es en sí mismo pura bondad y fuente de todos los bienes puede hacer lo mismo. Una relación de este tipo ofrece a todo el mundo, no solo a los que tienen la fortuna suficiente de hallarse alrededor de otras buenas personas, una causa y razón para ser buenos y, para aquellos que comprenden lo que les ha sido concedido, esta relación acabará despertando el tipo de agradecimiento y emulación que subyace a la auténtica bondad moral.

Como cristiano, Kierkegaard también señala hacia Jesús como expresión última del amor de Dios. Cristo es la forma en que Dios muestra a los humanos que los acepta tal y como son. Aunque Glaucón tenga razón y la persona realmente buena acabe en la cruz, hay esperanza, porque aquel que sufre por el bien sufre igual que lo hizo Cristo. Y el propio Cristo sufre con y por esa persona, también. Para aquellos que aman a Cristo, incluso la persecución puede ser algo por lo que alegrarse, lo cual ofrece una poderosa motivación para enfrentarse al doble peligro.

Si Kierkegaard está en lo cierto, nosotros, los seres humanos, contamos con una razón excelente para preocuparnos por el bien. Nuestra felicidad última y más profunda se encuentra siguiendo el camino del amor al prójimo, pero ¿qué luz arroja todo esto sobre la bondad de los hombres y las mujeres de la Patrulla X? Quizá no tanta como querríamos, pero indica la existencia de un espacio desconcertante en su mundo. El ser humano normal y corriente puede describirse como un *Homo religiosus*, puesto que se inclina por naturaleza hacia una sensibilidad religiosa. No se conoce ninguna cultura humana en la que nuestras esperanzas y nuestros temores más profundos no estén vinculados a convicciones y actitudes religiosas, pero en el mundo de los X-Men, así como en el mundo de la mayoría de superhéroes en general, la religión brilla por su ausencia. Hay que señalar algunas excepciones notables, por descontado. No obstante, por lo general las preocupaciones religiosas no parecen ocupar un lugar central en los mundos de los superhéroes.

¿Acaso los X-Men se preguntan acerca de su propia naturaleza más profunda? ¿Se preguntan por el tipo de universo en el que habitan? ¿Entran a considerar si son algo más que una mera colección de átomos sin sentido, sin un propósito final, y sin ninguna esperanza más allá de la tumba? Sus intuiciones más profundas, suscitadas por el impulso de la comunidad, podrían ser lo que los puso en el buen camino, aunque jamás hayan reflexionado acerca de esta cuestión desde el punto de vista filosófico. Pero si empiezan a formular estas preguntas filosóficas y espirituales, en lo más profundo de su corazón y con toda la fuerza de su mente, quizá hallarán respuestas que les darán una verdadera razón para preocuparse de amar al prójimo, aun cuando ese prójimo no les devuelva el mismo amor. Porque quizá descubran que amando al prójimo es como mejor conectan con el amor de Aquel que los ama perfectamente e hizo que existieran y les dio una vida a su lado. Al hacerlo, quizá también descubran su destino más profundo, aquello que comparten con quienes de otro modo parecerían tan distintos.[3]

3. Quiero expresar mi agradecimiento a Charles Evans Jr. por haber leído este artículo y transmitirme varias sugerencias muy acertadas con respecto a los superhéroes.

14

Un gran poder conlleva una gran responsabilidad: sobre los deberes morales de los superhéroes y superpoderosos

Christopher Robichaud

A mitad de *Spider-Man 2*, Peter Parker hace lo inimaginable: deja de ser Spider-Man. Tira la toalla —bueno, el traje— con la esperanza de rescatar cuanto le queda de vida personal, una vida hecha trizas por sus hazañas como justiciero. Peter descubre que, al dejar de trepar por las paredes, sus vidas social y académica mejoran, aunque no es gratis.

En ausencia de Spider-Man, la tasa de delincuencia en Nueva York aumenta ni más ni menos que un setenta y cinco por cien. De hecho, Peter no puede siquiera salir a pasear por la calle sin encontrarse con alguien que necesitaría la ayuda de Spider-Man. Se siente satisfecho porque su vida está mejorando, pero a la vez le angustia pensar que está eludiendo sus responsabilidades. Así, un Peter Parker frustrado mira por la ventana de su pequeño estudio y pregunta, tanto a sí mismo como a la ciudad que un día juró proteger: «¿Qué se supone que debo hacer?».

¿Qué conlleva un gran poder?

Es una buena pregunta. ¿Qué debería hacer Peter Parker? El tío Ben, en un pasaje famoso, dice a su sobrino que un gran poder conlleva una gran responsabilidad, pero ¿qué significa esto? ¿Quiere decir que Peter tiene una responsabilidad especial: la de usar sus asombrosos poderes para combatir la delincuencia y ofrecer su ayuda a quienes la necesitan? ¿Tiene la obligación de asumir el papel de Spider-Man? ¿Y qué obligaciones trae asociadas este papel? ¿Acaso Peter ha de poner siempre sus intereses personales al servicio de su personaje? ¿Tiene derecho a engañar a sus amigos y a su familia para mantener en secreto sus aventuras arácnidas? ¿Qué relación debería mantener con una opinión pública que no confía en él y una ciudad que intenta arrestarlo a menudo? ¿Qué responsabilidades tiene con respecto al pintoresco desfile de personajes malvados contra los que combate regularmente?

Una de las cosas por las que *Spider-Man* resulta una obra de ficción tan convincente es porque no teme mostrarnos un superhéroe que ha de enfrentarse a estas preguntas. No hay ni que decir, sin embargo, que Peter Parker no es el único personaje que ha adquirido superpoderes. Los cómics han dado origen a un universo rebosante de seres con capacidades increíbles y todos ellos han de sufrir las mismas inquietudes morales. ¿Qué deben hacer? ¿Es su deber vestirse una capa, una capucha o una camiseta de *lycra* de colores primarios y aceptar el papel de héroe? Y luego, sea o no sea su deber, quienes representan este papel, ¿qué obligaciones contraen con ello?

Nótese que con estas preguntas no estamos intentando averiguar cómo *viven* realmente sus vidas los superhéroes y superpoderosos. Para eso, basta con leer las crónicas de sus aventuras. Lo que buscan aclarar estas preguntas es otra cosa: cómo *deberían* vivir sus vidas. Esto las convierte en lo que los filósofos denominan «preguntas normativas» y, concretando la rama de la filosofía moral que nos suministra los recursos necesarios para hallar las respuestas, se trata de la ética normativa. Empezaremos nuestra investigación, pues, considerando qué tiene que decir con respecto a los deberes de los sujetos superpoderosos una de las teorías más destacadas dentro de la ética normativa: el utilitarismo. Pero antes hemos de emprenderla con un par de geniecillos.

Cualquier análisis filosófico relativo a los deberes morales debe entrar a considerar, inevitablemente, qué es bueno o malo, moralmente correcto o incorrecto.[1] Hay dos concepciones filosóficas extremas que convertirían cualquier investigación de este tipo en una pérdida de tiempo. El nihilismo ético afirma que las propiedades morales, simplemente, no existen: nada es en realidad bueno o malo, nada es correcto o erróneo desde el punto de vista de la moral. Los partidarios del relativismo ético proponen una afirmación distinta: que las propiedades morales siempre guardan relación con el punto de vista y con un conjunto de principios. Visto así, no hay respuestas universales y objetivas a las preguntas que queremos formular.

Afortunadamente, hay razones para descartar estas concepciones. Los filósofos que han intentado defenderlas han tenido que vérselas con graves dificultades. Y, al analizarlas, ninguna de las dos refleja nuestras creencias corrientes con relación a estas cuestiones. La mayoría de nosotros no creemos que las acciones jamás sean ni buenas ni malas, tampoco creemos que puedan serlo en relación con determinadas perspectivas concretas. Al contrario, casi todos somos del parecer, por ejemplo, de que la ayuda de la Madre Teresa a los

---

1. En todo el capítulo, las propiedades normativas a las que me refiero —propiedades relacionadas con los valores— son de carácter moral, a distinguir de, digamos, las estéticas. Por ejemplo: ayudar a los pobres es bueno y la cocina de mi madre es buena, pero solo el primer caso es bueno en un sentido moral (aunque de mi madre solo puedo decir que es una santa, su comida casera no pertenece a la categoría de cosas moralmente buenas).

pobres era objetivamente buena y que las políticas de genocidio de Hitler fueron real y absolutamente malas. Y por ello ni el nihilismo ético ni el relativismo ético nos frenan: nuestro análisis da por sentado que ambos puntos de vista son falsos. La moralidad es algo real y no todo es relativo.

Empieza a coser el traje, chico. ¡El deber me llama!

Empezaremos por sumergirnos en lo que quizá sea una de las perspectivas filosóficas más conocidas de la historia: el utilitarismo. Se trata de una teoría ética que aparece formulada de diversas maneras y modos. Jeremy Bentham (1748-1832) y John Stuart Mill (1806-1873), sus dos defensores más famosos, ofrecieron distintas versiones de los detalles,[2] y los utilitaristas contemporáneos aún le han añadido algunas mejoras. Nos saltaremos buen número de esos matices para centrarnos sobre todo en la versión de Mill o, al menos, en una interpretación de ella.

El utilitarismo basa su explicación de qué determina que un acto sea correcto en su interpretación de lo que hace que un acto sea bueno. A grandes rasgos, la cosa es como sigue. La corrección o incorrección de un acto la determinan en todo momento las consecuencias; en particular, viene determinada por el grado de bondad que genera el acto. La bondad, por

2. Véase la obra de Bentham, *An Introduction to the Principles of Morals and Legislation*, 1789, y la de Mill, *Utilitarianism*, de 1861. Lamentablemente, las primeras ediciones de estos dos clásicos de la filosofía valen menos que una copia en perfecto estado del n.º 27 de *Detective Comics*. (Jeremy Bentham: *Antología*, Península, Barcelona, 1991; *Tratados de legislación civil y penal*, Editora Nacional, Madrid, 1981; *Principios de legislación y de codificación extractados de las obras del filósofo inglés Jeremías Bentham*, Tomás Jordán, Madrid, 1834; John Stuart Mill: *El utilitarismo* Alianza, Madrid, 1984, 2002, trad. de Esperanza Guisán; *El utilitarismo*, Buenos Aires, 1974⁵, Aguilar trad. de Ramón Castilla, con varias reediciones de quiosco.)

su parte, está esencialmente vinculada a la felicidad y se entiende que la felicidad consiste en la presencia del placer y la ausencia del dolor. En consecuencia, la corrección o incorrección de cualquier acto es el resultado del placer y el dolor que este provoca.

Es la felicidad *general* que resulta de una acción la que determina si es correcta o incorrecta, no solo la felicidad que produce en la persona que la lleva a cabo. Esto significa que, a la hora de evaluar moralmente una acción, debemos tomar en cuenta los placeres y sufrimientos ocasionados en todos los seres capaces de desarrollar experiencias de este tipo. Además de los placeres físicos, existen los placeres intelectuales, emocionales, artísticos, etcétera, y lo mismo sucede con los sufrimientos. No hay ni que decir que los seres capaces de desarrollar una experiencia de placer y dolor no siempre disponen del mismo abanico de experiencias. Un gato, por ejemplo, es capaz de disfrutar del placer derivado de comer un buen atún, pero es incapaz de disfrutar del placer derivado de la lectura de los *Watchmen*.

Según el utilitarismo, pues, una persona hace lo correcto cuando, de todas las acciones entre las que puede escoger en un momento dado, elige la que produce mayor bien, que viene determinado por la cantidad de felicidad que resulte de su acción. Y esta habrá de juzgarse atendiendo al grado en que esta acción maximice el placer global y minimice el dolor global.

Esta perspectiva puede resultar atractiva por varias razones. Tal vez la más obvia sea que capta lo que parece ser el alma más profunda de la moralidad, esto es, que la acción correcta en cualquier situación —la acción que ha de realizarse— es la que genera el mayor bien global. Desde luego, eso suena acertado. Si existe la posibilidad de escoger entre dos acciones que provocarán distinto grado de bondad, no parece que pudiera llegar a ser correcto escoger la que conllevaría la menor cantidad. Otro rasgo que habla a favor del utilitarismo es que vincula la bondad con la felicidad y, a su vez, la felicidad con la maximización del placer y la minimización del dolor. Es bastante verosímil creer que las cosas buenas lo son en la medida en que pueden generar placer y no dolor. Y aun otra razón atractiva para compartir este punto de vista es que ofrece una regla clara para guiar nuestro comportamiento: siempre debemos actuar de forma que provoquemos el mayor bien global.

Veamos cómo funciona el utilitarismo. Supongamos que Clark Kent se enfrenta a una elección entre representar al *Daily Planet* en una conferencia de prensa o rescatar a un avión que sufre un fallo en los motores. Si no acude a la conferencia, perderá el trabajo. Si el avión se estrella, morirán centenares de personas. ¿Qué debe hacer? La respuesta utilitarista es que está obligado a realizar la acción que ocasione el mayor bien general. Es de suponer, entonces, que deberá rescatar al avión aunque ello le cueste el puesto de trabajo.

Esto pone de relieve que, si el utilitarismo es correcto, debemos estar preparados para llevar a cabo sacrificios personales difíciles con tal de cumplir con nuestros deberes morales. Por supuesto, un periodista corriente y moliente no se vería obligado a renunciar a la conferencia de prensa para rescatar un avión, puesto que semejante acción ni siquiera se le plantearía como opción. Los utilitaristas no sostienen que tengamos el deber de hacer cosas *imposibles* para nosotros, pero sí que nos imponen exigencias importantes. Cuando tenemos que escoger si gastarnos cien dólares que nos han llegado de forma imprevista en unos tejanos de marca o si debemos donarlos a la beneficencia, la respuesta habitual de estos filósofos es que estamos obligados a dar nuestro dinero.

La teoría del utilitarismo se presta a evaluar situaciones de mayor alcance. ¿Debería ser usted maestro? ¿Padre o madre?

¿Científico espacial? Y algo más importante para lo que atañe a este capítulo: alguien con capacidad para convertirse en
superhéroe, ¿está obligado a ello? Como era de esperar, los
utilitaristas afirman que la respuesta a este tipo de preguntas
viene determinada por las consecuencias que conllevaría asumir estos diversos papeles. Suponiendo que aceptar un rol de
estas características fuera una opción real (después de todo,
para ser un científico espacial no hay que ser poco inteligente; y para ser un superhéroe hay que tener superpoderes o, al
menos, desarrollar en gran medida los poderes normales),
entonces estaríamos obligados a interpretar un papel concreto en la vida si (y solo si) al hacerlo causáramos el mayor bien
general posible. Ni que decir tiene que, en tal caso, los tipos
dotados con superpoderes tienen la obligación de convertirse
en superhéroes, desde el momento en que la tarea de los superhéroes es justamente favorecer el bien general. Ahora, por
tanto, ya tenemos una respuesta a la pregunta que Peter Parker se formulaba en *Spider-Man 2*. Según el utilitarismo, está
obligado a seguir siendo nuestro simpático superhéroe del
barrio. Esto le puede generar un gran sufrimiento personal,
pero el padecimiento se verá superado por el bien global que
sus actividades superheroicas aportarán al mundo.

¡Venga ya! ¿Tengo que sacarles del apuro?

Pero la historia no se acaba aquí. El utilitarismo no es la única teoría filosófica del mercado y, además, se enfrenta a serias
objeciones. ¿Puede ser realmente cierto que Peter *deba* ser
Spider-Man? ¿Entra en sus obligaciones ser un superhéroe
aunque su vida personal no deje de caer en picado? En general, ¿las personas dotadas de superpoderes están obligadas a
actuar siempre de modo que potencien el bien general, aunque les cueste carísimo en el plano personal? Antes de acep

tar las conclusiones del utilitarismo, tendremos que ver algunos de los problemas que plantea.

Toda teoría moral que se precie va a exigirnos en algún momento algún sacrificio personal. Sin embargo, el utilitarismo nos exige demasiado. Supongamos que Juggernaut vuelve arrasando otra vez y Jean Grey ha estado usando sus poderes telequinésicos para reducirlo. Siendo Juggernaut quien es, la cosa no era fácil y Jean descubre que ha quedado muy débil. Juggernaut, por su parte, aprovecha la oportunidad de quitársela de encima arrojando al vacío un autobús que cruzaba, repleto de pasajeros, por un puente. Jean, con sus capacidades, puede poner a los pasajeros a salvo, pero sabe que, en su estado actual, rescatarlos le provocará un grave trauma cerebral y, finalmente, la muerte. De todos modos, no cabe duda de que Jean escogerá salvar a los pasajeros. Demos por sentado, también, que con ello ofrecerá el mayor bien para todos. Sin duda todos admiraremos la acción de Jean, tan desinteresada. Pero el problema es que los utilitaristas sostienen que Jean no habría actuado correctamente si no hubiera sacrificado su vida. Y esto, como dicen los filósofos, va en contra de nuestro instinto. Va en contra de nuestras creencias morales anteriores a la teoría.

¿Creemos realmente que Jean se merecería un reproche moral serio si hubiera escogido la angustiosa alternativa de conservar la vida en lugar de morir gastando sus últimos poderes mentales? Seguro que no. El utilitarismo destruye totalmente la posibilidad de que las acciones sean *supererogatorias*, esto es: que vayan más allá del cumplimiento del deber. Los actos supererogatorios son aquellos cuya acción sería buena, pero su omisión no es mala.

Un utilitarista podría responder que no necesariamente está claro que cuando Jean salve a los pasajeros estará haciendo el mayor bien posible. Después de todo, si Jean va a morir por salvarlos, jamás podrá salvar la vida de nadie más. Y, sin duda, habrá infinitas personas que necesitarán ser salvadas en un futuro. En consecuencia, si lo que perseguimos es generar el mayor bien global, hemos de concluir que Jean no debe sacrificarse por los pasajeros. Sin embargo, esta respuesta saca a la luz un problema que, para el utilitarista, resulta tan grave como el que está intentando resolver: ahora tiene que afirmar que Jean está obligada a no salvar a los pasajeros. Pero, igual que parece inadecuado considerar culpable a Jean por salvar su vida en esta situación, también parecería cuando menos inadecuado censurarla por sacrificar su vida. ¡Cómo se puede criticar tamaño desinterés! En resumen, nuestras intuiciones nos dicen, en este punto, que la elección de sacrificar la propia vida para salvar las vidas de los pasajeros, así como la alternativa de conservar su vida dejando a su pesar que los pasajeros mueran, son dos acciones aceptables para Jean. El utilitarismo, simplemente, carece de los recursos necesarios para captar esta clase de intuiciones acerca de los actos supererogatorios.

Otro problema ligado al anterior es que el utilitarismo nos obliga a optar por acciones opuestas a la esencia misma de nuestro carácter.[3] Observemos la siguiente situación. Wonder Woman, la Mujer Maravilla, se encuentra una vez más combatiendo a Ares y esta vez el dios de la guerra se ha superado a sí mismo. Sitúa a Wonder Woman ante una niña pequeña y le dice que, si ella no mata a la criatura, él iniciará una guerra biológica global que sin duda condenará a millones de personas. Demos por bueno que Ares está siendo sincero y que la Mujer Maravilla no puede, por más que se es-

---

3. Esta crítica se debe a Bernard Williams. Véase J. J. C. Smart y Bernard Williams (eds.), *Utilitarianism: For and Against*, Cambridge University Press, Cambridge, 1973, pp. 93-100.

fuerce, detenerlo de ninguna otra forma. No hay ni que decir que matar a niñas pequeñas va en contra de cualquier acto tolerable para la Mujer Maravilla, pero el utilitarismo pediría que le quitase la vida a la niña porque, a todas luces, este acto conllevaría el mayor bien común. La Mujer Maravilla, según este punto de vista, estaría actuando de forma incorrecta si le perdonase la vida a la pequeña. Pero nuestra intuición nos sugiere justo lo contrario: estaría cayendo en un terrible error si matase a esa niña inocente. De nuevo, el utilitarismo emite un juicio que intuitivamente rechazamos.

Otro problema de la filosofía utilitarista se plantea en la cuestión de la justicia. En *The Joker: Devil's Advocate* («Joker: abogado del diablo»), Joker se encuentra en el corredor de la muerte.[4] Pero, ¡qué cosa!, lo han declarado culpable de un delito que, esta vez, no había cometido él. Todos podemos estar de acuerdo en que dejar que Joker muera a pesar de todo derivaría en un bien general mucho mayor que rescatarlo de esta extraña situación. Se evitarían así innumerables matanzas futuras por su parte, pero Batman sabe que Joker no es el responsable de este delito y tiene pruebas que pueden demostrarlo. ¿Dejará que Joker muera por un delito que no cometió? Los utilitaristas dirían que así debería ser, pero esto sería injusto a todas luces y nadie está obligado a cometer injusticias. Batman lo sabe y se niega a permitir que Joker, aunque sea su pesadilla más temible, sea ejecutado por una acusación falsa.

Queda aún otra cuestión que objetar al utilitarismo: que pone todo el énfasis en las consecuencias de las acciones. Una vez más, esto conduce a unos resultados nada intuitivos. Supongamos que el Duende Verde decide llamar la atención de

---

4. *The Joker: Devil's Advocate*, de Chuck Dixon y Graham Nolan, DC Comics, Nueva York, 1996.

Spider-Man aterrorizando a los peatones. Avanza a toda velocidad en su deslizador y descubre un blanco adecuado, que pasea por la Quinta Avenida. Echa el lazo a este hombre con un cable y lo atrae hacia la parte trasera del deslizador mientras barre la calle rápido como el rayo, de arriba abajo, sin parar de cacarear todo el rato. Resulta que el hombre es un lavaplatos infeliz, que va de camino al restaurante donde trabaja con la intención de vaciar el cargador de su revólver sobre un grupo de comensales desprevenidos. La acción del Duende no solo interrumpe este infame plan e impide que llegue a término, sino que, tras una experiencia tan traumática, aquel hombre trastornado abandona sus maquinaciones asesinas, destruye su arma y se matricula en un curso para aprender a controlar la rabia. Visto así, pues, el Duende Verde hizo algo que generó un bien global mayor que si hubiera dejado en paz a este hombre. Con su acción impidió que veinte vidas o más fuesen segadas. Entonces, ¿hizo lo correcto? Ateniéndose a su punto de vista, los utilitaristas se ven obligados a afirmar que sí, pero no cabe duda de que no es correcto. Llevarse a ese hombre a rastras por la Quinta Avenida con la intención de causarle un trauma y usarlo como anzuelo contra Spider-Man está mal, aunque al hacerlo se produzca sin querer un gran bien.

¡Yo hago el amor, y no la guerra!

Estas consideraciones demuestran que el utilitarismo se enfrenta a serios obstáculos a la hora de ofrecernos una teoría ética viable. Por supuesto, muchos filósofos de talento, partidarios del utilitarismo, han seguido desarrollando argumentos para responder a la clase de objeciones que hemos presentado aquí, pero los problemas que hemos destacado justifican, sin duda, que busquemos otro marco moral distinto en el que analizar nuestra pregunta de cómo deben actuar las personas dotadas de superpoderes. Por tanto, vamos a explorar en su lugar la principal alternativa disponible en la teoría moral: una postura ética de corte mayoritariamente no consecuencialista.

Las teorías «no consecuencialistas», haciendo honor a su nombre, niegan que el valor moral de una acción resulte determinado enteramente por sus consecuencias. El kantismo es la más famosa de estas corrientes y llega incluso a afirmar que las consecuencias de las acciones no importan en absoluto a la hora de determinar su valor moral. El gran filósofo Immanuel Kant (1724-1804) sostenía que nuestro deber fundamental es actuar de forma que satisfagamos lo que él llama «imperativo categórico», uno de cuyos principios afirma que siempre tenemos que tratar a las personas como fines en sí mismos y no como meros medios.[5] La idea comporta, más o menos, que siempre respetemos a las personas como si tuvieran un valor intrínseco y jamás las usemos para alcanzar nuestros propios objetivos, esto es, como si tan solo tuvieran un valor instrumental. Pero Kant también hizo hincapié en que realizar una acción ajustada al imperativo categórico no basta para convertirla en una acción buena. Un rasgo crucial es que la acción debe hacerse, además, por las razones correctas, es decir, uno debe hacerlo precisamente porque tiene el deber de hacerlo. En esta concepción, por tanto, nuestras intenciones son imprescindibles para el valor moral de lo que hacemos. Así pues, si una acción trata a las personas como fines en sí mismos y no como meros medios para conseguir

5. Kant, *Groundwork on the Metaphysics of Morals* (1785), Cambridge University Press, Cambridge, 1997, trad. de Mary Gregor. (*Fundamentación de la metafísica de las costumbres*, con los comentarios de H. J. Paton, Tecnos, Madrid, 2005, trad. de Manuel García Morente.)

otros fines, y si una persona realiza esta acción porque pretende cumplir con su deber actuando de tal modo que se trate adecuadamente a los demás, su acción es buena, independientemente de sus consecuencias.

La mayoría de los pensadores no consecuencialistas de nuestro tiempo no son kantianos estrictos, pero todos ellos parten del sistema de Kant, por lo que convendrá ver dónde nos lleva. Nuestra cuestión más inmediata es determinar qué tiene que decir una perspectiva no consecuencialista sobre las obligaciones de la gente superpoderosa. ¿Les exige que sean superhéroes, igual que el utilitarismo?

Para empezar a responder a esta pregunta, veamos una distinción importante que trazan algunos no consecuencialistas entre deberes positivos y negativos. El deber positivo es la obligación de hacer cosas que ayuden a los demás, como por ejemplo atender al enfermo o dar de comer al pobre. El deber negativo, por el contrario, nos obliga a no hacer aquellas cosas que puedan dañar a los demás, como por ejemplo mentir con malicia a un inocente o agredirlo; impone restricciones a lo que hacemos. Cumplir con los deberes positivos y negativos es una forma de darle cuerpo a la idea kantiana de tratar a las personas como fines en sí mismos, no simples medios. En particular, al cumplir con nuestros deberes positivos, tratamos a las personas como fines en sí mismos (les demostramos respeto) y, al cumplir con los negativos, no las tratamos como simples medios (nos abstenemos de usarlas). Y así como Kant hizo más hincapié en la importancia de no tratar a las personas como simples medios (antes que en la de tratarlos como fines en sí mismos), los no consecuencialistas que suscriben esta distinción entre deberes negativos y positivos ponen más énfasis en los negativos que en los positivos.

Para ver dónde nos lleva esto, supongamos que el Doctor Doom ha dejado a dos personas gravemente heridas de resultas de su ataque más reciente contra Los 4 Fantásticos. Reed Richards, también conocido como Mr. Fantástico, puede salvar sus vidas con uno de los muchos artilugios maravillosos que ha construido, pero estas pobres personas se hallan en tan mal estado que, para poder hacerlo, necesita determinados órganos internos vitales. ¿Es permisible, moralmente, que mate a un peatón que pasaba por allí y utilice sus órganos para curar a las víctimas de Doom? La respuesta de un utilitarista sería: no solo tiene permiso para matar al peatón sino que está obligado a hacerlo, puesto que, hallándose en igualdad todo lo demás, salvar las dos vidas supone un bien mayor que tomar una. Sin embargo, la intuición nos dirá, sin duda ninguna, que tal actuación de Reed Richards no sería en absoluto permisible. El no consecuencialista estará de acuerdo: como los deberes negativos son más fuertes que los positivos, se nos prohíbe cumplir con un deber positivo incumpliendo un deber negativo. Así pues, Mr. Fantástico no tiene permiso para violar el deber negativo de no matar a una persona inocente por mucho que con ello cumpla con el deber positivo de sanar a los heridos.

Un corolario importante de lo anterior es que los no consecuencialistas, a menudo, no priman una acción por encima de otra si resulta que no es posible realizar las dos, pero hacer una cualquiera de ellas cumpliría con algunos deberes positivos sin violar ninguno negativo. En una situación como esta, las dos acciones resultan permisibles. Con esto en mente, volvamos sobre el caso que había iniciado nuestro análisis. Si suponemos, como es plausible, que no se incumple ningún deber negativo tanto si Peter Parker elige ser Spider-Man como si decide no serlo, y suponiendo asimismo que las dos opciones le permitirán satisfacer algunos deberes positivos (por ejemplo, o bien ayudar a los demás haciendo el tipo de cosas que hacen los superhéroes o bien invertir sus energías en una investigación científica de utilidad médica), los no consecuencialistas concluirían que las dos opciones son permisibles.

Peter, por descontado, opta por ser Spider-Man. Si suponemos que lo hace con una intención correcta, los no consecuencialistas afirmarán también que no solo es una elección tolerable, sino también buena. Si hubiera elegido no ser Spider-Man, sin embargo, para ellos no habría hecho nada negativo. De hecho, si suponemos que tomara esta determinación contraria con una intención correcta, su decisión de no ser Spider-Man también podría haber sido buena.

Según esta perspectiva, optar por ser un superhéroe es un acto supererogatorio: queda más allá de la llamada del deber. Los no consecuencialistas, por lo tanto, no creen que los superpoderosos estén obligados a servir al mundo como superhéroes. Esto significa que, si Peter quiere colgar el traje para dedicarse a la ciencia y al amor de su vida, Mary Jane, está en su derecho de hacerlo, es algo permisible. Y si Clark Kent quiere prescindir de sus poderes para estar con Lois Lane —una decisión que debe afrontar en *Superman II*—, también resulta una decisión permisible.

Así es como debería ser. A fin de cuentas, pensamos que parte de lo que hace heroicos a los superhéroes es que no tienen que hacer, por obligación, lo que hacen. Pueden vivir una vida corriente, es algo permisible. El hecho de que elijan hacer lo contrario es lo que otorga mucho más mérito a sus acciones. La gran responsabilidad que conlleva un gran poder no es el deber de utilizar ese poder como superhéroe, sino, a lo sumo, la obligación de no hacer daño a los demás con un mal uso.

Aún nos queda una pregunta interesante, sin embargo. Aquellos que sí eligen adoptar el papel de superhéroe, ¿cómo deberían conducirse? Ya sabemos que es tarea de los superhéroes combatir el crimen, ayudar a los indefensos y proteger a la población de las perversas maquinaciones de los super-malvados. Los superhéroes persiguen este empeño noble con dinamismo y, en ocasiones, corren grandes riesgos. Pero a menudo también se comportan de modos que podrían no ser moralmente apropiados. Se trata de una cuestión que conviene explorar con más detalle.

Luché contra la ley y ganó la ley[*]

Una cuestión que vale la pena estudiar es cómo los superhéroes deberían interactuar con los departamentos responsables de hacer valer la ley cuando persiguen a los criminales. No hace falta decir que, en el mejor de los casos, hay una relación de conveniencia entre la mayoría de los justicieros enmascarados y los oficiales de policía que protegen la misma vecindad que los superhéroes. Batman, por ejemplo, aunque despierta mucha desconfianza en muchos miembros de la fuerza de policía de Gotham, tiene un aliado en el teniente (más adelante, inspector jefe) Gordon. De resultas de ello, puede colaborar con las autoridades para atrapar a los delincuentes. Pero aun así, sus métodos despiertan dudas.

Los oficiales de la policía de Gotham están limitados legalmente por ciertas reglas. Así, se les prohíbe registrar los domicilios ajenos sin la debida autorización legal, obtener información mediante tácticas de intimidación física y detener a nadie sin tener pruebas en su contra o sin leerles sus derechos. Pero Batman no es un oficial de policía. No se procura ninguna autorización judicial antes de irrumpir en la

---

[*] «I fought the law and the law won», verso de una canción pop de 1959, especialmente popularizada por The Clash, pero versionada por toda clase de grupos. (*N. de los t.*)

madriguera de los criminales, usa sin cesar la intimidación física para obtener información, detiene a menudo a los delincuentes sin tener pruebas legalmente suficientes en su contra y es obvio que no les lee sus derechos. ¿Debería hacer Batman todo esto?

Cabría decir que los procedimientos de Batman causan mucho bien. De esto no cabe duda. Pero según hemos aprendido con el análisis del utilitarismo, puede ocurrir que una forma de actuar produzca el mayor bien general y, aun así, resulte incorrecto actuar de ese modo. De hecho, de acuerdo con nuestro análisis del no consecuencialismo, parece razonable que los oficiales de policía estén obligados a actuar con determinadas restricciones porque la ley, en este caso, refleja nuestros deberes negativos. Así, tenemos el deber negativo de no irrumpir en casa ajena sin una buena razón, de no intimidar físicamente a los demás y de no arrestarlos sin causas justificadas. Actuar de otra forma no sería solo ilegal, sino también inmoral. Por ende, en ausencia de circunstancias que pudieran invalidar esos deberes (y la mayoría de no consecuencialistas mantienen que los deberes negativos pueden quedar invalidados en ciertas condiciones), Batman debería corregir sus tácticas de lucha contra el crimen. No solo él, esto vale para todos los superhéroes.

Pero esto podría suponer una auténtica conmoción. No será difícil sentir la tentación de argumentar que, así como se espera, razonablemente, que las personas superpoderosas asuman obligaciones especiales cuando eligen el camino superheroico, también obtienen privilegios especiales. A fin de cuentas, hay otras ocasiones en las que quienes adoptan otros papeles elevados en nuestra sociedad adquieren asimismo privilegios especiales. En la ciudad de Washington, por ejemplo, los miembros del Congreso no reciben multas de tráfico si incumplen las leyes de circulación cuando actúan en misiones gubernamentales oficiales. Los embajadores extranjeros cuentan con varias formas notables de inmunidad diplomática al arresto y la persecución legal. Así pues, quizá los superhéroes, dadas sus capacidades extraordinarias y su voluntad de asumir riesgos serios en la caza de los criminales, deberían quedar exentos de algunas de las leyes que constriñen la actuación de los oficiales de la ley corrientes y molientes.

Es una argumentación deficiente, por dos razones. En primer lugar, los oficiales de la ley también corren peligro en su empeño de combatir el crimen y ayudar a la gente. Así pues, esta no es una razón por la que los superhéroes merezcan obtener exenciones especiales; no, salvo que concedamos otorgárselas igualmente a la policía, algo que desde luego no nos parece deseable. Cabría justificar que la mayor libertad de los superhéroes frente a las limitaciones corrientes, en comparación con la policía, obedece a que los superhéroes poseen unos poderes especiales, de los que la policía carece. Pero el poder por sí solo no justifica un trato legal particular, porque se pretende que las leyes afecten por igual a los débiles que a los poderosos. En segundo lugar, lo que es aún más importante: los privilegios de los que se trata en estos casos no son meras excepciones a deberes legales, sino que eximen de los deberes morales. Y esta es una diferencia crucial.

Bien, reconozcamos que lo moral y lo legal no siempre coinciden. Cruzar la calzada sin atender al tráfico es ilegal, pero no inmoral, mientras que mentirle a un amigo es inmoral, pero no ilegal. A menudo, sin embargo, sí que coinciden lo moral y lo legal: asesinar es tan inmoral como ilegal. Si tenemos esto presente, la exención de algunas leyes podría resultar permisible si esas leyes no expresan nuestros deberes negativos (que, como se recordará, son nuestros deberes morales más importantes). La inmunidad a las multas de tráfico concedida a los miembros del Congreso de Estados Unidos en determinadas circunstancias es un ejemplo de esta clase, dado que liberar a esas personas de las leyes de circulación no las exime de cumplir con sus deberes negativos. Pero la exención no es permisible cuando la ley en cuestión afecta a deberes negativos relevantes. Y es así porque la esencia de los deberes negativos es que se aplican a *todas* las personas, independientemente de los roles que desempeñan en la sociedad. Según hemos acordado, las leyes que los oficiales de policía deben obedecer cuando persiguen a delincuentes y criminales son leyes que no reflejan sino sus deberes negativos: no solo es ilegal apalizar a un detenido en un interrogatorio, sino que también es inmoral. Así pues, aunque podría ser permisible eximir a Superman de las leyes que prohíben volar en determinadas zonas, o a Batman de las normas de circulación (el Batmóvil va ciertamente muy rápido), no es permisible eximirlos de las leyes que reflejan deberes negativos básicos.

Un tema relacionado tiene que ver con la responsabilidad de los superhéroes con respecto a las fuerzas de policía que intentan detenerlos. ¡Ay, pobre Spidey! Son muchas las ocasiones en las que malinterpretan su actuación y es acosado una y otra vez por la policía de Nueva York. En algunas ocasiones, solo pretenden interrogarlo, pero en otras, se ha emitido una orden de detención. En tales casos, Peter opta por escapar de la policía, con la creencia de que las acusaciones se retirarán cuando se haya capturado a los verdaderos culpables (tarea que entonces se propone realizar él mismo) o responden a un motivo político y, por tanto, acabarán cayendo por su propio peso en el momento oportuno. Bien, supongamos que está en lo cierto. Aun así, ¿es permisible que eluda su detención?

Actuar como Peter parece demostrar una actitud bastante caballeresca hacia el estado y la institución entera de la ley. Peter, como el resto de nosotros, es ciudadano de su país y, por lo tanto, se halla sujeto a su autoridad. Y, según argumenta con elocuencia Sócrates en el diálogo platónico *Critón*, todos nosotros tenemos el deber *moral* de someternos a esa autoridad.[6] Por descontado, hay circunstancias obvias en las que el deber queda anulado, como por ejemplo cuando las leyes del estado son inmorales o sus autoridades, corruptas. Pero Peter no elude la detención porque crea que la policía que lo persigue es corrupta o que las leyes que se le acusa de quebrantar son inmorales. Sabe que se le ha acusado erróneamente, pero este hecho, por sí solo, no autoriza a burlarse de las autoridades. En estas situaciones, su obligación parecería ser la de entregarse, ser detenido y buscar un medio de exoneración legal. Para ello, siempre puede recurrir a un gran abogado como Matt Murdock.

Sin embargo, hemos pasado por alto una respuesta destacada, disponible para los superhéroes como defensa de sus tácticas de evasión. Si se los capturara, lógicamente, se verían forzados a revelar su identidad secreta y los que deciden ser superhéroes tienen buenas razones para que el público en general no conozca sus identidades reales. Según ellos mismos señalan acertadamente, si sus enemigos supieran quiénes son en realidad, estos personajes malvados no vacilarían en aterrorizar, quizá incluso matar, a su familia y amigos, ya fuera por simple venganza o como palanca de bloqueo de la intervención superheroica. Así pues, si cedieran a las autoridades en aquellas situaciones en las que se los ha acusado con falsedad, no solo pondrían en peligro las vidas de las personas que aman, sino que estarían arriesgando asimismo la posibilidad

---

6. *The Collected Works of Plato*, Princeton University Press, Princeton, 1980, eds. Edith Hamilton y Huntington Cairns. (En castellano véase, por ejemplo, *Diálogos*, vol. 1: *Apología. Critón...*, Gredos, Madrid, 1981, trad. de J. Calonge Ruiz y otros; *Critón. El político*, Alianza, Madrid, 2008, trad. de Francesc Casadesús Bordoy.)

de seguir actuando como superhéroes. En este caso, las graves circunstancias que derivarían del hecho de que el mundo supiera que, por ejemplo, Peter Parker es Spider-Man, justifican que este se evada de la policía.

Es una posición perfectamente coherente con el no consecuencialismo, o, al menos, con sus variedades no kantianas (dado que el propio Kant no toleraba mentira de ninguna clase). Los no consecuencialistas, después de todo, no afirman que las consecuencias *nunca* importan a la hora de determinar si una acción es permisible o no, solo afirman que las consecuencias no son lo único que importa.

¡Pero si es solo una mentira piadosa!

El tema de las identidades secretas nos lleva hasta la última cuestión que deseamos examinar en estas páginas. Hemos constatado que los superhéroes tienen buenas razones para que la sociedad en la que viven no conozca sus identidades verdaderas, pero ¿cabe afirmar lo mismo de sus familias y amigos? No es habitual que los superhéroes les mientan directamente, a una pregunta suya, y finjan no haber asumido el papel que desempeñan, pero esto se debe en primer lugar a que ni familias ni amigos suelen dirigirles esa pregunta con claridad. Por el contrario, las personas que aman sí quieren saber con frecuencia dónde han estado y qué han estado haciendo. Aquí es donde los superhéroes eligen mentir a menudo y desarrollan otras estrategias engañosas (como no revelar la verdad de tal modo que se llegue a conclusiones erróneas, por ejemplo). Pero ¿es permisible que engañen a la misma gente a la que quieren más que a nadie?

Kant mantenía que el deber negativo de no mentir es absoluto e inviolable. No está tan claro si tenía la misma convicción con respecto a otras formas de engaño. Sea como fuere, la mayoría de no consecuencialistas adoptan una concepción más flexible. Es fácil imaginar casos en los que nuestro deber de no mentir se frustra por otras consideraciones. Pensemos en el caso de la bondadosa tía May. Peter teme que, si le dice que Spider-Man es él, le causará un daño irreparable. No sería capaz de asumir la noticia; antes al contrario, saber de las hazañas de su sobrino podría matarla de inquietud, literalmente. Ante una situación así, sin duda es permisible que Peter la engañe. Podríamos considerarlo un conflicto soluble entre dos deberes negativos: Peter tiene el deber de no engañar a su tía, pero también el de no causarle un daño físico grave. Intuitivamente, este último deber nos resulta más importante que el primero y, por ello, se le permite engañar a la adorable viejecita.

Pero hay otros casos de engaño que son menos claros. Clark Kent ama a Lois Lane. ¿Es permisible, entonces, que la mantenga en la ignorancia de su papel como Superman? (Prescindamos ahora del hecho de que, en *Superman II*, le revela que es el superhéroe, aunque al final de la película borra el recuerdo de esta identidad, sin molestarse en pedirle permiso antes de hacerlo. ¡Toma ya!) Clark podría argumentar que, si le contara la verdad a Lois, lo más probable es que sus enemigos terminaran conociendo su identidad secreta y, en consecuencia, la vida de ella estaría en peligro. ¿No razona del mismo modo Peter Parker cuando se justifica a sí mismo por qué no debe contarle a Mary Jane que él es Spider-Man? Así pues, Clark tiene el deber de no engañar a la mujer que ama, a la vez que tiene el deber de no poner la vida de ella en peligro. Este último deber es más importante que el primero, por lo cual se permite a Clark que no cuente a Lois la verdad sobre sí mismo.

Pero ¿acaso decirle a Lois que es Superman pondría la vida de ella en peligro?, ¿de verdad ocurriría así? Parece claro que, si fuese la sociedad la que conociera su identidad secreta de Superman, la vida de Lois correría peligro, pero ¿por qué iba a suponer la misma amenaza contarle la verdad a ella? Parece haber una suposición implícita e inquietante: que Lois no sabría guardar el secreto, que contárselo a ella sería equivalente a revelárselo al mundo. Peter parece llegar a la misma conclusión con respecto a Mary Jane. Sin embargo, no cabe duda de que habría que confiar más que eso en la discreción de las mujeres a las que nuestros dos superhéroes aman.

Tal vez, sin embargo, Clark y Peter puedan apuntar a otro perjuicio para justificar su engaño. Clark quizá conozca a Lois lo suficiente como para saber que, aun a pesar de la fachada de dureza y la valentía profesional, sencillamente se preocuparía demasiado por él si conociera su verdadera identidad. Mientras solo piense en él como el Clark Kent corriente, no tendrá que estar buscando kryptonita sin descanso cada vez que se encuentren ni preguntándose qué plan malvado estará tramando Lex Luthor en esta ocasión. Quizá Peter también desee ahorrar a Mary Jane la inquietud de temer que, una vez ha salido por la ventana, no volverá. La idea es que el deber de Peter y Clark de no causar un daño psicológico duradero a las personas que aman se impone al deber de contarles quiénes son en verdad, pero aunque la intención de este pensamiento sea buena, no se aguanta en pie. Clark y Peter actúan con un exceso de condescendencia cuando dan por sentado que las mujeres de sus vidas no podrían aprender a vivir con sus funciones superheroicas. No decirles la verdad supone no demostrarles el debido respeto que merecen como personas. Los superhéroes, por tanto, tienen el mismo deber, en estos casos, que todos nosotros: revelar a la gente que aman quiénes son en realidad.

Hemos visto que las personas superpoderosas se enfrentan a muchas cuestiones éticas y hemos hecho cuanto estaba en nuestra mano para sugerir algunas respuestas. Poseer un gran poder no les obliga a convertirse en superhéroes, pero, si una persona elige interpretar este papel, son muchas las responsabilidades que conlleva. Además de luchar contra el crimen y ayudar a quienes lo necesitan, nuestro superguardián también debe adoptar las mismas reglas que obligan a la policía y debería rendirse a su autoridad cuando convenga. Y, además, esa persona debe estar dispuesta a confiar la verdad a los que ama y le están más próximos. No hará falta decir que estos son solo un breve puñado de las muchas cuestiones a las que se enfrentan los superhéroes; y que nuestro análisis, como la mayoría de los ensayos filosóficos, a lo sumo habrá alcanzado conclusiones provisionales, pero es el máximo que deberíamos esperar. A fin de cuentas, ¡nosotros no somos superhéroes!

15

¿Por qué ser un superhéroe? ¿Por qué ser moral?

C. Stephen Layman

Querido lector, querida lectora: ¿le gustaría ser un superhéroe? ¡No responda demasiado rápido! Sin duda, hay algo muy atractivo en esos poderes especiales. A la mayoría nos encantaría sorprender a nuestros amigos, cazar a unos cuantos tipos malos, convertir este mundo en algo un poco más seguro y, de paso, hacernos famosos, pero es fácil que una reacción apresurada tienda a ser superficial. En estas páginas analizaré la pregunta de «¿Por qué ser un superhéroe?» usando aportaciones de la película original de *Spider-Man*. Sugeriré que, al final, esa pregunta en apariencia tan simple es en realidad una de la grandes preguntas clásicas de la filosofía, solo que disfrazada.

El problema de Spider-Man

La película *Spider-Man* retrata un mundo moral, lleno a rebosar del bien y el mal. Abundan desde los malos de poca monta hasta los seres malignos de categoría mundial, como el Duende Verde (Green Goblin). Desde el mismo principio de la película, los personajes del tío Ben y la tía May destacan como ejemplos claros de virtud moral, son gente honrada en la que se puede confiar, que se preocupa por los demás, con un sentido claro de lo que es correcto e incorrecto.

Cuando una araña genéticamente modificada pica al joven y estudioso Peter Parker, este adquiere poderes nuevos y asombrosos de la noche a la mañana. Empleará estos nuevos poderes para derrotar con facilidad al chulo del instituto, el atlético Flash Thompson, para asombro de sus compañeros de estudios. Casi de inmediato, siente la tentación de usar esos poderes para intereses puramente personales. Con la intención de comprar un deportivo con el que impresionar a Mary Jane, la chica de sus sueños, Peter participa en un concurso de lucha dotado con un premio de tres mil dólares. Vencerá el combate, pero el promotor del certamen solo le pagará cien dólares, tras afirmar, injustamente, que Peter ha vencido con demasiada rapidez. Peter protesta: «¡Pero es que yo necesito ese dinero!», a lo que el organizador replica: «Me he perdido la parte en que se dice que eso sea mi problema». Peter se marcha de allí frustrado. A los pocos momentos, un ladrón roba a mano armada al promotor y, en su huida, pasa justo al lado del joven «hombre araña». Peter comprende lo que está pasando, pero no hace nada para evitarlo y el ladrón se escapa con el dinero. El promotor del combate se dirige a él con furia: «¡Lo podrías haber detenido! ¡Se escapa con *mi* dinero!». Peter saborea entonces una venganza fría: «Me he perdido la parte en que se dice que eso sea mi problema».

Todo este incidente pone de relieve, con vivacidad, la clásica pregunta filosófica: «¿por qué ser moral?». ¿Por qué hacer lo correcto en un mundo donde los demás, a menudo, no lo hacen? ¿Por qué debería Peter ayudar al promotor del combate, que acaba de timarle dos mil novecientos dólares? ¿Por qué no usar sus poderes especiales solo cuando al hacerlo obtenga un provecho personal? ¿Por qué ser un superhéroe, sacrificarse y asumir riesgos en pro de los demás? ¿Cuál es la razón? ¿Dónde está la recompensa?

Por descontado, el tío de Peter, Ben, ya había formulado aquella frase memorable: «un gran poder conlleva una gran responsabilidad», pero ¿es así de verdad? A fin de cuentas, un gran poder conlleva una gran oportunidad de satisfacer todas las necesidades y los deseos, de forma que cabría reformular el lema: «un gran poder conlleva una gran satisfacción personal». Quizá la idea de ser un superhéroe pierde mucho de su atractivo si a más poder acompaña una carga proporcionalmente mayor de obligación moral. ¿Por qué iba uno a ser un superhéroe, empleando el poder propio para ayudar a los necesitados, cuando se podría vivir una *supervida* utilizando esos poderes en beneficio propio, de la familia y los amigos?

En cualquier caso, si decidimos aceptar que «un gran poder conlleva una gran responsabilidad», entonces la pregunta de «¿por qué ser un superhéroe?» parece ser una versión apenas disimulada de una de las grandes preguntas filosóficas de todos los tiempos: «¿por qué ser moral?». El superhéroe tradicional está comprometido, después de todo, con la defensa del bien y el combate contra el mal. Está entregado a lograr que la justicia se imponga a la injusticia y esta es la inquietud nuclear de la moral en su conjunto.

Spider-Man no solo plantea la cuestión de por qué ser morales sino que también apunta respuestas; al menos, dos. Quiero explorar estas posibilidades y también considerar algunas otras respuestas ofrecidas por los filósofos a lo largo de la historia.

Respuestas falsas

¿Hay buenas razones para ser moral? Las razones más fuertes que nos mueven a actuar de un modo antes que de otro, ¿favorecen siempre nuestro deber moral? La mayoría de la buena gente, normalmente, da por sentado que la respuesta es un «sí». Si encontramos extraña la conducta ajena pero luego nos convencemos de que esa persona estaba cumpliendo con su deber, nos sentimos satisfechos de que, a la postre, su conducta fuera plenamente racional. Los teóricos de la ética también suelen partir de que las razones más fuertes favorecen que cumplamos con nuestro deber. A fin de cuentas, la institución de la moralidad carece de la autoridad de la razón si las causas más poderosas *no* favorecen siempre que hagamos lo que debemos. Los seres humanos, por lo general, parecemos tener una tendencia a creer que las razones más poderosas o preponderantes siempre apoyan hacer lo que la moral nos requiere.

Por esta tendencia, algunos filósofos han optado por definir las «razones morales», sencillamente, como «razones más poderosas o preponderantes», pero esta, desde luego, no es una definición que figure en ningún diccionario y la vinculación entre la razón moral y la razón más poderosa no se antoja necesaria, ya que bien podemos imaginar situaciones en las que las razones morales no parecerán ser las más fuertes. Veamos una situación imaginaria, sin duda cogida por los pelos, con la mera intención de establecer el principio: ¿qué ocurriría si, de algún modo, *supiéramos* que existe una Divinidad tan todopoderosa como maligna, que se complace en castigar a las personas moralmente virtuosas con una eternidad de pesadilla, mientras que recompensa a los que son moralmente perversos con la felicidad perpetua? En una situación como esta, literalmente *desmoralizadora*, parece evidente que las razones morales no serán las más poderosas. En estas condiciones, el más simple interés personal aconsejaría evitar el castigo eterno de esta Divinidad maligna y ello, es de suponer, se impondría a cualquier razón contraria que uno pudiera tener, partidaria de ser moral.

Naturalmente, lo que interesa conocer es la situación del mundo real, del mundo en el que vivimos. En particular, queremos saber si la razón más poderosa para actuar de un modo o bien de otro apoya siempre la realización de aquellas cosas que, tradicionalmente, se ha entendido que eran moralmente buenas o correctas. Por ejemplo, ¿impulsan siempre las razones más fuertes a contenerse de matar, robar, cometer adulterio o castigar al inocente? ¿Nos mueven siempre las razones más fuertes a mantener nuestras promesas, actuar con justicia y ayudar a quien sin duda lo necesita (cuando la moralidad nos dice que deberíamos hacer esas cosas)? Si la respuesta fuera «no», entonces hay ocasiones en las que cumplir con el deber moral sería irracional o irrazonable, en el sentido de que actuar como debemos comportaría haber actuado según las razones más débiles en una situación en la que había otras alternativas. Y si en ocasiones las razones más poderosas han apoyado la realización de acciones morales, el sistema de la moralidad tradicional, tomado en su conjunto, quedaría en entredicho. En ese caso, ciertamente, ¿por qué querríamos ser morales?

Razones para ser morales

La narración de *Spider-Man* nos ofrece razones para ser morales. La primera de ellas tiene que ver con las consecuencias de no ser moral. Volvamos a la escena del ladrón que acaba de robar una bolsa de dinero al promotor del combate. Peter podría haber bloqueado con facilidad la huida del ladrón y haberlo atrapado y, sin duda, esto habría sido lo correcto, pero no lo hizo. Y es comprensible: está muy enfadado con el organizador, que le ha timado, y cede al deseo de venganza y permite que se imponga al deber moral. El ladrón escapa y roba un coche, pegando un tiro a su propietario y causándole la muerte. El conductor resulta no ser otro que el amado tío de Peter, el tío Ben. Esta secuencia narrativa nos propone una razón para ser morales. Llamémosla «Razón Uno»:

El sintagma «consecuencias negativas» es muy vago, lo admito, así que le sacaré algo más de punta. Si las consecuencias negativas son menores (como un tirón de orejas, ya sea literal o figurado), no proporcionarán una razón suficientemente buena para ser moral. Así pues, las consecuencias negativas deben ser *compensatorias*, es decir, deben ser más que suficientes para compensar lo que obtendríamos al no cumplir con nuestro deber. Además, estas consecuencias negativas no deben limitarse a las que sean negativas desde el punto de vista meramente *moral*, como por ejemplo una pérdida de integridad moral. Antes bien, deben implicar tipos de sufrimiento o pérdida que desearíamos evitar incluso si no tuviéramos el más mínimo interés en la moralidad. En suma, la Razón Uno nos dice que, en términos generales, nunca progresaremos en nuestro interés personal mediante la realización de actos moralmente incorrectos.

Por desgracia, la Razón Uno es discutible por al menos dos razones. En primer lugar, parecen existir casos en los que, por mucho que uno incumpla su deber moral, no ocurrirán consecuencias negativas compensatorias. Considérese el siguiente caso:

El caso de la señora Pobretti, que vive a unos pocos kilómetros de Peter y su tía May. La señora Pobretti ha vivido desde hace muchos años en una situación de gran pobreza. No se muere de hambre ni le falta dónde vivir, pero solo puede satisfacer las necesidades básicas. Ha intentado salir adelante una y otra vez, trabajando con denuedo, pero en vano. Surge la oportunidad de robar una buena cantidad de dinero. Si la señora Pobretti lo coge y lo invierte con prudencia, podrá obtener muchas cosas deseables que la miseria le ha denegado: por ejemplo, estudiar en la universidad para conseguir un trabajo que la recompense personalmente y se pague bien. El dinero robado puede resolver asimismo otros problemas, tales como deudas cuantiosas, un alojamiento que no cumple ni los mínimos, calefacción insuficiente en invierno, transporte azaroso, imposibilidad de pagarse ni vacaciones ni actividades de ocio, etcétera. Además, si robara el dinero, lo más probable es que nunca la atrapen y ella lo sabe. Por otro lado, también sabe que la persona propietaria del dinero está muy bien situada y apenas resultará perjudicado por el robo. Añadamos que, en este punto, la señora Pobretti cree —y no le falta razón— que, si no toca este dinero, es muy probable que continúe viviendo en la miseria para el resto de sus días. En suma: cree que se enfrenta a una elección entre dos posibilidades, robar el dinero o quedarse en su terrible situación hasta el día de la muerte. La señora Pobretti tiene el deber moral de no robar el dinero y, no obstante, si lo robara no parece que hubiera consecuencias negativas compensatorias.[1]

Esta historia pone de manifiesto un segundo problema de la Razón Uno: parece haber casos en los que, si uno cumple con

1. Tomo prestado el caso, en lo esencial, de un artículo mío, «God and the Moral Order», publicado en *Faith and Philosophy* 19:3 (julio de 2002), pp. 304-316. A lo largo de todo el capítulo utilizaré ideas clave que desarrollé inicialmente en ese capítulo. De paso aclaro que el caso presentado aquí no presupone que robar sea *siempre* incorrecto. La mayoría de moralistas concederá que robar resulta moralmente permisible en casos extremos: por ejemplo, supongamos que (a) tengo un hijo que morirá si no recibe un tratamiento médico muy caro y (b) solo robando puedo obtener el dinero que necesito para pagar ese tratamiento. Sin embargo, el caso presentado aquí no contiene estos elementos tan extremos.

su deber moral, las consecuencias en la propia vida serán más negativas que positivas, considerándolo todo. A fin de cuentas, si la señora Pobretti opta por la solución más moral y no roba el dinero, lo más probable es que continúe con una vida de miseria desesperada. ¿Qué parte de las consecuencias de ser moral podría compensar eso? Aparentemente, nada.

El caso de la señora Pobretti apunta un principio general: «Si entran en conflicto la prudencia (el propio interés) y el deber moral, y si los resultados de comportarse con inmoralidad son relativamente menores mientras que los de comportarse con imprudencia son graves, las razones morales no se imponen a las razones de prudencia». Y, dado este principio, la Razón Uno ya no parece ser una respuesta adecuada a la pregunta de por qué ser moral. Incluso si ser moral es algo que, a menudo o habitualmente, redunda en nuestro propio beneficio, el caso que hemos examinado sugiere que ser moral no siempre beneficiará nuestro propio interés.

Así pues, la Razón Uno no convence por completo, pero *Spider-Man* nos sugiere al menos un razón más para ser morales. En el medio de un combate feroz con el Duende Verde, Spider-Man queda paralizado temporalmente por un aerosol químico. En ese estado de parálisis, el Duende Verde lo interroga y, en tono desdeñoso, le exige saber las razones que hay detrás de su superheroísmo: «A pesar de todo lo que has hecho por ellos, al final te odiarán. ¿Por qué el esfuerzo?». Spider-Man, aunque está desesperado y en estado de agonía, replica:

RAZÓN DOS: Porque es lo correcto.

Si lo referimos a la pregunta más general —¿por qué ser moral?—, esto equivaldría a responder: «Porque ser moral está bien, es lo correcto». Sin duda puede parecer demasiado simple, pero algunos grandes filósofos, tales como Immanuel Kant (1724-1804) y F. H. Bradley (1846-1924), se lo han tomado muy en serio. La idea básica es esta: no podemos hacer que la gente cumpla con su deber apelando a su interés personal, porque si hacen lo correcto por razones de mero beneficio, no están actuando de un modo verdaderamente moral. Tenemos que hacer lo correcto porque es correcto, no porque haya alguna clase de recompensa que nos interese.

Esto parece reflejar la motivación aparente de la mayoría de los superhéroes. Spider-Man no sale a proteger a la gente por motivos de interés personal. Tampoco la hacen Daredevil, la Mujer Maravilla, Flash o Linterna Verde. Los superhéroes clásicos desempeñan esa labor porque creen que es bueno hacerlo así, no porque piensen que les reportará beneficios y ventajas personales.

Sin embargo, está bastante claro que la Razón Dos no proporciona una respuesta definitivamente satisfactoria a la pregunta de por qué ser morales. Sin duda, hay que hacer lo correcto porque es correcto y no solo para obtener una recompensa propia, concebida con estrechez de miras, pero ¿qué ocurriría si se diera el caso de que tuviéramos razones más poderosas para hacer lo incorrecto, lo moralmente malo? Entonces, hacer lo correcto sería irracional. Y resultaría desmoralizador vivir en un universo en el que solo siendo irracionales podríamos ser plenamente morales. Así pues, aunque debemos hacer lo correcto porque es correcto, también debemos asegurarnos de que, al actuar así, no estamos siendo irracionales.

Bien, no perdamos la orientación. Comencemos por comparar las Razones Uno y Dos con algunas otras razones ofrecidas por figuras destacadas de la historia de la filosofía; más en concreto, Platón y Aristóteles. A la pregunta de por qué debemos ser morales, Platón respondió como sigue:

RAZÓN TRES: Cumplir con el deber es la única forma de tener armonía en el alma. (Hoy diríamos, quizá, tener la conciencia tranquila.)

Según Platón, el alma de una persona consta de raciocinio, apetitos y la fogosidad. En el raciocinio, la parte racional, se incluye la conciencia, esa facultad o capacidad interior por cuyo medio sabemos, en la mayoría de situaciones, qué es correcto y qué incorrecto. Los apetitos son deseos sensuales, la satisfacción del cuerpo con cosas tales como la comida, la bebida y el sexo. Mediante la fogosidad, somos competitivos, tenemos ganas de luchar y esforzarnos. Para Platón, el raciocinio (y por tanto, la conciencia) debe gobernar el alma, porque si no, el alma quedará desordenada y carecerá de armonía. Así pues, la armonía del alma (la tranquilidad de conciencia) solo serán posibles si somos morales.[2]

La respuesta de Platón quizá funcione para algunas personas de moral muy recta. Como estas personas tienen una conciencia bien formada, se sienten muy culpables cada vez que incumplen los dictados de su conciencia, quizá hasta se flagelan a sí mismos sin descanso por infracciones morales relativamente menores. Tras la muerte de su tío Ben, Peter Parker parece haber desarrollado más sensibilidad a lo que le dice su conciencia. Al igual que muchos otros superhéroes, cada vez que se siente atraído hacia la idea de abandonar sus responsabilidades, el remolino interior de una conciencia de culpa termina por devolverlo a la buena senda. Peter no puede sentir armonía en su alma salvo cuando sale a hacer el bien en el mundo.

2. *Republic*, trad. de G. M. A. Grube, Hackett, Indianapolis, 1974, pp. 98-104. (En castellano, véase por ejemplo Platón, *Diálogos, vol. IV: República*, Gredos, Madrid, 2000, trad. de Conrado Eggers Lan, especialmente 440a y ss.)

Para poner a prueba la respuesta de Platón, sin embargo, debemos considerar dos tipos de casos. Primero, debemos pensar en aquellas personas que carecen de una formación moral fuerte, gente despreocupada, que no parece enfocar la vida desde una perspectiva predominantemente moral. Pensemos en el compañero de instituto de Peter Parker, Flash Thompson, o en otros tantos estudiantes, inmersos en diversiones superficiales. No está claro que estos tipos solo consigan la paz de ánimo cumpliendo con el deber en todo momento. Para ellos, la tranquilidad anímica se consigue, al parecer, relegando a la conciencia a una función relativamente menor. En segundo lugar, debemos pensar en aquellos casos que ponen a prueba incluso a las personas de moralidad estricta. Por estricto que uno sea, desde el punto de vista moral, ¿nunca cede a la tentación, en toda su vida? Quizá en algún momento manejan el dinero con egoísmo o no se atreven a hacer lo correcto cuando hacerlo sería peligroso o muy impopular. En fin, a todos nos ha pasado, en un momento u otro, y no es algo que nos haga sentir orgullosos, pero tampoco nos vamos a lapidar para siempre. Nos perdonamos a nosotros mismos y continuamos adelante con la vida y, de esta forma, logramos una tranquilidad de conciencia bastante notable. Así pues, no está nada claro que la respuesta de Platón funcione de verdad.[3]

Algunos teóricos morales, como Aristóteles, explican la moralidad haciendo hincapié en los rasgos de carácter, virtudes y vicios, antes que en el deber. Las virtudes incluyen rasgos tales como ser sabio, justo, moderado y valiente. Entre

---

3. Mis comentarios sobre las razones éticas de Platón tienen una deuda contraída con Peter Singer, *Practical Ethics*, Cambridge University Press, Londres, 1979, pp. 201-220. (*Ética práctica*, Ariel, Barcelona, 1984, trad. de Marta I. Guastavino, 1988; Cambridge University Press Cambridge, 1995, 2003, trad. de Rafael Herrera, y Akal, Madrid, 2009.)

los vicios se cuentan algunos rasgos como ser insensato, injusto, inmoderado o cobarde. Desde el punto de vista de Aristóteles, la buena vida, para los seres humanos, es la que se vive de acuerdo con la virtud.[4] Esta concepción ética apunta la siguiente razón para ser moral:

> RAZÓN CUATRO: La virtud es su propia recompensa, es decir, poseer un carácter moral bueno (poseer las virtudes) es, necesariamente, un beneficio mayor para uno que cualquier beneficio que pudiera obtener a expensas del carácter moral bueno.

Bien, yo no pongo en duda que la virtud moral sea un beneficio para quienes la poseen. Sin embargo, la sugerencia de que la virtud *perfecta* es *necesariamente* un beneficio tan grande que compensa por entero cualquier pérdida que pudiera comportar, a mí, me parece poco plausible. Veamos el siguiente experimento breve:

El extraño caso de Norm Osborne y Arachnid-Girl
Imaginemos que Norm Osborne es un individuo de moral dudosa al que, curiosamente, la gran mayoría considera un modelo de virtud. Es admirado por la mayoría de la gente, es muy próspero, lo aman su familia y sus amigos y disfruta enormemente de la vida. Por el contrario, Arachnid-Girl, la Chica Arácnida, es una imitamonos —o imitaarañas— que ha intentado emular a Spider-Man en todo lo que hace. Imaginemos que es una persona de virtud

---

4. *The Ethics of Aristotle: The Nichomachean Ethics*, Penguin, Londres, 1953, trad. de J. A. K. Thomson. Para una perspicaz colección de ensayos sobre la ética de la virtud, véase Roger Crisp y Michael Slote (eds.), *Virtue Ethics*, Oxford University Press, Oxford, 1997. En el ensayo introductorio, los editores comentan que «cabe interpretar que Aristóteles afirmaba lo siguiente: en la vida, no hay *nada* que valga la pena, salvo el ejercicio de las virtudes» (p. 2). (*Ética nicomáquea*, Gredos, Madrid, 2000, trad. de Julio Pallí Bonet.)

genuina: honrada, justa y pura de corazón. Por desgracia, debido a la astucia de algunos enemigos, la inmensa mayoría la considera un personaje extraordinariamente perverso, de inteligencia diabólica y peligrosísimo. Una acusación falsa la ha encerrado en la cárcel de por vida. Incluso sus amigos y su familia, convencidos de su culpa, le han dado la espalda. Su vida en la cárcel es solitaria y deprimente, no le ofrece ninguna recompensa.[5]

¿A cuál de estos dos personajes le va mejor? ¿Quién se siente más realizado? Desde luego, al parecer, el más feliz es Norm Osborne, no la virtuosa Arachnid-Girl. Téngase en cuenta que, incluso si la virtud es valiosa por sí misma, no es *lo único* de valor. En particular, también la libertad es muy valiosa. Supongamos que un guardia corrupto acepta liberar a Arachnid-Girl si (pero solo si) comete un acto moralmente incorrecto. Quizá, por ejemplo, puede ayudar al guardia a encubrir una injusticia que este ha cometido, no una injusticia que haya causado un daño terrible sino una que le costaría el trabajo, si se llegara a conocer. (Supongamos que ha incurrido en favoritismos indebidos hacia prisioneras que le caen bien.) Bien, no cabe duda de que, en lo que respecta al interés de Arachnid-Girl a largo plazo, en esta clase de caso le convendría actuar inmoralmente. La elección, como en el caso de la señora Pobretti, es aproximadamente entre una resistencia moral que perpetúa de por vida la miseria y las dificultades y una única acción que es inmoral, pero no causa ningún perjuicio grave. Así pues, no *necesariamente* parece cierto que las recompensas de la virtud perfecta compensen las recompensas de actuar inmoralmente; tampoco parece

5. Este caso teórico se toma, en lo esencial, de Richard Taylor, «Value and the Origin of Right and Wrong», en Louis Pojman (ed.), *Ethical Theory: Classical and Contemporary Readings*, Wadsworth, Belmont, 1989, pp. 115-121.

necesariamente cierto que exhibir una virtud perfecta sea lo más conveniente para el interés personal a largo plazo. Así pues, la idea de que «la virtud es su propia recompensa» no es en sí misma una respuesta convincente para la pregunta de por qué ser moral.

La cuestión, a más largo plazo

Hasta ahora, nuestro análisis ha esquivado algunas de las preguntas más hondas que los filósofos se formulan en ocasiones con respecto al gran cuadro de la vida en este mundo. En particular, aún no hemos tocado un tema que muchos filósofos del pasado han considerado relevante —más que eso, crucial— para las preguntas que dan título a este capítulo. Me refiero a la posibilidad de una vida posterior a la muerte, un tema que, por otro lado, se aborda a menudo en los relatos de superhéroes. Desde varias perspectivas filosóficas y religiosas, esta idea ha interpretado un papel de primer orden en las respuestas a la pregunta de por qué ser moral. Podemos dar una versión genérica de su respuesta:

RAZÓN CINCO: Ser moral siempre compensa, a la larga, cuando «a la larga» incluye la vida después de la muerte.

La concepción tradicional del teísmo —creencia en un Dios perfecto— suele aceptar la Razón Cinco. Un Dios perfectamente bueno, es evidente, no organizaría un orden moral que, a la postre, penalice la acción moral y la virtud. Y un Dios todopoderoso es capaz de levantar a los muertos, resucitarnos y proporcionarnos una vida más allá de la muerte. Así pues, aunque ser virtuoso no siempre compense en esta vida terrenal —ni a Peter Parker, ni al lector, ni a cualquier otra persona—, si existe un Dios como este, entonces ese mismo Dios se asegurará de que nadie resulte castigado por haber sido virtuoso, a la larga, entendiendo que «a la larga» incluye la vida posterior a la muerte. Además, desde la perspectiva teísta, actuar con inmoralidad es un pecado, pecar es distanciarse de Dios y alejarse del Creador de todas las cosas nunca es una buena inversión para el interés personal. En suma: si existe un Dios todopoderoso y de bondad perfecta, a largo plazo nunca nos compensará, a nadie, ser inmorales.

Las doctrinas orientales de la reencarnación y el karma también suponen refrendar la Razón Cinco. Según la teoría de la reencarnación, después de la muerte el alma entra en otro cuerpo, de forma que uno vive una vida tras otra; una vida después de la muerte, pero no en los cielos sino en la Tierra. Y de acuerdo con la doctrina del karma, el grado de virtud moral determina las circunstancias que se vivirán en la vida siguiente: *cuanto más virtuoso sea uno en esta vida, mejores serán las circunstancias que hallará en la nueva vida.* Por tanto, desde esta perspectiva, ser moral siempre compensa, a la larga, mientras que al inmoral le ocurre lo contrario.

Obsérvese que la Razón Cinco es muy similar, de hecho, a la Razón Uno, que sugería la narración de *Spider-Man*. Las dos nos indican que ser moral compensa, a la larga, con la diferencia de que la Uno, según se había formulado, no hace referencia a la vida después de la muerte. Nótese también que los casos de la señora Pobretti y Arachnid-Girl no aportan razones para rechazar la afirmación de la Razón Cinco. En el peor de los casos, esta clase de situaciones solo demuestran que las acciones inmorales pueden compensar, en ocasiones, en esta vida terrenal, es decir, en un plazo relativamente breve.

Ahora bien, por descontado, nada nos obliga a aceptar forzosamente la Razón Cinco. Tenemos dos opciones más, en este punto. (1) Podríamos aceptar, sencillamente, que las razones de actuación más poderosas no siempre apoyan que cumplamos con nuestro deber moral. Es una idea, sin duda, muy inquietante para la persona de moral seria, y puede inducir a «cubrirse las espaldas» apostando por varias opciones al mismo tiempo que la moralidad requiera un sacrificio de calado. (2) Podríamos revisar, simplemente, el código moral, de modo que sea menos exigente, para que nunca requiera que hagamos nada que no favorezca nuestro interés personal *en esta vida*. De nuevo, es una idea muy inquietante para la persona de moral seria y puede conducir a un alejamiento muy sustancial de la moralidad tradicional. Además, está claro que Peter Parker, el tío Ben y la tía May nunca seguirían ese camino. Tampoco deberíamos hacerlo los demás, según creo. Así pues, si nos tomamos en serio la vida moral, probablemente creeremos que las razones más poderosas siempre favorecen el cumplimiento de nuestro deber moral, entendiendo el «deber moral» de un modo netamente tradicional. Probemos a seguir adelante, en consecuencia, suponiendo que las razones más fuertes siempre favorecen la actuación moral en un sentido tradicional, y veamos hasta dónde nos lleva.

Superhéroes, deber y el panorama más amplio posible

Como hemos visto, la quinta de las razones para ser moral —la afirmación de que la conducta moral siempre compensa, a largo plazo, e incluyendo en esto la vida después de la muerte— parece ser la única de las razones examinadas que subraya nuestra creencia en la plena racionalidad de la moral (con lo cual las razones más poderosas siempre favorecen el cumplimiento de nuestro deber moral). La Razón Cinco, no obstante, parece requerir unas posiciones metafísicas de gran calado, concepciones sobre la naturaleza última de la realidad, ya sean teístas o de combinación de la reencarnación y el karma. También cabe combinar el teísmo y la reencarnación, como de hecho ocurre en ciertas formas de hinduismo. Pero el teísmo y la doctrina de la reencarnación también se consideran hipótesis enfrentadas, en ocasiones, y algunas religiones orientales, como ciertas formas de budismo, aprueban la reencarnación pero no el teísmo. En las páginas finales de este artículo quiero argumentar que cualquier forma de reencarnación que rechace el teísmo se socava a sí misma.

Si se diera que la reencarnación y el karma son ciertos en ausencia de toda Divinidad, entonces se colegiría que el universo no solo está gobernado por leyes físicas (tales como la ley de la gravedad) sino también por leyes morales impersonales. Estas leyes morales tendrían que ser muy complejas, puesto que deberían regular la conexión entre el registro moral de cada alma en una vida y las circunstancias totales de esa alma en su vida posterior, incluida la clase de cuerpo que posee y el grado de felicidad (o tristeza) que experimenta. En consecuencia, estas leyes deberían tomar en cuenta de un modo u otro todos los actos, todas las intenciones y todas las decisiones de todos los agentes morales, y garantizar que cada agente recibe en su vida posterior ni más ni menos que su exacto merecido. Ahora bien, el grado de complejidad y coordinación implicado aquí no solo es extraordinariamente elevado, sino que además es una complejidad que *sirve a un fin moral*: a la justicia. Esta complejidad difícilmente podría aceptarse como un hecho animal. Un orden extremadamente complejo que *sirve a un fin moral* es un fenómeno que solo puede explicarse haciendo referencia a una causa inteligente. Y si el orden es de una escala que supera de lejos lo que cabe atribuir de forma razonable a la inteligencia humana, parece todo punto justificado apelar a una inteligencia divina. Así pues, el orden moral postulado por la reencarnación ateísta estaría proporcionando una prueba —paradójicamente— de la existencia de Dios.[6]

Todos los superhéroes tienen una historia interesante sobre su origen. Deseamos saber de dónde proceden sus superpoderes y cómo empezó su misión. Lo que quiero sugerir con esto es que si un universo físico como el nuestro posee en efecto un orden moral de enorme complejidad, ello sería una prueba de que el universo también debería contar una historia muy interesante sobre su origen, que comportaría una gran inteligencia, poder e inquietud moral. En otras palabras, es plausible suponer que esta historia comenzaría con algo similar a un Dios.

De una idea a otra

La película *Spider-Man* es extraordinariamente entretenida, al par que interesante desde el punto de vista filosófico. Nos formula la pregunta: «¿por qué ser un superhéroe?», pero si quedamos de acuerdo en que «un gran poder conlleva una gran responsabilidad», la pregunta inicial es una versión apenas disfrazada de una de las preguntas filosóficas más clásicas: «¿por qué ser moral?». *Spider-Man* no solo pone sobre la mesa esta pregunta sino que además ofrece algunas respuestas fascinantes y no poco verosímiles. Al final, he sugerido que esas respuestas no son completamente adecuadas por sí solas y que, para conseguir una respuesta adecuada, parece ser que se nos impulsa en la dirección de afirmaciones metafísicas en gran escala. Esto es parte de la fascinación perdurable de la filosofía: ir topando con vinculaciones entre ideas

6. La idea central de este párrafo se toma de Robin Collins, «Eastern Religions», en Michael J. Murray (ed.), *Reason for the Hope Within*, Eerdmans, Grand Rapids, 1999, p. 206.

que, en principio, podían parecer separadas por miles de kilómetros. Al igual que Spider-Man, que pasa de un edificio a otro con un movimiento de oscilación, cuando nos movemos con lógica de una idea a otra podemos encontrarnos con que, a la postre, topamos con algo tan sorprendente como importante.

¿Querría el lector ser un superhéroe? Dada la reflexión del tío Ben sobre el poder y la responsabilidad, se trata, desde luego, de una pregunta cargada. Para ser un superhéroe, uno debería ser superresponsable, es decir, debería adoptar responsabilidades proporcionales a la ampliación de los poderes. ¿Sería racional asumir toda esa responsabilidad? ¿No resulta interesante que, para poder responder a esa pregunta, uno se enfrente a algunas de las preguntas cósmicas más impresionantes? Por ejemplo: ¿favorece la realidad, en última instancia, al bien o al mal? ¿Hay vida después de la muerte? ¿Existe Dios? La manera como respondamos a estas preguntas puede ser más importante de lo que quizá se nos había ocurrido pensar, en relación con el modo de vivir nuestra vida, tanto si somos un superhéroe como si no.

16

Superman y *Kingdom Come*: la sorpresa de la teología filosófica

FELIX TALLON Y JERRY WALLS

Pretendemos hacer algo un poco diferente, algo que se saldrá un poco del camino trillado: proponemos hablar de teología filosófica a través de la interacción con un superhéroe de cómic particularmente famoso. Para algunos lectores, quizá, cualquier clase de reflexión teológica podría resultar completamente innecesaria en un análisis de los superhéroes; una intromisión inoportuna, como cuando la policía irrumpe en una fiesta desatada o cuando un pedante sin humor te corrige la pronunciación mientras estás contando un chiste. Pero el teólogo filosófico y el autor de cómics no necesariamente son incompatibles.

Por una parte, es obvio que los dos campos están muy interesados en las cuestiones éticas. Las cuestiones de vida y muerte inquietan por igual al filósofo, al predicador y al justiciero de la capa. En segundo lugar, tanto la teología cristiana en particular como los cómics en su conjunto comparten, en ocasiones, algunos personajes que son iguales en sus respectivos elencos. El diablo, por ejemplo, aparece en la Biblia, en el universo Marvel y en la serie *Spawn*, de Todd McFarlane, entre muchos otros lugares. Hay demonios en uno y otro contexto, e incluso los ángeles hacen alguna aparición fugaz, pero importante, en ambos mundos.

Como tercer e interesante punto de contacto específico —y punto especialmente relevante para nuestro propósito—, el superhéroe clásico Superman, en particular, ofrece muchas semejanzas con la figura central del cristianismo, Jesucristo. Como es sabido, los dos creadores originales de la historia de Superman, Jerry Siegel y Joe Shuster, eran ambos judíos y hace tiempo que se han señalado paralelos entre Moisés y Superman. Pero como los cristianos ven a Moisés como imagen que prefigura la de Cristo, no debería sorprendernos descubrir más paralelos cristianos. Tanto Superman como Jesús llegan a la Tierra en extrañas circunstancias. Kal-El fue enviado por su padre desde el planeta Krypton, que estaba a punto de explotar, hasta el Medio Oeste de Estados Unidos —hasta Smallville, en Kansas, según sabremos— a bordo de un cohete. Cristo, por su parte, fue enviado por su Padre desde el cielo hasta el Medio Oriente —a Belén, en concreto— como nacido de una virgen por mediación del Espíritu Santo. Así pues, ambos comparten unos asombrosos relatos de advenimiento y una dinámica paralela de ciudadano-extranjero. Superman es tanto un extraterrestre venido de otro planeta como un chico de granja típicamente estadounidense, convertido en periodista en una gran ciudad. Según las afirmaciones de la teología tradicional, Jesús es tanto un salvador venido de otro reino como un chico judío de una ciudad menor, convertido en famoso predicador itinerante, que es a un tiempo plenamente humano y plenamente divino. Quizá lo más relevante sea que los dos son los únicos capaces (cada uno a su manera) de ayudar a sus contemporáneos de a pie.

Podríamos continuar con estas semejanzas todo el día, pero bastará con decir que la teología filosófica comparte suficiente terreno común con el mundo de los superhéroes como para que podamos desarrollar una conversación interesante, según confiamos en demostrar. Más específicamente, deseamos tratar de *escatología*, la rama de la teología que se ocupa de las cosas últimas o los resultados finales. En otras palabras, la escatología toma en consideración cuestiones de enorme relevancia, que sin duda inquietarán e importarán a cualquier persona reflexiva. ¿Hacia dónde van las cosas, en última instancia? ¿Qué pasará al terminar el día? ¿Cuál es el destino último de la humanidad, más aún, del cosmos en su conjunto? ¿Hay vida después de la muerte? ¿Existe una justicia definitiva o la esperanza de justicia no es nada más que un sueño utópico y vacío?

Esta es la clase de preguntas que formula, de un modo fascinante, uno de los cómics más conocidos jamás escritos, la novela gráfica de DC *Kingdom Come*.* Centraremos en esta novela nuestro diálogo entre la teología filosófica y el mundo de los superhéroes.

El trasfondo de *Kingdom Come*

El sintagma «Kingdom come» («Venga tu reino») se toma del Padre nuestro, la oración que Jesús enseñó a sus discípulos. Entre otras cosas, esta oración dice: «Venga (a nosotros) tu reino, hágase tu voluntad, así en la tierra como en el cielo». Este «tu» se refiere a Dios Padre y el concepto de «venga tu reino» se interpreta con frecuencia de dos modos complementarios. En el primero, se concibe el reino como la realidad presente del reinado de Dios en el mundo, según vemos en la persona y el ministerio de Jesús. En el segundo, se trata de una realidad futura, cuando el reino de Dios abarcará la Tierra entera, tras la segunda venida de Cristo.

La novela *Kingdom Come* se sitúa en la segunda interpretación del sintagma: se ocupa de los días oscuros del futuro

* Traducida al castellano con este mismo título. (*N. de los t.*)

de la Tierra y está repleta de alusiones al libro del Apocalipsis, el último libro de la Biblia. El Apocalipsis también describe días oscuros pero concluye con una visión esperanzada de la segunda venida de Cristo y su reinado eterno. En *Kingdom Come*, sin embargo, se trata de la segunda venida no de Cristo sino de Superman.

La historia, narrada de un modo soberbio con las palabras de Mark Waid y las ilustraciones de Alex Ross, empieza en el futuro, pasadas algunas décadas. Son muchos los superhéroes —Superman, Wonder Woman (la Mujer Maravilla), Aquaman, Green Lantern (Linterna Verde) y Hawkman (Hombre Halcón)— que se han retirado de la lucha contra el crimen y viven vidas de relativo aislamiento. La antigua Liga de la Justicia se ha disuelto y su lugar ha sido ocupado por una nueva generación de superhéroes crueles. Lo que es peor: estos nuevos superhéroes no parecen tener demasiado interés ni en proteger la vida inocente ni en apoyar la libertad. El narrador de la novela gráfica —un hombre religioso, un pastor ya entrado en años—, describe a estos nuevos superhéroes como inspirados por las *leyendas* de la antigua Liga de la Justicia, «aunque no su *moral*». Según este narrador, los nuevos héroes «ya no luchan por el bien. Luchan por luchar». La sólida y robusta moralidad de antaño ha sido sustituida por un drama posmoderno de juegos de poder superheroicos. Incluso la guerra de Batman contra la injusticia se ha tornado tiránica, puesto que ahora gobierna en Gotham City mediante el miedo. En otras palabras: el mundo necesita, con urgencia, héroes que no solo sean poderosos, sino también bondadosos.

El estado de ánimo imperante entre los héroes de antaño, ya retirados, es que su misión ha fallado. Superman, Aquaman y otros sienten que el mundo se ha vuelto mucho más brutal y, por tanto, las viejas formas de luchar contra el crimen ya no se aplican. Al comenzar la novela, vemos a Superman refugiado en su Fortaleza de la Soledad. Allí ha recreado su antigua vida en la granja, con la intención de olvidar el mundo real. Wonder Woman viene a hablar con él, para sacarlo de su escondite, pero él se niega a dejarse animar. La fe en la cruzada por la justicia ha quedado destrozada.

El dilema de Superman, por descontado, no es nada nuevo. Ante la injusticia en gran escala y omnipresente, son muchas las personas que comparten el sentimiento de desilusión y desesperanza. Elliot S. Maggin, escritor de la novelización de *Kingdom Come*, ahonda en esta situación de penalidad compartida. En este día y este tiempo nuestro, dice Maggin, «todo hombre es un superhombre». Esto comporta que el dilema de Superman es el de todos nosotros. Cualquiera de nosotros, cuando nos enfrentamos a la injusticia y el padecimiento, podemos desanimarnos por completo, hasta caer en la apatía. Así pues, deberíamos examinar con más detalle la situación de Superman y, al hacerlo, formular preguntas sobre la obligación humana de combatir la injusticia, así como de nuestras expectativas de victoria.

Esperanza, obligación y el cuadro general

Al comenzar la historia, Superman está profundamente desanimado, no cree que esa victoria pueda ser posible y se ha aislado en la Fortaleza de la Soledad, preguntándose por qué debería esforzarse por salvar un mundo que se preocupa tan y tan poco de la justicia real. ¿Qué podría animar a Superman y moverlo a actuar? Cuando Wonder Woman se encara con él, intenta despertarlo de la parálisis diciéndole que «debe plantar cara». Pero este uso de la palabra «debe» pone sobre la mesa una pregunta de gran calado. ¿Está Superman *obligado* a retomar la lucha, es eso verdad? ¿Cabe decir, en algún sentido, que en efecto *debe* responder a los argumentos de Wonder Woman?

La forma en que respondamos a esta pregunta dependerá de cómo concibamos el universo, y esto incluye cuál sea nuestra escatología. Para decidir sobre lo que es correcto e incorrecto, lo que está bien o mal, y tomar decisiones sobre la obligación, debemos considerar cuestiones más profundas relacionadas con nuestras creencias sobre el cuadro más general de la vida. A este respecto, debemos tener en cuenta, al menos, dos concepciones del mundo evidentes y opuestas. Podríamos ir más allá, pero estas dos representan las líneas principales de las concepciones del mundo disponibles y deberían bastar para nuestro propósito en estas páginas.

Una es la concepción que ya he mencionado brevemente, el marco de ideas que ha imperado en Occidente durante la mayor parte de los dos últimos milenios: la concepción del mundo del teísmo cristiano. El teísmo cristiano afirma, sencillamente, que existe un Dios que ha creado el universo intencionadamente, que más tarde entró en esta creación en la persona de Cristo y que dirigirá el futuro de todo ello hacia una adecuada culminación moral y espiritual. La segunda concepción del mundo es la principal de las filosofías contrarias, una que cabe hallar en los tiempos antiguos pero que ha ocupado un lugar mucho más corriente en los últimos doscientos años: la concepción del naturalismo. El naturalismo afirma, a grandes rasgos, que en el universo no actúan fuerzas sobrenaturales, solo naturales. Así pues, no hay Dios, ni nada similar a Dios, que pueda crear el mundo natural o intervenir en él. Todo lo que existe es materia en movimiento, gobernada por leyes naturales.

Es interesante observar que el naturalismo posee su propia escatología, una narración del resultado final de las cosas muy distinta de la que cabe hallar en el teísmo cristiano. Para ver esto, podemos reflexionar sobre un momento a propósito de la famosa declaración de naturalismo que hizo el distinguido filósofo británico del siglo XX Bertrand Russell:

Que el hombre es el producto de causas que no habían previsto el fin que estaban logrando; que su origen, su crecimiento, sus esperanzas y miedos, sus amores y sus creencias, no son sino el resultado de disposiciones accidentales de átomos; que ningún fuego, ningún heroísmo, ninguna intensidad de pensamiento y sentimiento puede preservar la vida de una persona más allá de la tumba; que todas las obras de todas las épocas, toda la devoción, toda la inspiración, toda la brillantez radiante del genio humano están destinadas a la extinción en la vasta muerte del sistema solar y que todo el templo de los logros del hombre debe, inevitablemente, ser enterrado entre los escombros de un universo en ruinas: todas estas cosas, aunque no libres por completo de disputa, son sin embargo tan próximas a la verdad que ninguna filosofía que las niegue puede confiar en perdurar. Solo dentro de la estructura de estas verdades, solo sobre la firme base de una desesperación a ultranza, puede alzarse con seguridad la morada del alma.[1]

La escatología del pasaje es, sin duda, sombría: todo lo que apreciamos terminará «enterrado entre los escombros de un universo en ruinas», incluyendo, lo que no es poco relevante en estas páginas, el heroísmo. Todo está destinado a la ruina, ¡todo lo que amamos, incluido el maravilloso mundo de DC Comics! ¿Cabría mayor desesperanza? Lo que un filósofo como Russell formuló con tanta elocuencia hace unas déca-

---

1. Bertrand Russell, «A Free Man's Worship», en *Why I Am Not a Christian*, Allen and Unwin, Londres, 1957, p. 107. (En castellano puede leerse por ejemplo en *El credo del hombre libre y otros ensayos*, Cátedra, Madrid, 1996, trad. de Pepa Linares.)

das es una concepción que han expuesto asimismo muchos cosmólogos contemporáneos: el destino último de todo el cosmos es sombrío, es la desolación y la destrucción. El sistema del mundo en el que todos vivimos está destinado a continuar expandiéndose para siempre y seguirá disolviéndose y desintegrándose en el proceso hasta que todos sus soles se extingan y todas sus formas de vida hayan muerto.

Pesimismo y moralidad

La concepción del mundo naturalista, con su escatología lúgubre, abunda en implicaciones morales. En primer lugar, obsérvese que, según ella, todos somos el producto de causas que no tenían conciencia de lo que estaban produciendo. En otras palabras, detrás de nuestra existencia no hay una intención racional última, no hay ninguna razón que lo abarque todo y explique por qué estamos aquí, nuestra presencia en el universo carece por completo de propósito. En el sentido más profundo, nuestra existencia es accidental. En consecuencia, no hay ninguna clase de modelo ni guía sobre cómo deberíamos vivir o qué deberíamos hacer con nuestras vidas. Y el hecho de que todo vaya a terminar en un mal fin, sea como sea y vivamos como vivamos, no puede decirse que proporcione ninguna clase de inspiración moral. La única base sobre la que levantar nuestro edificio es la «desesperación a ultranza» y es inútil pretender otra cosa. Se trata de una desesperación cósmica, que va más allá del comprensible desánimo que sintió Superman frente a la persistente injusticia en esta vida. Aun así, a pesar de esto, Russell creía estar viendo algo hermoso en el hecho de reconocer la tragedia última de la vida y pensaba que la gente sensible podía hallar, en la belleza de esta tragedia, una motivación suficiente para perseguir ciertos valores morales en sus vidas.

Por descontado, esta no es la única explicación de la motivación moral que cabe hallar entre los naturalistas. Otra alternativa interesante que atrae a muchos naturalistas contemporáneos procede del campo de la sociobiología. Dos defensores notorios de esta perspectiva son el conocido biólogo de Harvard E. O. Wilson y el filósofo Michael Ruse. Wilson y Ruse reconocen que el naturalismo no apoya las fundamentaciones tradicionales de la obligación moral. No obstante, afirman que la evolución nos ha programado para sentir que estamos obligados a hacer lo correcto. En realidad, sin embargo, no nos hallamos ante esa obligación objetiva. De hecho, Wilson y Ruse han escrito:

En un sentido importante, la ética tal cual la entendemos es una ilusión que nos han encajado los genes para obligarnos a cooperar. Carece de fundamento externo. La ética es producto de la evolución, pero ello no la justifica, porque, al igual que la daga de Macbeth, sirve a un propósito poderoso sin existir en sustancia.[2]

Según el esquema naturalista de las cosas, esta ilusión resulta útil porque motiva a los individuos a sacrificarse a sí mismos en servicio de la comunidad mayor. Pero obviamente, aquí hay un gran problema potencial. Si lo que mueve a una acción moral o sacrificada es, de hecho, ilusorio, ¿existe alguna buena razón para seguir nuestra conciencia, una vez que hemos visto a través de la ilusión? ¿La daga ilusoria seguirá

2. Michael Ruse y Edward O. Wilson, «The Evolution of Ethics», en James E. Huchingson (eds.), *Religion and the Natural Sciences: The Range of Engagement*, Harcourt Brace, Fort Worth, 1993, p. 310. (En castellano se ha traducido otro título relacionado de Ruse: *¿Puede un darwinista ser cristiano?: la relación entre ciencia y religión*, Siglo XXI de España, Madrid, 2007, trad. de Eulalia Pérez Sedeño y Eduardo de Bustos. Para la daga shakespeariana, véase *Macbeth*, II, I, 33 y ss: «¿Es acaso una daga lo que veo ante mí...?».)

siendo eficaz de un modo u otro, una vez descubrimos que es ilusoria?

De acuerdo con Wilson, lo que el naturalismo ha descubierto es que no hay Dios ni ninguna otra fuente o base sobrenatural de la moralidad. No cuenta cómo se ha descubierto eso ni ofrece ningún argumento riguroso para que pensemos de este modo, pero aun así todavía podemos establecer lo que el autor cree que se deriva de ello. Si no hay Dios, no hay garantía de que el mal terminará siendo castigado y el bien triunfará. Si el naturalista está en lo correcto, no hay reino venidero en el que Dios vaya a arreglarlo todo, no hay cielo ni infierno y no hay nada después de la muerte, salvo la extinción de la conciencia y un silencio definitivo y universal.

Ideas como las de cielo e infierno pueden parecer estrategias de amedrentamiento de una catequesis ya anticuada, pero en realidad la noción de una vida de ultratumba ha desempeñado un papel esencial en la fundamentación de la moral en Occidente, hasta hace muy poco tiempo. Esto no solo es cierto con respecto a la teología occidental, sino también de la línea central de la filosofía. Uno de los ejemplos más notables se halla en la obra de Immanuel Kant, cuya filosofía moral ha ejercido una enorme influencia en el pensamiento occidental. Kant defendía que la moralidad no tiene sentido racional si no suponemos la existencia de Dios y la inmortalidad, de una vida eterna posterior a la muerte. Si existe un Dios perfectamente bueno y poderoso, podemos confiar en que, al final, la virtud recibirá su recompensa y el mal, su castigo. Solo si tenemos esta clase de fe y seguridad moral en el resultado último de las cosas podemos evitar la desesperación que nace de temer que nuestro empeño moral quizá no valga la pena y quizá, de hecho, resulte a la postre plenamente vano.

El naturalismo carece por entero de una base *equivalente* para la moralidad. Sin duda, el naturalista puede saber que la evolución lo ha programado para reaccionar de un modo moral y seguir actuando a menudo de acuerdo con esos sentimientos. Quizá lo haga porque le parezca lo correcto o para evitar la desaprobación social. Ahora bien, si se trata de sentimientos y reacciones producidos por fuerzas ciegas que actúan en nuestra mente y están asociadas con creencias que consideramos falsas, ¿es esto suficiente?

Es evidente que Superman —y también todos nosotros, esperemos— creció en la clase de hogar en la que se le enseñaba a desear hacer lo correcto. Y en la mayoría de las situaciones cotidianas corrientes, a todos nos resulta apropiado ser morales. Hacer lo que está bien puede ayudarnos a ser más estimados o a conseguir objetivos importantes y puede acrecentar mucho nuestro sentimiento de satisfacción personal. Pero cuando nos hallamos ante una exigencia moral muy difícil o un deber particularmente costoso, creo que cualquiera de nosotros sopesa si realmente está *obligado* a hacerlo. Cuando uno se enfrenta a un peligro grande (como en la guerra o una emergencia), hay mucho más en juego que la estima de los otros o la satisfacción personal. Cuando está en riesgo la vida, la base última de la moralidad adquiere una importancia crucial y, al parecer, el naturalismo no puede ofrecer una base profunda para la moralidad.

Concepciones del mundo, valores y superhéroes

En un universo naturalista, ¿de dónde procedería alguna clase de moralidad objetiva? ¿Cuál podría ser la fuente de una verdadera estructura moral en el mundo? Partículas subatómicas, campos de fuerza y cuerdas de energía multidimensionales no generan obligaciones ni deberes de acuerdo con ninguna ley natural remotamente plausible. En un universo naturalista, no habría ningún fundamento metafísico para los principios morales, no habría base para ninguna distinción objetiva y real entre el bien y el mal y, por ende, no podría haber ninguna justificación para una distinción creíble entre lo que denominamos justicia y lo que concebimos como injusticia. Son consecuencias aleccionadoras de la concepción del mundo naturalista, que, sin duda, elevan la altura de lo que contaría como razón suficiente para creer que es una concepción verdadera. Si la verdad del naturalismo dispusiera de pruebas constatables o si, de algún modo, alguien hubiera «descubierto» que el naturalismo es verdad, nos veríamos forzados a aceptar estos corolarios espeluznantes de sus principios y aprenderíamos a vivir con la revolución pertinente en nuestras creencias y juicios normales. Pero sin una razón buena y convincente para creer que es cierto, podemos adoptar la fuerza de nuestros juicios e intuiciones morales corrientes como prueba de que es una concepción de la realidad inadecuada.

Así pues, si el naturalismo fuera cierto, los seres como Superman no tendrían ninguna obligación real de combatir el mal y la injusticia, en parte porque ni siquiera existirían, en realidad, la injusticia, la perversidad moral ni nada semejante; y en parte porque no habría obligación ninguna relativa a nada. Sin embargo, es posible que alguien que se encuentre en la piel de Superman pudiera decir: «¿Y a quién le importa si realmente *debo* combatir el mal o no? ¡Quiero hacerlo y lo voy a hacer!». A una persona así, la mayoría de nosotros le ofreceríamos la gloria. No obstante, una resolución así, por encomiable que pudiera ser, parece hacer caso omiso deliberado de algunos hechos básicos del universo. Sitúa a gran altura el sentimiento moral de la empatía por los otros, desde luego, y se complace en el deseo de ser útil, pero al mismo tiempo, rebaja la importancia de la verdad. Si en definitiva no hay base moral última para las distinciones morales, entonces no hay auténtica verdad en llamar a una cosa «bien» y a otra «mal». El deseo anunciado de «combatir el mal» no tendría fundamento en una verdad sobre los valores. Y esto no es poco problemático, dado que la mayoría de las personas desea afirmar con el mismo vigor la moralidad y la verdad. Si ahora regresamos por un momento al enfrentamiento inicial entre Wonder Woman y Superman, es llamativo que, al instar a Superman a encarar el mal, ella dice: «Te diré dos palabras. Veamos si te suenan. Verdad y justicia». ¡Verdad y justicia! ¿Hay acaso alguna otra palabra más estrechamente relacionada con el Hombre de Acero? ¿Hay algo más próximo a su corazón que la verdad y la justicia?

Pero en este punto debemos responder a algunas preguntas fundamentales. ¿Cuál es la relación entre verdad y justicia? ¿Existe en verdad una distinción real entre bien y mal, entre justicia e injusticia? ¿Es *verdad* que la justicia terminará por imponerse o la verdad es más triste y no ocurrirá así? Por decirlo con otras palabras, ¿la verdad y la justicia están coaligadas entre sí de forma que ambas acabarán por reinar sin oposición? ¿O al final sus caminos se separarán, de modo que la idea de una justicia última es tan solo otra ilusión?

Estas preguntas son variaciones sobre uno de los grandes temas en la historia de la filosofía: ¿cuál es la relación entre verdad, belleza y bondad? La mayoría de los filósofos clásicos creían que las tres cualidades iban juntas, estaban estrechamente relacionadas y se apoyaban unas a otras. De hecho, algunos pensadores, como Sócrates, incluso defendieron que son solo una y la misma cosa. Muy al contrario, uno de los rasgos distintivos de la filosofía posmoderna es el escepticismo sobre todo esto. De hecho, este fue un tema central en el pensamiento de Friedrich Nietzsche, el padrino del posmodernismo. Veamos por ejemplo este comentario: «Para un filósofo, decir "Lo bueno y lo bello son uno" es una infamia;

si además añade: "Y también lo verdadero", uno debería darle una paliza. La verdad es fea».[3]

La noción de que la verdad está enfrentada con la bondad y la belleza crea dilemas serios, si nos vemos obligados a elegir entre ellos. Lo mismo si hablamos de la verdad y la justicia. Si fueran cosas opuestas, ¿qué elegiríamos? ¿Creer en la justicia, aunque no sea verdad que pueda resultar auténticamente posible o pueda acabar triunfando, o aceptar la verdad de que no existe justicia última y hay que ceder en el empeño moral? El naturalismo, según parece, nos hace encarar un dilema tan descorazonador como este.

La consecuencia práctica del naturalismo es que quizá hallemos pocas razones poderosas para luchar contra lo que nos resulta injusto, sobre todo cuando nos enfrentemos al supuesto mal que podría poner en peligro nuestra vida. La verdad de la cuestión es que creer que no existe justicia última entra en oposición directa con cualquier motivación fuerte que pudiera impulsarnos hacia el sacrificio frente a lo que parece maligno. Ante un punto de vista naturalista, habrá momentos en los que lo que creemos verdad y lo que consideramos justicia entrarán en conflicto en las decisiones que debemos tomar. Si resistirse al mal podría acortar la propia vida y, por lo tanto, poner fin a cualquier placer o goce disponible en este mundo, entonces, ¿para qué el esfuerzo? Si uno sabe que no habrá castigo último ni cualquier otra clase de sanción para los que cometan injusticias no detectadas, ¿a qué molestarse? Si el universo es esencialmente injusto o si en última instancia no existen cosas tales como la justicia o la injusticia, el bien o el mal, en la naturaleza fundamental de las cosas, entonces, ¿por qué hacer ni el más mínimo sacrifi-

3. Véase Damon Linker, «Nietzsche's Truth», *First Things* n.º 125 (agosto-septiembre 2002), p. 52.

cio real? Tal es el dilema que crea el naturalismo en relación con la moralidad.

Una base teológica para el superheroísmo

Aquí es donde el teólogo desearía apuntar una solución para el dilema. Como parece que el naturalismo introduce una cuña entre la verdad y la justicia o, en otras palabras, entre nuestro *sentido* de obligación moral y la *explicación* de ello, propongamos un sistema que explique el sentido moral *y además* ofrezca una fundamentación sólida para la obligación moral. Por decirlo sencillamente: una concepción metafísica de la realidad que otorgue un espacio real a los principios morales y las distinciones objetivas entre el bien y el mal, junto con una escatología que permita desarrollar un sistema apropiado de recompensa y castigo. Eso resolvería la tensión.

La concepción del teísmo cristiano, evidentemente, afirma esto mediante su idea de un Creador personal, moralmente implicado, y su doctrina de cielo e infierno, así como con su anticipación del regreso de Cristo. Para algunos, esta clase de concepción del mundo puede antojarse similar a creer en Zeus, los elfos de Santa Claus o el Ratoncito Pérez, pero la mayoría de los grandes filósofos de Occidente (incluidos Agustín, Tomás de Aquino, Anselmo y, más adelante, incluso Descartes y Kierkegaard, entre muchos otros) la habrían tenido por una concepción perfectamente plausible, provista además de una escatología muy seria. Quizá todavía podamos reformular estas ideas de un modo aún más simple. Lo que afirman en lo esencial las doctrinas del cielo, el infierno y la segunda venida de Cristo es que la estructura fundamental de la realidad es tal que existe una diferencia entre el bien y el mal, y en consecuencia, entre justicia e injusticia; que las decisiones morales tienen consecuencias definitivas a largo plazo y que, al final, la justicia triunfará. Son doctrinas que nos proporcionan una base real para afrontar las decisiones morales difíciles. Nuestro sentido moral no es una pura ilusión. Los impulsos morales no son plenamente irracionales. Desde una concepción del mundo cristiana, uno es capaz de comprender de dónde proceden los decretos o las leyes morales (de la perfecta naturaleza moral de Dios) y también es capaz de ver por qué debemos obedecerlas (para alinearnos con el plan de un Dios que nos ama). Mientras el cristiano está siendo plenamente racional o intelectualmente virtuoso (pues si cree en esta concepción del mundo o en cualquier liberación particular de la conciencia no es sabiendo que se trata de un error), puede confiar plenamente tanto en la verdad como en la justicia.

Sin embargo, aún podría merodear por los alrededores otro problema intelectual. Además de preguntar por la verdad del cristianismo (una buena pregunta, que sin embargo no es el tema central de este artículo), uno puede preguntarse si creer en la justicia última no podría servir para *desmotivarnos* en la lucha contra el mal. Elliot Maggin, en su introducción a *Kingdom Come*, parece sugerir algo similar. Según escribe:

> En la historia que el lector tiene en sus manos, Mark Waid y Alex Ross nos dicen que nuestra respuesta adecuada a la inexorable marcha del progreso que nos ha traído hasta este lugar y tiempo en la historia de la civilización es hallar una manera de enfrentarnos a ella con responsabilidad. No con modestia. No con timidez. *No poniendo la fe en un poder superior al nuestro que descienda del cielo para arreglar las cosas...*

La interpretación de Maggin tiene su interés. Parece decirnos que la fe en un poder mayor nos conduce bien a la acción irresponsable, bien a la inacción frente al mal, pero ¿es de verdad así?

Volviendo a la situación de Superman, preguntémonos: ¿qué ocurriría si Superman creyera en la existencia de un poder superior al suyo propio, que al final situaría todas las cosas en su justo lugar? ¿Impediría esto —o lo cohibiría, al menos— al Hombre de Acero desempeñar su labor de lucha contra el mal? Bien, es posible imaginar ciertas situaciones en las que saber que un poder mayor que el nuestro arreglará las cosas podría ser un factor de desmotivación. Situar toda nuestra fe, de forma exclusiva, en que la policía o el gobierno resolverán los problemas y corregirán las injusticias podría hacernos sentir liberados y que ni siquiera prestáramos atención a las cosas que deberíamos estar haciendo en nuestros propios barrios y con nuestros recursos de tiempo y energía, pero cuando se trata de un ser supremo, la situación es bien distinta. La teología cristiana, así como la teología judaica clásica que a ella subyace, ha sostenido habitualmente que los humanos sí interpretan un papel crucial en impedir o resistirse al mal presente y, más aún, que los seres humanos tienen la responsabilidad —seria y vinculante— de hacerlo así. Dios no solo actúa directamente para realizar su voluntad, sino que, en el transcurso y desarrollo de la historia, es característico que actúe a través de agentes humanos que se esfuerzan por promover lo justo y verdadero. La idea es que Dios nos ha creado para que seamos co-creadores del bien junto con él. Formamos parte de una sociedad y nos corresponde trabajar en nuestro reino para hacer real la justicia que está a nuestro alcance; de lo que está fuera de nuestra mano, se encargará ese poder que es superior a nosotros. El poder de Superman es inmenso, pero ni siquiera él es omnipotente. No todo está en su mano; pero aun así, como todos nosotros, tiene el deber de hacer cuanto pueda aun cuando sepa que el triunfo último de la verdad y la justicia queda más allá de su alcance y su responsabilidad. En otras palabras: todos nosotros estamos claramente bajo la obligación de trabajar para defender la verdad y la justicia, aun reconociendo que no nos corresponde garantizar la verdad y justicia en todas las cosas.

Esto nos lleva hasta otro beneficio proporcionado por toda escatología que prometa la justicia final: un fundamento objetivo de la esperanza. Tanto en la situación de Superman como en la de Batman, según se describen en *Kingdom Come*, vemos los problemas propios de haber perdido la esperanza. En lo que respecta a Superman, su problema es evidente y comprensible: frente a tanta injusticia y siendo él tan solo un hombre —aunque de condición superior—, desespera y flaquea en su misión. Batman ha quedado afectado de otro modo. En el principio de la historia, lo vemos gobernando Gotham City con mano de hierro. En las calles patrullan sus «Batcaballeros», que despiertan el miedo sin cesar en los corazones tanto de los ciudadanos honrados como de los delincuentes y criminales. En pocas palabras, su empeño justiciero ha terminado siendo tiránico. También él sabe que es tan solo un hombre y, por ello, porque desea la justicia, cree que debe buscarla con medios extremos.

Parece que ambos casos podrían resolverse con una concepción del mundo que dejara lugar a un sentido sólido de una esperanza real y bien fundada. Si uno cree que la justicia posee una fuerza sobrenatural última y que a la postre aquella se impondrá, esto no solo puede animarnos a emprender la acción, sino también a reconocer limitaciones morales objetivas y genuinas en todo cuanto iniciamos. En *Kingdom Come*, tanto Superman como Batman topan con las limitaciones propias de ser tan solo un hombre y reaccionan de formas opuestas, aunque igualmente negativas. La esperanza de una justicia última puede actuar como corrector en los dos casos, favoreciendo el empeño humano de hacer justicia por medio de la esperanza moral y, al mismo tiempo, proporcionando límites por medio de la contención moral.

Por ello, nos resulta sorprendente que Elliot Maggin, en su introducción a *Kingdom Come*, crea que la narración nos impele a enfrentarnos a la injusticia sin ninguna fe en la existencia de un poder superior al nuestro. En efecto, parece que la esencia del relato de superhéroes clásico es muy similar al núcleo del relato religioso tradicional. Los dos hacen hincapié, cada uno en su nivel, en la importancia de una esperanza en poderes superiores a los nuestros, esperanza que nos mueve a actuar y sostiene nuestra acción, aun cuando en ocasiones puede parecer fútil. Según nos han invitado a comprender todos los grandes filósofos, las cosas de este mundo, con frecuencia, no son lo que parecen. Una concepción del mundo teológica como la del teísmo cristiano nos ofrece una forma de articular esto que da sentido a nuestras inclinaciones y nuestros sentimientos morales más profundos.

Esperanza y desafío humano

El beneficio de la esperanza en un poder superior se ve con toda claridad en *Kingdom Come*. Después de su enfrentamiento, Wonder Woman deja a Superman sin que sus preguntas hayan encontrado respuesta. El lector carece de indicios relativos a que Superman pueda volver a luchar contra el crimen. Una docena de páginas más adelante, sin embargo, el anciano predicador que actúa como narrador del libro contempla cómo dos equipos de «superhéroes» feroces luchan uno contra otro. Se da cuenta de que el mundo se encuentra en una condición terrible y se vuelve hacia su guía espiritual, el Espectro, para decirle: «Si alguien de nosotros va a sobrevivir... ¡Necesitamos esperanza!

Justo entonces, claro está, se levanta viento y vemos una mancha roja. Alguien dice: «¡Mirad!», y otro: «¡Allí, en el cielo!». Superman ha regresado: combatirá el crimen, lucirá sus mallas, aportará esperanza. La narración avanza y otros superhéroes siguen el camino de Superman y se reincorporan a la lucha. Cuando se agrupan, el mundo se sacude la honda desesperación. En palabras del narrador: «Un mundo hambriento de esperanza está entregando sus miedos a los cielos». La esperanza en un poder superior anima a la persona corriente en la lucha contra el mal. El simbolismo teológico de Superman se extiende incluso a casa cuando el escritor de *Kingdom Come*, más adelante, sitúa al Hombre de Acero en las escaleras de la ONU y un espectador lo saluda como «la segunda venida de Superman».

Así pues, mientras que el dilema de Superman es como el nuestro, en cierto sentido, también cabe decir que, como su poder es enorme, representa a la vez algo distinto. La historia del superhéroe no es una *mera* magnificación del dilema humano sino que puede ser también una adaptación de la historia de la intervención divina. En sus dudas y preguntas, así como en su poder esperanzador, Superman muestra la necesidad humana de fe en un poder superior. Ambas caras de la historia pueden hallarse asimismo en las facetas divina y humana de Jesucristo.

Una de las escenas finales de *Kingdom Come* se desarrolla en una iglesia, donde el narrador de la historia, el predicador Norman McCay, recibe su carga final. Ha sido testigo de toda la historia de *Kingdom Come* gracias a la asistencia del Espectro. Cuando este se marcha, le dirá: «Bien, Norman, has visto a los titanes caminar sobre la Tierra sin perder su paso. Quizá te pareces más a ellos de lo que crees. Existes para dar *esperanza*». El filósofo teísta asiente efusivamente. Una escatología sobrenatural, como la que hemos esbozado, hace exactamente lo que el Espectro afirma del predicador, o Superman, y más aún: proporciona la posibilidad verdadera de una esperanza sin restricciones, en contraste con una escatología naturalista erigida sobre unos cimientos de desesperación a ultranza. Más aún, esta clase de escatología nos permite mantener unidas, de un modo coherente, la esperanza y la verdad, así como la responsabilidad individual y la creencia en la justicia última. Es un gran fruto para una concepción del mundo y, sin duda, se trata de una concepción del mundo que nos puede ayudar a conseguir grandes frutos.

Cuarta parte

Identidad y metafísica del superhéroe

17

Cuestiones de identidad: ¿es «el increíble Hulk» la misma persona que Bruce Banner?

Kevin Kinghorn

Imagine que es usted un juez en San Francisco y preside un juicio penal. En fecha reciente, la ciudad tuvo un sobresalto que la paralizó. Una fuerza asombrosa había arrasado el centro de la ciudad, dañando coches, tranvías, líneas eléctricas y varios edificios. El acusado en ese juicio es Bruce Banner, contra el que se han presentado numerosos cargos por destrucción de la propiedad. Cuando se le pide que se declare culpable o inocente, el abogado de Bruce Banner lo exculpa con estas palabras: «Su Señoría, la persona que ha perpetrado esos actos era una mole grande y verdosa.* Pero mi cliente, como puede ver, es un hombre pequeño y de piel pálida. En resumen: está claro que mi cliente no es la misma persona que la que perpetró esos actos».

Cuando el defensor afirma que Hulk y Bruce Banner no son «la misma persona», no está usando el concepto en el sentido coloquial como cuando decimos: «Mejor espérate a que se tome un café; hasta que no se lo toma, no es él mis-

---

* *Hulk* significa «mole, gigantón». En algunas traducciones españolas figuró como «La Masa». (*N. de los t.*)

mo». No, aquí el abogado realiza una afirmación de más calado y pretende que Hulk y Bruce Banner, literalmente, *no son el mismo individuo*. El abogado prosigue:

> Su Señoría, mi defendido es otra víctima de todo esto. Sí, reconocemos que, de algún modo, Bruce Banner se convirtió en la persona de Hulk y, de algún modo, apareció de nuevo como él mismo otra vez. Pero el hecho sigue siendo que cuando se cometieron los actos en cuestión, fue la persona de Hulk, y no la de Bruce Banner, quien los perpetró. Así pues, si el fiscal desea someter a juicio a alguien, ¡que capture a Hulk y lo lleve a juicio! Pero es evidente que mi cliente, a todas luces, no es la misma persona que Hulk.

Como juez, ahora debe usted decidir si hay que juzgar a Bruce Banner o no. Esto significa que debe determinar si Bruce Banner y Hulk son la misma persona o no. ¿A qué criterios recurrirá para tomar su decisión?

La búsqueda de tales criterios cuenta con una larga historia en los círculos filosóficos. Típicamente, los filósofos enmarcan la cuestión en el tema de la «continuidad de la identidad personal a lo largo del tiempo». En otras palabras, la pregunta es la siguiente: ¿qué nos convierte en la misma persona que fuimos ayer o hace diez años o la que seremos dentro de una década? Quien pueda responder a esa pregunta poseerá los criterios para determinar si la persona que tiene ante sí en el juicio es la misma que, unas semanas atrás, asoló el centro de la ciudad.

La identidad corporal de Hulk

En nuestras vidas cotidianas, normalmente no nos preguntamos si Bob, o Sue, o cualquier otra persona que conocemos es —literalmente— «la misma persona» que era ayer. Es así porque tendemos a equiparar la identidad personal con la identidad corporal, es decir, vemos a una figura física que se parece muchísimo a la figura física que vimos y con la que hablamos ayer (o hace diez años) y damos por sentado que las dos figuras son la misma persona. De hecho, incluso en los juicios, la identificación corporal es todo lo que exigimos, en los casos normales, para determinar la identidad personal. Podemos comprobarlo con solo ver cualquier viejo episodio de *Perry Mason* o *Matlock*, donde siempre se produce un diálogo del estilo del siguiente:

FISCAL: ¿Ve a la persona que cometió el crimen en la sala, ahora?
TESTIGO (*señalando*): Sí, está sentada allí.
FISCAL: Que conste en acta que el testigo ha identificado al acusado.

Si usáramos la identificación corporal como forma de identificar a la persona de Bruce Banner, entonces concluiríamos que Bruce Banner no es la misma persona que Hulk. Para empezar, el cuerpo de Hulk es mucho más grande que el de Banner, es decir, no ha pasado que los átomos individuales que forman el cuerpo de Bruce Banner se hayan reorganizado de otro modo para conformar el cuerpo de Hulk, sino que cada cuerpo consta de un número total de átomos sin duda muy distinto. Para tener una idea rápida de hasta qué punto es distinto este número, basta con pensar en la serie de televisión de los años setenta del siglo pasado, en la que el Doctor Banner (cuyo nombre, en esta serie, pasó a ser *David* Banner, por alguna extraña razón) se transformaba en la persona de Hulk. Con el cambio reventaba todas las costuras de la ropa, excepto, con un criterio nada realista, la costura del trasero (la *primera* que salta en cualquier par de pantalones ajustados).

Como los átomos que incluye el cuerpo de Hulk son muchos más que los que integran el cuerpo de Bruce Banner, la constitución física de Hulk difiere claramente de la de Banner. Si partimos de que la identidad corporal es lo mismo que la personal, esto significaría que Hulk no es la misma persona que Bruce Banner.

¿Pero es la identidad corporal el criterio correcto para determinar la identidad personal? En un análisis menos inmediato, la respuesta parece ser «no». Sin duda, los átomos que integran el cuerpo de Bruce Banner no pueden ser los mismos que los que forman el cuerpo de Hulk. Ello no obstante, debemos recordar que los átomos —los de *todos* los cuerpos— cambian con el tiempo. En el transcurso de un año o dos, todas las células de nuestro cuerpo mueren y son sustituidas por células nuevas. En tan solo una semana, la mitad de nuestros glóbulos rojos se regenera. Aun así, en todo este proceso nuestra identidad personal se mantiene. El actor que interpretó a Don Vito Corleone en la película *El padrino* quizá contuviera en su cuerpo un número de átomos casi igual al de Hulk. Aun así, era la misma persona que la estrella de *On the Waterfront* («La ley del silencio»), un hombre que en la época de esta película anterior tendría la apariencia de Bruce Banner: el Marlon Brando esbelto y musculado. En consecuencia, aunque el cuerpo de Banner en los días del juicio sea muy distinto al cuerpo con el que Hulk asoló el centro de la ciudad, no por ello se concluye automáticamente que sean personas distintas.

En este punto no sería irrazonable intentar salvar la importancia de la continuidad corporal sugiriendo que, para establecer una identidad personal, solo se requiere cierto grado de continuidad física. Una analogía podría contribuir a clarificar esta sugerencia. Imagine el lector que compra un velero y lo bautiza como *Goleta Stan Lee*. Con el paso de los años, el barco necesitará reparaciones. En varios momentos, habrá que renovar tablones de la cubierta, jarcias, una vela mayor, la quilla, etcétera. A la postre, quizá, si conserva el velero durante muchos años, terminará usted sustituyendo todas y cada una de sus partes por otras partes nuevas. Preguntémonos ahora: ¿el barco actual sigue siendo la *Goleta Stan Lee*? Es muy probable que, intuitivamente, no lo dudemos: en efecto, lo es. En un sentido muy claro, uno sigue poseyendo el mismo barco, por muchas reparaciones y renovaciones que se le hayan practicado.

Análogamente, cabe considerar que, mientras pase el tiempo y exista cierto grado de continuidad física entre los cuerpos, esos cuerpos pertenecerán a la misma persona. Así pues, en la medida en que Bruce Banner y Hulk cumplan con estos requisitos mínimos de continuidad mínima (sean estos requisitos cuales sean), entonces cabría concluir que Banner y Hulk sí son la misma persona.

Aunque esta línea de argumentación puede parecer plausible, en un principio, un examen más detallado produce algunos resultados indeseados. Supongamos que yo muero mañana, después de haber acordado la donación de mis órganos. Supongamos igualmente que todas las partes de mi cuerpo aptas para un trasplante médico van a parar a la misma persona, a la que llamaremos Herb Trimpe. Calculemos que (dado el carácter imparable del progreso de la medicina), más del cincuenta por ciento de mi cuerpo se puede emplear para sustituir órganos interiores o miembros de Herb. En tal caso, la mayoría del cuerpo de Herb, una vez concluida la operación, constaría de partes físicas que hoy pertenecen a mi cuerpo; incluidas, tal vez, cosas tales como mis huellas dactilares. El nuevo cuerpo de Herb tendría una continuidad física mayor con mi cuerpo actual que con el suyo en el día de hoy. Ahora bien, sin duda no diremos que la persona que sale del quirófano es Kevin Kinghorn, en vez de Herb Trimpe.

Sean cuales sean los méritos de mi donación, es obvio que mi generosidad no me habrá ayudado a derrotar a la muerte: es Herb quien evitará ese destino.

Así pues, lo que proporciona la continuidad de la identidad personal a lo largo del tiempo no puede ser la continuidad de los átomos o las células corporales. Quizá sea una pregunta interesante la de cuánta continuidad física existe entre el cuerpo de Hulk y el de Bruce Banner. Sin embargo, esa pregunta no vale como criterio adecuado para determinar si Hulk y Banner son la misma persona.

El reino mental de Hulk

Tras adquirir conciencia de algunos de los problemas que provoca el intentar reducir la identidad personal al reino físico, los filósofos han explorado a menudo la idea de si el reino mental podría ser un espacio más prometedor a la hora de ubicar la identidad personal. A partir de los trabajos del filósofo John Locke (1632-1704), buena parte de esta exploración se ha centrado en la función de la memoria.

Locke definió a la persona como «ser pensante inteligente dotado de razón y reflexión, y que puede considerarse a sí mismo como el mismo, como una misma cosa pensante, en diferentes tiempos y lugares».* Para Locke, lo único de todas las personas es la capacidad de ser conscientes, por introspección, de que uno es en efecto un ser pensante. La continuidad personal a lo largo del tiempo se garantiza porque uno es capaz —mediante el uso de la memoria— de reflexionar sobre el hecho de que, en otros momentos, la introspección nos ha permitido sabernos un ser pensante.

* *Ensayo sobre el entendimiento humano*, Fondo de Cultura Económica, México, 1999, p. 318. (*N. de los t.*)

En apariencia, se trata de una explicación muy atractiva de la identidad personal y podría ayudarnos a comprender las identidades continuas de muchos personajes famosos de los cómics, que experimentan transformaciones físicas radicales. Un miembro de la Liga de la Justicia de América, J'onn J'onnz, también conocido como Detective Marciano (Martian Manhunter), es capaz de cambiar de forma a voluntad y asumir numerosas apariencias corporales distintas. Sin embargo, continúa considerándose a sí mismo, tras reflexionar mentalmente sobre sí mismo, como el mismo ser, tanto antes como después del cambio. Por mi parte, comparto esa creencia. Los 4 Fantásticos nos ofrecen, se diría, más ejemplos de este fenómeno. Tras quedar expuestos a los rayos cósmicos, Reed Richards, Sue Storm, Johnny Storm y Ben Grimm desarrollan características físicas extraordinariamente distintas a las que poseían y, no obstante, no hay duda de que, aun a pesar de esta transformación, siguen siendo las mismas personas que subieron a la nave espacial experimental. En todos estos casos, la continuidad mental parece suficiente para la identidad personal.

Si aplicamos los criterios de Locke, ¿debemos considerar a Bruce Banner como la misma persona que Hulk? La respuesta, en este caso, puede depender de cómo concibamos el carácter de Hulk. En los primeros cómics de Marvel, «el increíble Hulk» mantenía los mismos estados mentales y conciencia de sí que Bruce Banner. Era como si Banner —o, al menos, su mente— estuviera atrapado en el cuerpo de Hulk. En este concepto de Hulk, la transformación de Bruce Banner en esta criatura monstruosa no viola, en ningún modo, los criterios de Locke sobre la personalidad única y sostenida.

Sin embargo, en cómics posteriores, así como en la serie de televisión de los años setenta y en la película de 2003, las capacidades mentales de Hulk son mucho más difusas. Hulk aún puede reconocer a amigos tales como Betty Ross y siente que debe protegerlos. En consecuencia, puede identificar quiénes son los malos y no está precisamente contento con ellos. Aun así, a menudo vemos que Hulk mira con evidente confusión a las personas y las cosas que lo rodean, como si debiera esforzarse para dar sentido pleno a su entorno. Su contribución a las conversaciones en marcha es, muy a menudo, bastante general, como cuando anuncia su intención nada específica: «¡Hulk machaca!». En estas descripciones de Hulk no parece sugerirse en ningún caso que su estado mental incluya la memoria de las anteriores experiencias introspectivas de Bruce Banner. Así pues, en estas concepciones más recientes de Hulk, los criterios de Locke para la personalidad sostenida no parecen cumplirse.

Tras examinar brevemente la cuestión de si los famosos criterios mentales de John Locke sobre la personalidad pueden cumplirse en el caso de Hulk y Bruce Banner, hemos llegado a resultados opuestos. Ahora debemos preguntarnos si estos criterios mentales resultan satisfactorios por sí solos. Con un análisis más detallado, veremos que también hay problemas graves en esta explicación alternativa —y por lo demás, aparentemente plausible— de lo que supone ser la misma persona.

Un problema es que los criterios de Locke parecen demasiado restrictivos. Después de todo, yo no puedo recordar ahora cuáles fueron mis experiencias introspectivas en el momento de mi octavo cumpleaños. Pero sin duda, de ello no se deriva que, de algún modo, mi identidad personal haya dejado de ser la misma.

Otro problema de los criterios de Locke fue identificado por el filósofo Thomas Reid (1710-1796), quien escribió sobre el tema de la identidad personal un siglo después de que lo hiciera Locke. Reid describió un escenario que pretendía ilustrar las conclusiones absurdas a las que pueden llevar los requisitos lockeanos. Nos invita a imaginar una persona cuya vida incluya los tres acontecimientos siguientes: (1) de niño, se lo azota por robar manzanas; (2) como joven oficial en el ejército, realiza un acto heroico, y (3) hacia el final de su carrera militar, lo ascienden a general. En el escenario de Reid, cuando el hombre es un joven oficial, es consciente de haber sido azotado de niño. Y cuando el hombre asciende a general, es consciente de haber realizado un acto heroico como joven oficial. Sin embargo, en esta etapa tardía ya no recuerda haber recibido aquellos azotes de niño. Reid llega a la conclusión de que, si es la memoria la que proporciona la continuidad de las identidades, entonces el joven oficial es la misma persona que el chico y el general es la misma persona que el oficial. Por las leyes transitivas de la lógica, se sigue que el general tiene que ser la misma persona que el chico. Hasta aquí, perfecto. Sin embargo, Reid nos recuerda que «la conciencia general no alcanza hasta los azotes de la infancia; por lo tanto, según la doctrina del señor Locke, él no es la persona que fue azotada. Así pues, el general es —y al mismo tiempo, no es— la misma persona que fue azotada en la escuela». En definitiva, Reid demuestra que los criterios de Locke sobre la identidad personal, basados en la introspección y la memoria, nos llevan a conclusiones absurdas y lógicamente contradictorias. En consecuencia, esta explicación de la identidad no puede ser correcta.

Quizá podríamos intentar salvar la teoría de Locke ajustándola ligeramente para evitar el problema destacado por Reid. Así, podríamos insistir en que Locke estaba en la pista correcta con respecto a la importancia de la memoria. Lo que se necesita es tan solo un requisito menos estricto, conforme el cual debe haber al menos alguna continuidad dentro de la cadena de experiencias introspectivas de una persona. Por ende, mientras que no hace falta que yo recuerde ahora mi octavo cumpleaños para mantener la continuidad de la identidad personal entre entonces y ahora, lo necesario es que recuerde el ayer y que ayer recordara el día antes, etcétera. Los criterios revisados de Locke, por tanto, dirían que debe existir una cadena de recuerdo entre mi vida actual, en este momento, y mi vida como niño de ocho años.

Hay que reconocer que este conjunto revisado de criterios en torno de la memoria evitaría las conclusiones absurdas asociadas con el ejemplo de Reid. Sin embargo, hay otros escenarios que ponen de relieve problemas incluso con los criterios revisados. Supongamos que la persona de la historia de Reid padece la demencia de Alzheimer y que sus recuerdos son distintos de los descritos por Reid. Por regla general, el hombre *sí* recuerda su primera infancia y los azotes que recibió de niño. Sin embargo, como la demencia le ha privado de todos los recuerdos de su vida adulta, *no* es consciente de haber realizado un acto heroico cuando era un joven oficial. Quizá tampoco recuerde lo que ocurrió ayer. En una situación como esta, no hay cadena continua de recuerdos que enlace eslabón con eslabón a lo largo del tiempo.

Además, Bruce Banner podría haber sido drogado por algún tipo perverso y haber sufrido una confusión de varias horas, en las que apenas recuerda nada de nada, incluidos los momentos anteriores de conciencia de sí. No obstante, esto no lo convierte en otro ser humano distinto durante esas horas: sigue siendo Bruce. Algo como esto ocurrió en realidad en uno de los cómics de Spider-Man, durante un tiempo muy superior a unas pocas horas, cuando Doc Ock lo atacó con un artilugio poderoso que le hizo caer en una amnesia temporal respecto de quién era él mismo. Le costó bastante tiempo resolver la situación y, sin embargo, durante todo ese tiempo siguió siendo el mismo superhéroe, Spider-Man, el afectado de amnesia.[1] Así pues, los criterios revisados tampoco son inmunes a los contraejemplos.

Es difícil decir si podemos seguir modificando los criterios memorísticos de Locke para dar cuenta de todos los contraejemplos imaginables. Algunos filósofos modernos han realizado intentos del estilo. No obstante, todas las referencias a la memoria como elemento constituyente central de la identidad personal adolecen del mismo problema último: la circularidad. Supongamos que alguien tiene un falso recuerdo de haber trabajado como el actor estrella en el espectáculo de televisión original de los años cincuenta *Aventuras de Superman*. Quizá es una persona ya senil que, tras contemplar a George Reeves con el disfraz del superhéroe en una reposición, confunde de algún modo la televisión con su propia realidad.* Quizá la persona delira y cree ser el propio George Reeves. O quizá esta persona ha sido hipnotizada en una fiesta o ha tenido un sueño en el que le parecía experimentar el estar llevando la capa frente a las cámaras. Aunque sinceramente esta persona cree haber sido la protagonista del espectáculo, *creer* recordar es distinto de recordar efectivamente. ¿Cuál es la diferencia? Obviamente, en el caso de un recuerdo genuino, las experiencias que recordamos haber tenido son experiencias que hemos tenido en realidad.

Ahora bien, en el tema de los recuerdos falsos y genuinos hay otro problema. Hemos visto arriba que el fenómeno introspectivo de *creer* recordar algo no es suficiente para establecer un recuerdo genuino. ¿Qué más se necesita? Bien, hay que añadir las condiciones adicionales de que las experiencias que la persona cree recordar sean experiencias que se produjeron en

---

1. Stan Lee y John Romita, *Amazing Spider-Man*, n.ᵒˢ 53-59.

* No debe confundirse a George Reeves, actor de la serie de los cincuenta, con Christopher Reeve, actor de las películas de los ochenta. (*N. de los t.*)

realidad y pertenezcan *a la misma persona* que más tarde está teniendo ese (supuesto) recuerdo. En este punto, los criterios de identificación de la personalidad se han vuelto circulares. Se suponía que la memoria proporcionaría las condiciones de continuidad de la identidad personal, pero ahora, para especificar cuándo la memoria contiene recuerdos genuinos y es por ende genuina, debemos estipular que implica un acontecimiento pasado que fue vivido por la misma persona, idéntica, que ahora recuerda. En conclusión, cabe decir que referirnos al reino mental de la introspección y la memoria no proporciona criterios adecuados para determinar la continuidad de la identidad personal. Como el juez en el caso del juicio a Bruce Banner, se hace necesario buscar esos criterios en otra parte.

Una explicación causal de la identidad de Hulk

Las categorías de causa y efecto son importantes en la ciencia y la filosofía. Cabría sugerir que la identidad personal no consiste solamente en la mera continuidad física o mental, sino que debe entenderse más bien como explicación causal que incluye características tanto físicas como mentales. Si el enorme cuerpo verde (o gris) de Hulk y la conciencia furiosa de Hulk surgen causalmente del cuerpo y la mente de Bruce Banner, de un modo u otro, entonces quizá esto sea suficiente para constituir una identidad personal incluso a través de un cambio tan radical.

Vivimos en un mundo de causas y efectos naturales. El joven y atractivo Marlon Brando se convirtió en un solitario enormemente corpulento por la comida, la bebida, las drogas y otras causas que provocaron naturalmente los cambios radicales de los que todos fuimos testigos con el paso del tiempo. De hecho, los seres humanos suelen pasar de la infancia a la adolescencia, la edad adulta y la vejez por medio de ciertos mecanismos causales entre los que figuran la alimentación, la bebida, el ejercicio, la experiencia, los accidentes, las enfermedades y muchas otras cosas. Quizá entonces Hulk es la misma persona que Bruce Banner precisamente porque el estado mental y corporal de Hulk se desarrolla de forma periódica a partir del estado corporal y mental corriente de Banner por medio de ciertos mecanismos causales en los que interviene una compleja interrelación de radiación, peligro e ira. Hulk es Bruce Banner precisamente porque es Banner quien «se enhulka» y convierte en este monstruo. Bruce no desaparece de la existencia y es sustituido en ese mismo lugar por un ser completamente distinto, «el increíble Hulk», quien a su vez, pasado un tiempo, también desaparece y, por alguna asombrosa coincidencia, deja su sitio de nuevo a Bruce Banner. Antes al contrario, se trata de que la misma persona adquiere distintas apariencias de acuerdo con un conjunto complejo de factores causales sin duda raros pero naturales.

El problema de esta explicación causal es que, al igual que las teorías previas sobre la identidad personal, permite llegar a consecuencias extrañas y contraintuitivas. Supongamos que, por un conjunto complejo de interacciones causales —quizá por el uso de los artilugios de un científico loco que ha intentado clonar a Bruce Banner—, el cuerpo de Bruce se dividiera en dos enormes cuerpos rabiosos, cada uno provisto de su propia conciencia. Estas dos nuevas criaturas monstruosas habrían derivado causalmente de Bruce. Sin embargo, si nos hallamos ante dos criaturas distintas, capaces de sembrar el caos en dos partes distintas de la ciudad al mismo tiempo, parece evidente que no podrían ser *las dos* la misma única persona, Bruce Banner.

Llegados a este punto, puede parecer que no hay explicación posible de la identidad personal que pueda cumplir con la tarea que le pedimos sin autorizar al mismo tiempo consecuencias absurdas que sabemos que son falsas.

¿No hay forma de distinguir?

Ante estos problemas asociados con intentos de ubicar la identidad personal ora en el reino mental ora en el físico, algunos filósofos han puesto en duda si realmente existe algo que se pueda denominar identidad personal. El filósofo contemporáneo Derek Parfit ha expuesto que, en ocasiones, nos formulamos preguntas sobre si una nación que se está transformando o una máquina recién reparada son la misma nación o máquina que fueron en otro tiempo. Según observa Parfit: «Nadie considera que, en estos casos, las preguntas de si es la misma nación o es la misma máquina deban obtener necesariamente una respuesta». Desde el punto de vista de Parfit, por tanto, quizá sea un error suponer que debe existir una respuesta correcta a las preguntas relativas a la identidad de algo (o alguien).

Para ejemplificar la cuestión, Parfit llama la atención sobre varios escenarios del estilo de la ficción científica, no muy distintos del ejemplo de la clonación que hemos mencionado en la sección anterior. En uno de los casos de Parfit, nos pide que imaginemos una situación en la que mi cerebro queda dividido y cada una de las mitades se aloja en un cuerpo nuevo. Como la medicina ha descubierto que la conciencia de sí puede surgir siempre que se conserve intacta una mitad del cerebro humano, es posible que, en el ejemplo de Parfit, los dos hemisferios cerebrales formen centros de conciencia personal. Y cada uno de ellos podría experimentar alguna forma intensa de continuidad con el estado de conciencia asociado con el cerebro antes de su bifurcación. Parfit se pregunta entonces: «¿qué me ocurriría?». Según él mismo indica, no hay una respuesta obvia para esta pregunta. Su propia conclusión es que lo más plausible es «sugerir que sobrevivo como dos personas distintas sin suponer por ello que soy esas personas».

Si Parfit está en lo cierto y es erróneo creer que las personas deben tener siempre una identidad única y continua a lo largo del tiempo, ¿debemos abandonar la búsqueda de un criterio para la identidad personal? Por mi parte, entiendo que no deberíamos tener prisa en hacerlo. A fin de cuentas, la mayoría de nosotros cree, intuitivamente, que *sí* existe una respuesta a la pregunta de si yo sería la misma persona si solo contara con la mitad de mi cerebro o si parte de mi cerebro se trasplantara de algún modo en otro cuerpo. Quizá no *sepamos* cuáles pueden ser las respuestas en situaciones difíciles como la que describe Parfit. Pero esto no significa que *no haya* respuestas últimas a esas preguntas. Por mucho que la verdad sea difícil de hallar, eso no significa que no exista. Puede ser difícil encontrar a alguien que aprecie la reciente película de Hulk entre los aficionados de siempre a los cómics de Hulk; aun así, cabe la posibilidad de que exista alguien.

La identidad relacional de Hulk

Si queremos defender nuestra intuición de que deben existir respuestas correctas a las cuestiones de identidad personal —incluida la identidad de Hulk y Bruce Banner—, no hay razón para perder la esperanza, aun a pesar de que no hayamos podido aceptar ninguna de las explicaciones que hemos examinado hasta la fecha. Hay todavía otro lugar más donde podríamos buscar criterios adecuados de identidad personal. A mi modo de ver, se trata, además, de la posibilidad más prometedora. Se trata de buscar en las relaciones personales sostenidas. Si partimos de la premisa de que la personalidad se forma a partir de la relación con otras personas, pretendo sugerir aquí que una persona posee una identidad continua en virtud de mantener relaciones continuas con otras personas.

En un principio, puede parecer muy extraño pretender que tu identidad personal existe porque otros se relacionan contigo de una forma adecuada. Sin embargo, cabe decir que la extrañeza de la afirmación deriva del hecho de que vivimos en un marco cultural posterior a la Ilustración y excesivamente individualista, que pretende identificar a las personas —y tal vez esto sea un error— por medio de sus características personales. Cuando alguien de nuestro alrededor pregunta: «¿Quién es Kate?», la respuesta típica será algo como: «Es la del pelo negro, más o menos de uno setenta de altura, le gusta leer los cómics de *Hulk* y *X-Men* y es vegetariana». Todos estos son rasgos, en cierto sentido, personales. Y tendemos a suponer que la unión de toda esta clase de características personales es lo que nos constituye.

Aunque al principio parezca indudablemente cierto que la existencia como agente personal es, en efecto, el fruto de poseer todas esas características personales, quizá esta percepción sea más propia del condicionamiento cultural que de la verdad de la cuestión. En las épocas antigua y medieval, la identidad como persona se concebía no como una cuestión de rasgos personales (por ejemplo, qué aspecto tenía uno), sino más bien derivada del conjunto de relaciones que uno mantenía con los otros. Lo que determinaba quién era uno era la naturaleza de sus relaciones.

Sin duda, para poder relacionarse con los demás uno debe poseer ciertos atributos personales, tales como la racionalidad, la conciencia de sí y la libertad. Pero pensemos por un momento en las características que llegan al corazón de quien es el lector como persona perdurable. Una persona puede ser afectuosa, generosa, leal, comprensiva y, en general, desinteresada. O puede ser rencorosa, agarrada, desleal, vengativa y, en general, egoísta. Ninguno de estos atributos se puede adquirir en un vacío. Son rasgos que desarrollamos, en primer lugar, al relacionarnos con los demás de varios modos específicos.

Hay algunos ejemplos indiscutidos de entidades de nuestro mundo constituidas de forma relacional. Un matrimonio es uno de ellos. Un matrimonio empieza a existir y se mantiene en el tiempo en virtud de una relación entre dos personas, así como en virtud de una red más amplia de relaciones entre la pareja y una comunidad mayor, así como —según los creyentes— en virtud de unas relaciones aún más hondas entre todo lo mencionado y Dios. En un nivel más naturalista, una empresa es una entidad legal que existe y se mantiene en el tiempo en virtud de una compleja red de relaciones interactuantes. Así pues, las identidades basadas en relaciones no son nada desconocido en nuestro mundo moderno. Quizá, en un sentido muy profundo, la identidad personal individual se constituye en sí misma y se mantiene en el tiempo en virtud de una o más relaciones sostenidas.

Pero como los filósofos señalan a menudo con prontitud, se pueden presentar posibles objeciones contra cualquier teoría. La teoría relacional de la identidad personal no supone una excepción. En primer lugar, ¿qué ocurre si la gente no se relaciona contigo como la misma persona a lo largo del tiempo? ¿Significa eso que uno ya no posee la misma identidad a lo largo del tiempo? Si uno deja de pasar horas y más horas en la librería de los cómics, para de visitar las salas de chat y redes sociales de internet, cambia el número de teléfono, se desplaza a la otra punta del país y corta de raíz todas las relaciones previas con amigos, vecinos y compañeros de trabajo, ¿supone eso el fin de uno como persona individual y el origen de una nueva persona, literalmente «nueva»? Sin duda, no es eso lo que pensamos. En segundo lugar, ¿qué ocurriría con una persona que creciera en una isla desierta sin otros habitantes con los que relacionarse? ¿Significaría esto que no poseería ninguna identidad como persona? En tercer lugar, ¿y si la gente se relaciona con uno a través de la lente de sus propias inclinaciones e inmadurez emocional? ¿Pueden los demás imponer una identidad como persona que uno jamás elegiría ni aprobaría? De nuevo, no parece acertado.

Sin embargo, existe una respuesta filosófica posible para las tres objeciones. Supone plantear o reconocer la existencia de un Dios que se relacione consistentemente con todas las personas en todos los momentos y cuyo conocimiento interpersonal de todas las personas no esté distorsionado en modo alguno. Así, cabe sostener que existe un Dios que nos crea como personas y garantiza que nuestras identidades personales perdurarán a través del tiempo y, además, terminarán reflejando nuestro verdadero compromiso con los demás, incluso si durante nuestras vidas terrenales otros distorsionan temporalmente nuestras identidades como personas. Sin duda, los ateos no desearán acudir a Dios para intentar responder a las tres objeciones que acabo de mencionar, pero se trata, claramente, de una forma directa y poderosa de solventar las tres.

La idea también devuelve a nuestro cuadro un elemento causal, puesto que el Dios que, relacionalmente, crea y sostiene nuestra existencia a lo largo del tiempo lo hace como Causa Última de nuestra existencia. Y con Dios en el cuadro, también podemos responder a la objeción principal contra la explicación causal de la identidad personal. La interpretación habitual del poder divino no lo considera capaz de imposibilidades. Así pues, ni siquiera Dios podría coger a Bruce Banner y causar que fuera idéntico a dos monstruos numéricamente distintos al mismo tiempo. Como Bruce no podría ser idéntico a dos monstruos que no fueran idénticos entre sí, ni siquiera Dios podría crear el único escenario que suponía un problema para la explicación causal.

¿Qué deberíamos concluir?

Como juez que preside el juicio contra Bruce Banner, ¿qué debe hacer usted? ¿Debe resolver que Bruce Banner y Hulk son la misma persona? A mi entender, sí; sobre la base de que Bruce y Hulk poseen, en general, el mismo y continuo conjunto de relaciones con las personas que los rodean. Las relaciones que Hulk intenta mantener con otras personas parecen ser, en lo esencial, continuación de las relaciones que Bruce Banner ya ha establecido con ellas, por muy incompleta y alterada que pueda resultar su conducta en esa condición transformada. De hecho, a menudo hallamos que Bruce se forma una intención de relacionarse con esas personas de un modo concreto y las acciones de Hulk reflejan esa intención en proceso. Por ejemplo, en la película de 2003, David Banner, el padre de Bruce, le indica a este por teléfono que se están dando los primeros pasos para eliminar a Betty Ross. De inmediato, Bruce se forma la intención de proteger a Betty y frustrar con ello el plan de su padre. Más adelante, en una escena que sin duda provocó que los dueños de caniches tuvieran pesadillas recurrentes, veremos a Hulk destruir a tres perros domésticos mutantes y sedientos de sangre, que habían venido a por Betty.

Análogamente, Betty Ross, David Banner, el general «Thunderbolt» Ross y otros se relacionan con Hulk como si fuera la misma persona que Bruce Banner. Quizá lo hacen porque han visto que la forma de Hulk resulta de una transformación del cuerpo de Bruce y reconocen en la mente de Hulk al menos algunos indicios de lo que saben de Bruce. Podría ser que todos nosotros usáramos indicios físicos, mentales y causales de forma improvisada como señales de la identidad de los demás y, con ello, de la adecuación de relacionarse con ellos de determinadas maneras. Pero también podría ocurrir que esto fueran solo pistas y claves de una verdad más profunda que, en última instancia, es un determinado conjunto de relaciones que constituye la identidad fundamental en cuestión.

Ahora bien, si uno, en calidad de juez, hallará a Bruce Banner culpable o no culpable de haber destruido propiedad ajena, eso ya es otra cuestión. Puede haber en su situación circunstancias atenuantes u otros hechos exculpatorios. En las intervenciones más documentadas de Hulk, son otros los que parecen instigar el conflicto y hacen que Hulk se dispare. Quizá son *ellos*, por tanto, los que debería estar sentados en el banquillo de los acusados. Aun así, lo que no se puede es excusar a Bruce sobre la base de que este no sea la misma persona que Hulk. Bruce Banner es la misma persona que Hulk porque los dos personajes mantienen una continuidad de relaciones con las personas que los rodean que es suficiente para que esta identidad básica sea cierta.

18

Crisis de identidad: viaje en el tiempo y metafísica en el multiverso DC

Richard Hanley

Sir Arthur Conan Doyle escribió los relatos de Sherlock Holmes en forma seriada. En un descuido famoso, situó la única herida de guerra de Watson en el hombro (*Estudio en escarlata*) y, mucho más tarde, en la pierna (*El signo de los cuatro*). Es lo que hoy denominamos «error de continuidad». Cuando Conan Doyle decidió poner fin a la serie, encaró a Holmes con Moriarty, al que derrotó, en apariencia, a costa de su propia vida. Pero el clamor popular era tan audible que Conan Doyle terminó por resucitar a Holmes y dar una nueva interpretación al episodio anterior. Para preservar la continuidad, los dos incidentes obligaron a reinterpretar entregas anteriores de la serie. En estas páginas denominaré a estas reinterpretaciones forzosas *correcciones*.

Conan Doyle no propuso ninguna corrección deliberada del caso de la infame herida de guerra, pero otros autores sí han sugerido formas de resolverlo. Mi preferida es la siguiente: Watson es el narrador y, sin duda, sabe dónde está su herida de guerra. Olvidó que había dicho que estaba en el hombro porque era una mentira, y había mentido porque la vergüenza impedía revelar su ubicación real. Así que tampoco debemos buscarla en la pierna. (¡El bromista que propuso esta interpretación concluyó que la herida de Watson estaba, probablemente, en el trasero!)

Un siglo más tarde, nos tomamos todavía con mayor formalidad el tema de las series y su continuidad. A mi modo de ver, la seriación resulta de especial interés cuando implica a múltiples autores. Si dejamos a un lado las cuestiones legales, nada me impide escribir otro relato holmesiano, pero nada de lo que diga mi historia «corregirá» la de Conan Doyle y, en cambio, los relatos de Conan Doyle afectan definitivamente a lo que es cierto en los míos. Dada esta asimetría (y suponiendo que no habrá resurrección terrenal de Conan Doyle), llego a la conclusión de que la *seriación* de Holmes está acabada y cerrada.

Con los cómics, la situación es otra. Aquí existe una seriación genuina y la posibilidad de correcciones, aunque las historias posteriores sean concebidas por autores distintos. Como en toda oportunidad creativa, se trata de un arma de doble filo, que debe manejarse con cuidado y atención.

El multiverso de DC Comics

La Edad de Oro de los cómics —la década de los cuarenta del siglo pasado— vio expandirse el universo DC, cuando dos empresas hermanas fundieron sus personajes en un universo único. Pero luego vino el descalabro posbélico de la historieta y los cómics de DC renquearon adelante con poca cosa más que los héroes de franquicia Batman, Superman y Wonder Woman (la Mujer Maravilla). En 1956 regresó Flash —algo parecido— modernizado como Barry Allen, que lee historietas de las hazañas de Jay Garrick, el Flash original. También se actualizó a los héroes franquiciados, a los que se trasplantó, literalmente, en los tiempos contemporáneos, aunque Superman siguiera siendo Clark Kent y Batman siguiera siendo Bruce Wayne. Había comenzado la Edad de Plata.

Todo esto se podría haber resuelto concibiendo las hazañas de Jay Garrick como una ficción enmarcada en una ficción. En consecuencia, cualquier parte del mundo de Garrick sería igualmente ficcional, pero esto también podía resolverse: si Superman era parte del mundo de Barry Allen, entonces también podía aparecer, desplazado temporalmente, como personaje ficticio en las historias de Jay Garrick (del mismo modo en que aparece Londres, sin desplazamiento temporal, en los relatos de Holmes). Sin embargo, DC Comics se decantó por una solución distinta. En el número 123 de *Flash*, Barry Allen (de Tierra-1) termina en otro universo (Tierra-2), donde conoce a Jay Garrick. Nadie puede encontrarse con un personaje meramente ficticio, por descontado. Tierra-2 está poblada por los superhéroes de la Edad de Oro, incluidas versiones convenientemente más antiguas de Superman y Batman. Ha nacido el multiverso DC.

Los mundos se multiplicaban a medida que proliferaban las historias alternativas, los héroes y antihéroes saltaban habitualmente de un mundo a otro y el relato resultaba cada vez más difícil de seguir, sobre todo para los lectores relativamente nuevos. Desde el punto de vista de la continuidad, una proliferación ilimitada de guiones resulta profundamente insatisfactoria, pues tiene la consecuencia de que solo se maneje una estrategia de corrección: postular otro mundo más. (Alternativamente, la proliferación podría eliminar cualquier necesidad ulterior de correcciones, si suponemos que el multiverso es más o menos completo y todos los mundos figuran allí según se necesitan.) En los años ochenta, los héroes de franquicia necesitaban otra actualización más. Había que hacer algo y, en 1985, se hizo.

Sabremos que el multiverso se creó, involuntariamente, por la acción irresponsable de un científico de Oa, Krona, que desobedeció la regla que prohibía estrictamente investigar los orígenes del universo. De alguna manera, sustituyó lo que era un universo único por un multiverso y, además, creó un universo adicional, de antimateria. En este último emergió un personaje malvado y muy poderoso: el Antimonitor. En un giro de la trama a lo *yin* y *yang*, surgió también un opuesto positivo, el Monitor, cuidador del universo.

Igualmente poderosos, el Monitor y el Antimonitor quedaron en tablas durante un millón de años, hasta que, de forma simultánea, se inmovilizaron y se dejaron inconscientes el uno al otro. Después de más de nueve mil millones de años, en una de las Tierras, otro científico tan brillante como irresponsable —¿es que no van a aprender nunca?— hizo caso omiso de las leyendas e investigó el origen del multiverso adentrándose en la antimateria. No podía ser bueno... y no lo fue. Sin darse cuenta, liberó al Antimonitor, y, lo que era peor, destruyó su propio universo, con lo que alteró el equilibrio del poder cósmico. El Antimonitor adquiere más poder si se destruyen universos positivos, de forma que ahora ha cobrado ventaja sobre el Monitor. Y con esto hemos llegado hasta el presente...

Todo el multiverso está bajo amenaza. El Antimonitor está aniquilando universos enteros y cada vez absorbe más poder, a diferencia del Monitor, cada día más débil. En un acto de sacrificio similar al de Cristo, el Monitor acepta morir para salvar Tierra-1 y Tierra-2, y sus universos respectivos, creando una especie de multiverso en miniatura en los que guardarlos. Su ayudante Lyla Michaels, en el papel de Harbinger, atrae más universos a su interior, proceso en el que salva Tierra-4, Tierra-S y Tierra-X, pero solo temporalmente. Los cinco universos encerrados están convergiendo, se nos dice, y «en el momento en que ocupen el mismo lugar al mismo tiempo... se destruirán entre sí».

Gracias a ciertos giros de la trama materia-antimateria, algunos superhéroes entran en el antiuniverso y combaten al Antimonitor. Destruyen una enorme máquina que hace detenerse la convergencia de los mundos en el multiverso en miniatura y están a punto de aniquilar al Antimonitor. Pero este sobrevive a la batalla, a diferencia de Supergirl.

La situación se tuerce entonces para peor, mucho peor. Al parecer, el perverso Antimonitor no tiene bastante con exterminar toda la vida (materia positiva). El Espectro revela su plan completo:

> Ha huido de esta era... Se ha retirado al pasado... antes de que empezara la vida... ¡Antes de que se formara esta Tierra! ¡Ha viajado hasta el mismo origen del tiempo y desde allí cambiará todo su curso! Ya no habrá materia positiva. ¡ Solo quedará la antimateria! Destruirá todas las Tierras... todos los universos... toda la vida.

Pero el Espectro tiene su propio contraproyecto. Los superhéroes y «supervillanos» tienen que unir sus fuerzas:

> La mitad debe viajar hasta el principio del tiempo. Los demás deben ir al planeta Oa y, allí, cambiar la historia.

De acuerdo con el plan, los supermalos viajan atrás en el tiempo, hasta Oa, pero no logran impedir el experimento de Krona. Sin embargo, los superhéroes que viajan hasta el origen del tiempo tienen más éxito. El Espectro se interpone entre el Antimonitor y su proyecto y, de algún modo, del conjunto no resultan ni el multiverso ni el mundo ideado por el Antimonitor. El pasado se transforma de modo que solo existe un único universo de materia positiva.

Los superhéroes restantes mantienen una batalla final con el Antimonitor y lo destruyen. Es el momento, entonces, de lidiar con algunas crisis personales (y de personal). Todos los superhéroes de la misión «origen del tiempo» recuerdan que ha existido un multiverso, pero son los únicos. Ahora existe una sola Tierra pero *tres* Superman (o, por lo menos, dos Superman y un Superboy). Superman de Tierra-2 recuerda a su esposa Lois, que ahora —si esta es la expresión correcta— no ha existido nunca. ¿Cómo resolverlo? Después de que los tres «Supertipos» se reúnen, viajan al universo de antimateria, combaten con el Antimonitor y obtienen la victoria, Superman-2 y Superboy se pierden el viaje de vuelta a la cara positiva de las cosas. Muy al contrario, los llevan (junto con Lois, quien, según resulta al fin, no es cierto que «no haya existido nunca») hasta «ese otro lugar... donde... no existirá el miedo... solo la *paz*... una paz eterna». Esto deja a Superman-1 como el único Superman de la única Tierra del único universo (de materia positiva).

Sin duda, todo el asunto resulta muy complicado. El hecho de si *Crisis* logra resolver sus propios propósitos —introducir claridad en el caos de continuidad previo— es discutible, pero no es el objetivo de estas páginas. La historia invoca dos conjeturas filosóficas muy queridas por mí: el viaje en el tiempo y el multiverso. Examinémoslas por orden.

Viaje en el tiempo e ilusiones

Las leyes de la física no excluyen la posibilidad del viaje en el tiempo y tampoco la filosofía ha podido demostrar que resulte imposible. Sin embargo, existen restricciones claras aplicables a los viajes en el tiempo. La más conocida quizá sea que no se puede cambiar el pasado.

La concepción ingenua del viaje en el tiempo piensa de este modo: imaginemos que un aficionado descontento —llamémosle Joe— construye una máquina del tiempo en 2020 y regresa al 1984 de su infancia con la intención de impedir que *Crisis* llegue a publicarse. Bueno, quizá se cargue a Marv Wolfman (¡*Eso* le enseñará a liquidar a Supergirl!).* Sin Wolfman, no hay *Crisis*. Con esto, Joe altera el pasado: era de una forma, ahora es distinto. En 1984 había un Joe niño, pero la primera vez no había un Joe adulto que hubiera viajado en el tiempo. Sin embargo, la segunda vez 1984 ve la llegada de un Joe del futuro y ahora el futuro es *distinto*. Si Joe regresara a 2020, *Crisis* no habría existido nunca.

En el centro de esta descripción naíf hay un enigma. O bien Joe regresa al 1984 de su infancia y está presente por duplicado, como hombre y como niño, o no lo hace. Si regresa al 1984 de su infancia, es obvio que Wolfman no murió y *Crisis* se publicó en su debido momento. A fin de cuentas, eso es lo que *sucedió*. Parece una contradicción clara suponer que un único acontecimiento sucedió y, sin embargo, nunca sucedió.

Esto no supone que el viaje en el tiempo sea imposible. Es preciso diferenciar entre cambiar el pasado y causar un efecto en él. En el número 85 de *Superboy* (1960), la historia «La misión imposible» describe el intento de Superboy de evitar el asesinato de Abraham Lincoln. Se remonta atrás en el tiempo, hasta aquel día fatídico, y parece haber encontrado la pista de Lincoln en una habitación de hotel. No obstante, el «Sr. L.» inscrito en ese hotel no resulta ser el presidente, sino Lex Luthor, que también ha viajado en el tiempo, huyendo de Superman. Luthor cree que Superboy lo persigue a él y lo inmoviliza con kryptonita roja. Mientras Superboy está para-

* Marv Wolfman es el guionista de *Crisis*, ilustrado por George Pérez. (*N. de los t.*)

lizado, Lincoln muere asesinado según sabemos que ocurrió, por obra del nefando John Wilkes Booth. Cuando Luthor comprende lo que ha ocurrido, se siente consternado.

¿Por qué Luthor se siente tan mal? Porque se ha dado cuenta de que ha ayudado a *hacer* historia. Si Luthor no hubiera interferido, Superboy habría salvado a Lincoln. No obstante, nada se ha *cambiado*, solo que el único día 14 de abril de 1865 no solo incluía la muerte de Lincoln por los disparos de Booth sino también la inmovilización de Superboy por Luthor que, sin que los historiadores lo supieran, estaban ambos presentes en aquella fecha. (Por descontado, si el 14 de abril no hubiera incluido la inmovilización, tampoco se habría producido el asesinato, puesto que habrían detenido a Booth y salvado la vida de Lincoln.) A este respecto, la historia es coherente.

Sin embargo, en *Crisis*, ¡qué distintas son las cosas! Primero, hay un único universo y todo marcha a las mil maravillas. Entonces Krona lo estropea todo y reescribe la historia del cosmos de modo que existe un multiverso más un universo de antimateria. Luego, si el Antimonitor hubiera conseguido imponer su plan, habría realizado una segunda revisión para librarse del universo, de modo que solo habría existido el universo de antimateria. Pero en lugar de eso, se produce aún otra revisión distinta, que restaura las cosas de forma que solo queda un único universo de materia positiva. (No está claro hasta qué punto se aproxima esta edición final a la versión de origen. Yo supongo que tiene que ser distinta, pues no se incluye el experimento de Krona, por ejemplo; pero aparte de eso, funcionaría según habría funcionado el universo en primer lugar, signifique esto lo que signifique aquí.)

Hay dos ironías en este punto. Primero está la analogía obvia entre la propia seriación y la historia del cosmos: los acontecimientos posteriores logran forzar la revisión de los anteriores. La segunda es que muchos escritores que se han ocupado de viajes en el tiempo han intentado mantener la coherencia de la trama apelando justamente a un multiverso; han considerado que la mejor manera de dar sentido a esos viajes —dado que uno no puede cambiar el pasado— es plantear varias líneas temporales. Por ejemplo, cuando Joe mata a Wolfman, habría impedido la publicación de *Crisis* en una línea temporal distinta a la suya de origen. Así, los viajeros del tiempo no cambian el mundo, sino que cambian mundos.

Los autores de *Crisis* parecen pensar que se puede hacer aún mejor. La primera vez que oye el plan de Espectro, el Superman de Tierra-1 objeta:

De lo que estás hablando, Espectro, es de *cambiar la historia*. Es imposible. El Señor sabe que yo lo he intentado.

Espectro replica:

Puede hacerse, Superman, pero solo en el *origen del tiempo*.

La idea, según parece, es que no se puede cambiar una línea temporal —una historia— pero sí *suprimirla por completo* si uno se remonta al origen mismo de todo. Veremos si esta concepción de un multiverso es coherente o no. Pero, ya sea coherente o no, ¿hay alguna razón para *creer* en la multiplicidad de universos?

¿Más cosas en el cielo y en la Tierra?

La noción de un multiverso no está limitada a la ficción científica y los cómics. Hay varios argumentos a favor de la hipótesis de que el espacio-tiempo que ocupamos no es el único que existe.

Dentro de la mecánica cuántica, Everett y Wheeler propusieron una interpretación de «mundos múltiples» que plantea la existencia de un multiverso ramificado. Cuando se produce una elección cuántica, un mundo se divide en dos, literalmente; por decirlo con otras palabras, si la elección cuántica afecta a los hechos A y B, entonces A ocurre en una rama y B en la otra. Dos elecciones cuánticas producen cuatro ramas, cuatro producen ocho, etcétera. Cada línea temporal se interpreta entonces como una forma única de elegir un camino a través de la estructura ramificada. Son muchos los físicos que se toman en serio esta interpretación de la mecánica cuántica y los mundos múltiples, por lo cual en la medida en que estemos comprometidos con la mecánica cuántica, *podríamos* vernos movidos a creer en un multiverso.

Un motivo más reciente viene de los argumentos denominados «de ajuste fino». Los cosmólogos desearían saber por qué las condiciones iniciales del universo fueron tal y como fueron. Con más precisión, hay cerca de veinte medidas cuantitativas de las condiciones iniciales que parecen estar «bien ajustadas»: si una cualquiera de ellas no hubiera sido exactamente la que fue, habría resultado un universo radicalmente distinto, que ni de lejos habría posibilitado la vida, menos aún la vida inteligente. Muchos consideran que este «ajuste fino» de nuestras condiciones iniciales reales requiere de una explicación especial; una sugerencia popular es que demuestra la existencia de Dios. Pero incluso si uno cree que hay que ofrecer una explicación particular para esa afinación inicial, hay otra explicación que podría valer: el multiverso. Si cada una de las formas en las que podría haberse dado las condiciones iniciales se corresponde con un universo existente, no hay nada de especial en que *este* exista.

Aún más radical es el realismo modal de David Lewis. Aquí pasamos directamente de la física a la filosofía. El estudio filosófico de la modalidad es el análisis de la necesidad, la posibilidad y la imposibilidad. El filósofo de Princeton David Lewis era, antes de su muerte, ocurrida en 2001, uno de los investigadores más notables de lo que implican estos importantes conceptos. Lewis consideraba que la mejor explicación de la verdad de afirmaciones de posibilidad y necesidad —como por ejemplo: «Este capítulo podría haber sido más breve de lo que es»— es la que supone la existencia de un mundo (o una serie completa de realidades) para cada manera en la que podría haber sido el mundo real. En pocas palabras: yo podría haber escrito un capítulo más breve que este porque en algún otro mundo lo he hecho. Pero los mundos hipotéticos de Lewis están estrictamente aislados entre sí, sin ninguna interacción causal de uno a otro. Si la interpretación de los mundos múltiples en el marco de la mecánica cuántica es correcta, entonces habitamos un multiverso *real* de realidades conectadas. Esto solo significa que el mundo real es mucho, mucho más extenso de lo que la mayoría de la gente cree. Pero Lewis creía que existe un número infinito de otros mundos posibles, *además* del mundo real, independientemente de su magnitud. Por grande que sea el mundo real, no es sino una ínfima parte de todo lo que existe.

Bien, ahora volvamos a la ciencia. El físico Max Tegmark ha ofrecido también todo un fárrago de argumentos a favor de un multiverso; de hecho, de distintos multiversos. Tegmark cree que la física aporta razones adicionales a las ya expuestas para postular un multiverso. Así, aunque no cabe decir que creer en el multiverso sea exactamente ortodoxo, sin embargo abundan las conversaciones al respecto, en nuestros días, sostenidas entre varias disciplinas. ¿Encaja alguna de estas hipótesis con lo que sucede en *Crisis*?

¿Una multiversidad?

El multiverso DC no es el mismo que el de la hipótesis del realismo modal de Lewis, porque los mundos de DC no están aislados entre sí. Puede haber interacción entre ellos, a diferencia de lo que ocurre en los mundos conjeturados por Lewis. También podemos descartar la identidad con el cuadro típico del multiverso ramificado concebido desde la física, porque en el multiverso DC, pueden interactuar con distintas líneas temporales quienes no viajan en el tiempo.

Resulta más próxima la particular interpretación de los mundos múltiples de la mecánica cuántica según la formula el físico David Deutsch. Deutsch entiende que hay resultados experimentales (en concreto, el «experimento de la doble rendija», en el que fotones individuales producen un modelo de interferencia de onda) que demuestran que existen universos distintos que interactúan entre sí en el nivel microscópico. Pero aún hay otras posibilidades.

Creo que la conjetura multiversal que encaja mejor es una que plantea explícitamente una segunda dimensión temporal; llamémosla *hipertiempo*. Todo aquel que postula que un multiverso permite el viaje en el tiempo sin cambiar el pasado necesita el hipertiempo. Veámoslo con nuestro ejemplo. Si Joe abandona su línea temporal original en 2020 y llega a otra línea temporal en «1984», ¿qué convierte a ese tiempo en un tiempo *pasado*? No se trata de la línea temporal en la que ha nacido. Solo podemos dar sentido a esto si imponemos un *plano* de tiempo en la retícula ramificada. Si «1984» es, en cada línea temporal, un tiempo distinto que ocurre en el mismo hipertiempo, entonces Joe viaja atrás en el hipertiempo, pero no en el tiempo. Para que Joe sea, literalmente, un viajero en el tiempo, cabe suponer por el contrario que cada «1984» es el mismo tiempo, pero ocurre en un hipertiempo distinto. Sea como sea, el relato resulta coherente: Joe podrá matar a Wolfman en 1984 en otra línea temporal, aunque no pueda hacerlo en esta. El cosmos debe ser —como mínimo— pentadimensional, con tres dimensiones espaciales y dos temporales.

Aún no hemos terminado, sin embargo. *Crisis* nos dice:

En el principio hubo muchos, una infinitud multiversal ... el multiverso tembló... en ese instante nació un universo. Un universo renacido en el origen del tiempo. Lo que habían sido muchos se convirtió en uno.

«En el principio», «en ese instante» y «habían sido» no puede referirse a los simples *tiempos* de antaño, porque si no, esto resulta del todo incoherente. ¿Será un ordenamiento en el hipertiempo? No, no, esto también sería incoherente. Se trata de referencias a cambios en la *hiperhistoria*, no en la mera historia de antaño; nos dicen que lo que era pentadimensional se ha transformado. Como mínimo, por lo tanto, necesitaremos suponer un cosmos *hexa*dimensional, con tres dimensiones espaciales y tres temporales, incluido, quizá deberíamos decir, ¡un *supertiempo*! Una *línea temporal* o historia es un camino tetradimensional (tres dimensiones espaciales y una temporal) a través del cosmos y, según parece, tanto los humanos como los superhéroes solo percibimos tetradimensionalmente. Una hiperhistoria es un camino pentadimensional, como por ejemplo un multiverso. Y una *superhistoria* es un camino hexadimensional. Al parecer, solo existe una superhistoria DC.

¿Y cambia algo o no?

Aunque postular la superhistoria da coherencia al guión de DC, no está claro que le haga justicia. El problema es que el multiverso, como el universo de antimateria, a lo sumo *dejan* de existir; no es cierto que no hayan existido nunca, salvo en un sentido muy limitado. De hecho, ni siquiera está claro que dejen de existir.

Consideremos de nuevo la analogía del viaje en el tiempo. Joe viaja «atrás», a 1984, y mata a Wolfman. La consecuencia es que hay al menos una historia en la que *Crisis* no llega a existir nunca. Pero *Crisis* existe a todas luces, tanto desde la perspectiva tetradimensional de la historia nativa de Joe como desde la perspectiva pentadimensional. Lo máximo que podemos decir, por tanto, es que a Joe *le parecerá* que ha conseguido que *Crisis* no exista. Es *como si* hubiera cambiado la historia, pero todo lo que hizo fue intercambiar historias, ir de una a otra.

En cambio, en una superhistoria, si esto es lo que *Crisis* describe, es *como si* nuestros superhéroes cambiaran la hiperhistoria, eliminando todas las huellas del Antimonitor. Pero todo lo que han hecho es pasar de una hiperhistoria que incluye el universo de antimateria a otra que no. Por lo que sabemos, el universo de antimateria está vivo y en buena condición en la hiperhistoria no propiamente nativa.

(Cabe suponer que la hiperhistoria nativa es el universo único original —en el supertiempo— número uno. Y hasta que se produce el fatídico experimento de Krona, nadie podría haber detectado la diferencia entre tiempo e hipertiempo... Aun así, podría ocurrir de nuevo que en el cosmos haya muchas más cosas de las consideradas hasta aquí. Por ejemplo, se diría que hay una especie de cielo, si se puede llamar así, y al parecer Wonder Woman termina en lo alto del monte Olimpo, según cierta hiperhistoria que se nos ha descrito, pero si existe un Dios —si no dioses—, ¿por qué Él no se mueve para ayudar en contra del Antimonitor? ¿O quizá sí lo hace, al sacrificar una criatura suya, el Monitor? Quizá sea mejor hacer caso omiso de esta dosis extra de metafísica...)

Sospecho que los escritores de los típicos relatos de «cambiar el pasado» no quedan nada satisfechos con una revolución multiversal. Lo que realmente parece que los viajeros en el tiempo imaginan estar haciendo es «echar atrás el tiempo» en el sentido de «cambiarlo de dirección». Llamaré a esto *cambio dinámico*: en lugar de ocasionar una historia en la que un hecho pasado real no ha llegado a ocurrir, la hipótesis del cambio dinámico supone que uno puede ocasionar que *ninguna* historia contenga ese hecho. Pero se trata de una noción incoherente. Análogamente, sospecho que los escritores de *Crisis* imaginaron una historia en la que, no solo hay una hiperhistoria en la que el multiverso no existe, sino también que no hay hiperhistoria en la que haya llegado a existir. (Por ejemplo, se nos dice que Wonder Woman va hacia atrás en el tiempo y deviene cada vez más joven hasta que deja de existir por completo. Entonces renace y tiene una vida completamente distinta.) Esto, al igual que lo anterior, es incoherente.

¿Identidad en *Crisis*?

Hay otra dificultad en intentar dar una resolución multiversal a un relato de viaje temporal, pero pocos aficionados de la hipótesis (o tal vez ninguno) se han dado cuenta. ¿Cuál es la relación exacta entre Superman-1 y Superman-2? ¿Es una identidad estricta, de modo que una sola persona es *tanto* Superman-1 *como* Superman-2? Y si no son estrictamente idénticos, ¿son al menos primos?

Es tentador responder de inmediato que son individuos distintos. No han nacido en el mismo mundo (suponemos), no son de la misma edad, no trabajan para el mismo periódico, etcétera. Pero también cabe argumentar que no podemos identificar a un individuo actual tal como es ahora con cualquier otro individuo que rondaba hace diez años. Somos distintos, en toda clase de aspectos, del individuo pasado con el que solemos identificarnos. Se trata del problema filosófico de la *persistencia*: ¿cómo puede ser que una sola cosa transforme sus propiedades a lo largo del tiempo y, sin embargo, persista como *la misma cosa*? Hay al respecto dos explicaciones diferentes.

Según lo que se ha dado en llamar *perdurantismo* (del inglés *perdurantism*), los objetos persistentes están siempre presentes solo *en parte*. Así como la cabeza y el trasero del lector son (espero) partes *espaciales* distintas de una cosa mayor que es el usted, el usted-ahora y el usted-hace-diez-años son distintas partes *temporales* de una cosa mayor que es el usted. El lector es un «gusano» espacio-temporal y tetradimensional, literalmente, compuesto por muchos segmentos pequeños. Estos segmentos pueden diferir entre sí, del mismo modo en que difieren (espero) la cabeza y el trasero del lector.

La explicación alternativa de la persistencia es el *durantismo* (*endurantism*):* hay sin lugar a dudas una identidad estricta entre el usted-ahora y el usted-hace-diez-años, uno está al completo —plenamente presente— en todos los momentos en los que está presente. No hay gusano espacio-temporal; solo usted, ejemplificado una vez, otra vez, otra vez... (En el cuadro del perdurantismo, usted, la cosa persistente, posee un único ejemplo que se extiende a todo el tiempo de su vida.) Otra forma de caracterizar la diferencia es que estas dos perspectivas conciben el cambio de un modo muy distinto. Según el perdurantismo, el cambio a lo largo del tiempo es una diferencia cualitativa entre diversas partes temporales

* En inglés se juega con *perdurance* y *endurance*; en español, más que una traducción (como pudiera ser *perduracionismo* y *duracionismo*) parece haberse impuesto el anglicismo directo. También se usa el más directo aún *endurantismo*. (*N. de los t.*)

de una cosa. (Como cuando cambia el paisaje al cambiar la ubicación espacial.) El cambio, en el durantismo, se da cuando una única y misma cosa posee propiedades distintas en momentos distintos.

Si el perdurantismo es cierto, entonces Superman-1 y Superman-2 son dos gusanos espacio-temporales diferentes. No son el mismo individuo y tampoco se solapan siquiera: no poseen ninguna parte en común. (Salvo que yo haya entendido muy mal la narración, las cosas no se están ramificando con cada elección cuántica; más bien parece ser que la ramificación ocurrió hace mucho tiempo y luego se detuvo. En consecuencia, no deja de ser un misterio por qué las cosas son tan similares en todas las ramas.) El Wolfman al que Joe mata en el 1984 alternativo *no es* nuestro Wolfman, y si Joe se encontrara «a sí mismo» (como Joe niño), ese no sería *Joe*.

Los perdurantistas agregan partes temporales de los individuos: conceptualmente, unen distintas partes temporales como elementos de una única cosa en proceso; y, en principio, pueden seguir agregando. Se puede concebir a Superman-1 y Superman-2 como distintas partes hipertemporales de algo todavía mayor. Llamémoslo... ¡Hipersuperman! (¡Y los distintos hipersuperhombres los podremos concebir como partes supertemporales de Superhipersuperman! Al menos el proceso se detiene aquí, dada una única superhistoria...)

El durantismo, por su parte, cuenta con recursos para identificar a Superman-1 y Superman-2. Si una sola cosa puede existir en momentos distintos con propiedades distintas, ¿por qué no en distintas líneas temporales con propiedades distintas? La mayoría de los durantistas que conozco podrían aceptar esto, pero no lo que ocurre en el multiverso DC, porque considerarían imposible que Superman se encuentre consigo mismo. (Quizá esta sea la explicación de por qué los cinco universos encerrados no pueden coincidir, pero esto también impediría su aparente solapamiento.) Los perdurantistas no tienen dificultades con el guión, en este punto: para ellos, que Superman-1 se encuentre con Superman-2 no resulta más problemático que el que usted pueda encontrarse conmigo.

¿Cambiar el pasado de acuerdo con el durantismo?

Pero supongamos que un durantista hiciera de tripas corazón y aceptara que Superman-1 y Superman-2 son estrictamente idénticos: un solo individuo, el mismo individuo. Entonces se abre una posibilidad fascinante. Si la misma *cosa* puede ser *muy* distinta a lo largo del tiempo (o a través de las líneas temporales), ¿por qué algo similar no puede ser cierto con respecto a la misma *línea temporal*?

Hasta ahora, hemos dado por sentado, implícitamente, que un multiverso *tiene* que constar de líneas temporales numéricamente distintas, pero quizá una línea de tiempo existe *de esta manera* en este 1984 y otra, *de otra manera*, en otro 1984. Esto abre la puerta a un cambio *durantista* del pasado. Joe puede ocasionar que 1984 no sea tal como él lo recuerda, matando a Wolfman e impidiendo la existencia de *Crisis*.

Pero incluso aceptando la coherencia de cambiar el pasado de acuerdo con la concepción durantista de la persistencia (algo que, en lo que a mí respecta, metafísicamente me resulta desagradable), esto no nos aporta el cambio *dinámico*. Joe no borra, de ningún modo, el pasado que recuerda. Así pues, el durantismo, por lejos que lo llevemos, no elimina la necesidad de un cosmos hexadimensional como escenario de *Crisis*. Y dado ese cosmos hexadimensional, en él nada *cambia* en el sentido de echar atrás el tiempo. Esa clase de cambio del pasado es una mera ilusión. Para terminar con una cita

del propio Wolfman, en respuesta a la queja habitual de
«¿Por qué tenías que matar al Flash de Barry Allen?»:

> Siempre nos ha gustado Barry, así que, cuando se nos pidió que lo
> matáramos, introdujimos en la trama un mecanismo secreto que
> permitiera traerlo de nuevo si alguien lo quería. Pero no lo busque
> usted: no lo encontrará. Aunque si me arrincona en una feria del
> cómic y estoy de buen humor, se lo contaré.

Quizá ese mecanismo sea el perdurantismo: el Flash que vemos morir no es en realidad Barry Allen, sino un homólogo. O era él y traeremos de vuelta a un homólogo. O quizá se usará el durantismo: el Flash que vemos morir es Barry Allen, de acuerdo, pero ¿desde cuándo ha impedido eso que pueda sobrevivir en otra línea de tiempo? Lo siguiente seguro que es cierto: una vez que uno cuenta con el multiverso y sus recursos, estos no desaparecen, no importa cómo se escriba y reescriba la narración...

19

¿Qué hay detrás de la máscara? El secreto de las identidades secretas

Tom Morris

> Los hábitos nos hacen, mas nos da forma el hábito.[*]
>
> John Florio (1591)

¿Por qué el Llanero Solitario llevaba un antifaz? En medio de ninguna parte, alejado de todo, en el territorio normal de su actuación, ¿quién demonios iba a reconocerlo? ¿Y qué tenía que esconder? Solo actuaba para bien, ponía todo el cuidado en no matar ni siquiera al peor de sus adversarios y todo el mundo lo admiraba no solo por sus actos, sino también por su estilo (y su gramática, ciertamente impecable). Por la razón que fuera, deseaba realizar sus numerosos servicios a sus compatriotas de modo que no resultara identificado si se quitaba la máscara. Solo su amigo el indio Tonto conocía su identidad real, y él no hablaba, salvo aquello de llamarlo «Kemo Sabe» («fiel explorador»), lo que no resultaba muy útil.

Por descontado, también el Zorro llevaba antifaz. Así lo han hecho muchos héroes aventureros en la historia de la

---

[*] *Though manners make, yet apparel shape.* Literalmente, «Aunque las maneras hacen, las ropas forman». (*N. de los t.*)

ficción, incluido aquel espadachín valiente, cortés y de gran labia en *La princesa prometida*, y Spirit y Phantom (el Hombre Enmascarado) y un número demasiado elevado de personajes vistosos y amigos de la aventura como para enumerarlos aquí. Es difícil no quedar impresionado por el éxito de su empeño de enmascaramiento. Cada vez que me he colocado uno de esos antifaces de piel que parecían ser tan eficaces —esos tan notorios, que solo cubren los ojos y una pizca de la nariz— me ha identificado al instante cualquier persona que me hubiera conocido alguna vez, incluso remotamente, y ha corrido a preguntarme con gran curiosidad en qué andaba metido. Fuera del mundo de los cómics, la televisión y el cine, esos antifaces solo parecen valer para el Martes de Carnaval, probablemente porque, para empezar, de toda esa multitud nadie te conoce y, en segundo lugar, porque incluso si alguien te conoce, irá tan borracho que no verá dos en un burro, así que... ¿qué puede importar el antifaz?

Para los grandes superhéroes, sin embargo, tiene su qué. Para empezar a tener una idea de qué podría ser, demos primero un paso atrás desde los antifaces y las identidades secretas y contemplemos un fenómeno más general. Se trata de uno bien conocido en la vida corriente, tanto como en los cómics.

Identidades duales

Pensemos por un minuto en las identidades duales. En el mundo de los superhéroes, estas dualidades son muy habituales. Indicaré una lista —breve y parcial, pero representativa— del tipo de identidades duales que cabe encontrar en los relatos de superhéroes:

Identidad como héroe	Identidad normal
Aquaman	Arthur Curry Orin
Batman	Bruce Wayne
Canario Negro (Black Canary)	Dinah Drake
Capitán América	Steve Rogers
Capitán Marvel	Billy Batson
Daredevil	Matt Murdock
Flash	Barry Allen
Flecha Verde (Green Arrow)	Oliver Queen
Linterna Verde (Green Lantern)	Hal Jordan
Hombre Halcón (Hawkman)	Carter Hall
Hulk	Bruce Banner
Chica Invisible	Sue Storm
Hombre de Hierro (Iron Man)	Anthony Stark
Mr. Fantástico	Reed Richards
Spider-Man	Peter Parker
Superman	Clark Kent
Mujer Maravilla (Wonder Woman)	Diana Prince
Woody Allen	Allen Stewart Konigsberg

El último lo he puesto para asegurarme de que no se hubiera dormido ningún lector.

En cuanto una persona recibe superpoderes y, fuera de los canales establecidos, emprende una misión impresionante de lucha contra el crimen o salvamento del mundo, él (o ella) parece comenzar por enfrentarse a un inesperado problema de armario. «Y ahora, ¿qué me pongo?». La respuesta —es casi inevitable— incluye alguna clase de máscara o antifaz, o bien una capucha de *lycra* brillante, a menudo con poco más que los agujeros de los ojos y una abertura para la boca que baste para chupar de una pajita. La siguiente pregunta parece ser «Y ahora, ¿qué me llamo?», pero no siempre: a veces, nada más colocarse el nuevo hábito, algunos héroes se encuentran con demasiado trabajo como para preocuparse por eso y los bautizan espectadores inocentes. Con el traje vistoso y un nuevo nombre, ha nacido una nueva identidad. Y no siempre se guarda en secreto.

Todo el mundo sabe quién es la Chica Invisible: es Sue Storm. Igualmente, todo el mundo sabe que Reed Richards es Mr. Fantástico. No intentan utilizar sus vistosas ropas o el pseudónimo llamativo para enmascarar su verdadera identidad, la original. Para ellos, presentarse como un superhéroe bien arreglado se asemeja más al uniforme de un equipo o cualquier tipo de ropa que diga: «Estoy currando». A este respecto, pensemos en las batas blancas de los científicos de laboratorio, las batas verdes de los cirujanos, el uniforme de los *marines* o el mono manchado de grasa del mecánico, con el nombre de «Bob» bordado en el pecho. Nada de esto tiene que ver con identidades secretas (salvo que Bob, en realidad, se llame Frank o Charley; en ese caso convendrá repasar con más cuidado la factura del taller). Aun así, en todos estos casos se atrapa algo próximo a una identidad dual. Butch Bassham, el teniente de la infantería de marina, quizá sea un tipo duro, agresivo, hasta terrorífico, enfundando en toda la parafernalia de batalla; tal vez, por el modo en que cumple con su deber, sus compatriotas lo hayan bautizado como «Perro Salvaje». Pero también puede ser el papá más dulce de sus hijos y comportarse en su casa como un esposo amable y cariñoso. Cuando se viste el uniforme, hace una transición a un papel alternativo y, hasta cierto punto, una identidad alternativa. Esto no significa que Butch sea un esquizofrénico, que sufra de un desorden de personalidad múltiple ni que padezca cualquier otra patología psicológica. En el mundo interpretamos diferentes papeles y, cuando uno de ellos resulta muy difícil, a menudo asumimos un modo distinto de identidad y presentación propias, con miras a desempeñarlo lo mejor posible.

Es fácil ver a los profesores de filosofía provistos de chaquetas deportivas de *tweed* y maletines baqueteados, que huelen a sabiduría oculta. El médico se enfunda la bata blanca y se presenta adornado con toda clase de accesorios oficiales: un estetoscopio, la insignia con su nombre y el del centro sanitario y un montoncito de varillas para la lengua que emerge de su bolsillo. Muchos de nosotros tenemos corbatas de la suerte, trajes especiales o alguna prenda de ropa que usaremos en las situaciones más singulares y de mayor presión. Son numerosas las personas —más de las que creemos— que se visten para impresionar y hay muchas maneras de hacerlo. La cantidad de vida que implica aparentar más de lo que uno es resulta, a veces, terrible de contemplar, pero no poco interesante. Y es importante para los superhéroes.

Batman siempre ha sido muy sincero sobre su vestimenta. Se concibió para inspirar miedo en el ánimo de los criminales, que, como el mismo héroe ha afirmado con frecuencia, son «una panda de supersticiosos y cobardes». Se trataba de un elemento teatral elegido con un propósito. Su vestimenta quería provocar un efecto en la mente y las emociones de sus adversarios, algo que apoyaría su misión y le otorgaría, quizá, medio segundo de ventaja que bien podría valer la victoria en un combate contra un oponente bien preparado. Para la mayoría de los superhéroes, la vestimenta, junto con la identidad que va con ella, es un medio para un fin. Es una tarjeta de visita al par que un instrumento: una amenaza para los tipos malos, que los aparta del juego, y una tranquilidad para la buena gente, que sabrá que les ha llegado ayuda.

Creo que, en nuestra sociedad, es regla general que las mujeres tienen una conciencia aún más clara que los hombres de las elecciones de la ropa y el efecto que surte esta sobre quienes las rodean. En parte, ello obedece a la sencilla razón de que las mujeres son más conscientes de todo que los hombres. Es natural suponer que la misma observación sigue siendo cierta en el mundo de los superhéroes. En ese caso, no serán solo hombres como Batman los que usen el traje como instrumento. Por mi parte, siempre he confiado en que las superheroínas más escasa y provocativamente vestidas elegían sus vistosos uniformes por una razón similar, y no solo porque fueran escandalosamente exhibicionistas. Sabían que podían confiar en el factor de embobamiento, que les daría medio segundo extra —o, en el caso de algunos tipos malos, todo el tiempo del mundo— para tomar la delantera y salvar la ocasión. Mientras el malo quedaba momentáneamente helado, tomándole las medidas a la figura impresionante, la hermosa y bien exhibida superheroína ya estaba manos a la obra, esforzándose por atraparlo. Bien pudiera ser que esta fuera una suposición demasiado generosa y que los más papamoscas y embobados del asunto fueran los propios ilustradores y lectores de esos cómics. Sin embargo, me parece preferible pensar bien a pensar mal, siempre que sea posible, ya sean personajes reales o de ficción.

Muchos atletas usan igualmente la ropa como instrumento. En ocasiones uno puede ver a corredores, en los días fríos, vestidos con algo similar a unos calzoncillos largos y rojo brillante, *shorts* blancos de gimnasia y una chaqueta de colores vibrantes, azacaneándose por la cuneta de la carretera. Al vestirse esas ropas especiales, reservadas exclusivamente para la carrera, muchos de estos corredores se preparan emocionalmente para la experiencia; centran el pensamiento y aprestan las emociones para enfrentarse a los elementos durante kilómetros y más kilómetros.[1] Los colores brillantes

1. Los superhéroes, como las estrellas del atletismo, parecen dominar magistralmente la estrategia de preparación y acción descrita por el filósofo y psicólogo

también ayudan a advertir a los coches de su presencia, para reducir los atropellos. Con frecuencia, tales vestimentas responden a un doble propósito que cumplen bien.

Sin embargo, para la mayoría de los superhéroes, vestirse un traje especial no es solo una cuestión de preparación psicológica o de percepción pública. Tampoco es solo una cuestión de identidades duales, una en el trabajo, otra en casa. Es mucho más lo que está en juego. Para muchos de los superhéroes, la identidad dual pretende, esencialmente, ocultar y enmascarar. El traje guarda un secreto. Crea un personaje, en el sentido latino de *persōna*, que significaba «máscara de actor». Los que ven actuar a Spider-Man no saben que se trata de Peter Parker. Y los que ven a Peter cada día no saben que se trata de Spider-Man. El abogado Matt Murdock no quiere que la gente sepa que es Daredevil. Y Daredevil tiene el mismo deseo de impedir que los demás se den cuenta de que es el abogado ciego de Hell's Kitchen, Matt Murdock.

Guardar secretos

Esta es una idea menor, pero que vale la pena apuntar y destacar. Algunas identidades funcionan en un doble sentido. Cuando Spider-Man está ocupado colgando de las telas de araña y combatiendo contra la delincuencia, no quiere que la

William James en su famoso ensayo «The Will to Believe» («La voluntad de creer»), reimpreso en muchos lugares, como por ejemplo sus *Essays on Faith and Morals*, World Publishing, Nueva York, 1962. Para aprender cómo funciona esto, véase también Tom Morris: *True Success*, Putnam, Nueva York, 1994, cap. 2, y *The Art of Achievement*, Andrews and McMeel, Kansas City, 2002, segunda parte. (En castellano, véase William James, *La voluntad de creer y otros ensayos de filosofía popular*, Marbot, Barcelona, 2009, trad. de Ramon Vilà Vernis; *La voluntad de creer*, Encuentro, Madrid, 2004, trad. de Carmen Izco, o William K. Clifford y William James, *La ética de la creencia. La voluntad de creer*, Tecnos, Madrid, 2003. No parece haber traducción española de esos libros de Tom Morris.)

gente sepa que él es, en realidad, el joven Peter Parker. Y cuando Peter está en el instituto, no puede permitir que sus compañeros sepan que él es el superhéroe justiciero Spider-Man. A menudo desea que lo supieran, para que le mostraran algo más de respeto, pero comprende que si conocieran su identidad alternativa como luchador contra el crimen, ambos, él y ellos, correrían más peligro. Los secretos son difíciles de mantener, sobre todo los más interesantes e incluso emocionantes. Si cualquiera de sus amigos supiera que Peter es un superhéroe y dejara que esa información llegara a oídos de la persona equivocada en el momento equivocado, podría resultar de ello un riesgo enorme. Cuando el malo es incapaz de vencer al superhéroe en el combate directo, no vacilará en secuestrar a sus amigos y personas amadas para obtener una forma de presión única. Podría resultar desastroso para todos los implicados, de forma que el secreto parece justificado.

Sin embargo, las identidades secretas implican un problema ético que ha llamado la atención de muchos lectores de cómics a lo largo de los años. El secreto supone un engaño y el engaño, como la mentira pura y dura, es algo que la mayoría de buena gente considera malo. Los superhéroes defienden el bien, la verdad y la justicia. En esas circunstancias, ¿cómo pueden justificar los engaños e incluso mentiras descaradas necesarias para crear y preservar sus identidades secretas? De los superhéroes clásicos se espera un comportamiento honorable. En consecuencia, las identidades secretas parecen suponer un problema.

En primer lugar, como filósofos debemos andar con cuidado, en este punto. El engaño no siempre es malo. El deporte, por ejemplo, es un campo donde el engaño habilidoso puede resultar admirable. Cuando en el fútbol americano o en el baloncesto un jugador *amaga* con dirigirse hacia un lado para provocar ese movimiento en el contrario y, de esa forma, liberar espacio para una entrada directa por el lado contrario, el público aplaude. Pero incluso en el deporte, el engaño está regulado y limitado. Una cosa es que el delantero de un equipo de fútbol amague con disparar el penalti para provocar que el portero se lance antes de hora y entonces marcar el gol por el espacio liberado, y otra muy distinta que el juez de línea oculte que un jugador ha agarrado a otro o le ha soltado un puñetazo. Tampoco en el deporte se admiten los engaños de cualquier clase. Hoy en día cabe esperar que los jugadores mientan al árbitro de un partido, pero una vez fuera del campo, en los momentos de reflexión, casi nadie pensará que esto es moralmente recomendable, o incluso aceptable.[2]

También un autor puede darnos pistas falsas en medio de una trama de suspense y le aplaudiremos por habernos sorprendido con el engaño, pero si plagia la obra de otro autor e intenta presentarla como suya, es una cuestión distinta. Un pintor puede engañarnos con una perspectiva inteligente, que nos causará placer, pero si nos tima cuando le compramos una obra, el asunto no nos complacerá lo más mínimo. En el deporte y el arte, se admite el engaño habilidoso dentro del contexto de legitimidad creado por las reglas de la propia actividad, pero no fuera de esas reglas. La pregunta que debemos formular es si hay algún campo en la vida real, aparte de tales contextos especiales y artificiales, donde engañar resulte permisible desde un punto de vista ético.

Aunque no es un tema del que se hable mucho, la respuesta es «sí». Mientras que todas las tradiciones morales desarrolladas y sensibles condenan en general la mentira y el

---

2. Véase a este respecto Randolph Feezell, «Baseball, Cheating, and Tradition: Would Kant Cork His Bat?», en Eric Bronson (ed.), *Baseball and Philosophy: Thinking Outside the Batters Box*, Open Court, Chicago, 2004, pp. 109-125. También Mark J. Hamilton, «There's No Lying in Baseball (Wink, Wink)», en ese mismo libro, pp. 126-138.

engaño, la mayoría también autoriza excepciones en la vida real, importantes, aunque raras. En una de las maneras de trazar la distinción filosóficamente, aunque una mentira siempre es, en sí misma, algo malo —si la juzgamos por su propia naturaleza—, en ocasiones, cuando se dan circunstancias extremas, puede ser moralmente correcta o incluso obligatoria. Si se cree razonablemente que una mentira o un engaño son necesarios para evitar un gran perjuicio a una persona inocente o es lo único que impedirá que se produzca una muerte innecesaria, entonces esa mentira o ese engaño se considera, típicamente, un acto moralmente permisible y justificado. No tiene por qué ser irrazonable elogiar moralmente a un soldado en tiempos de guerra o a un policía de ronda, si han sido capaces de desarmar a un adversario terriblemente sanguinario empleando el engaño, en lugar de usar la fuerza extrema para herirlo de gravedad o matarlo.

Los engaños en los que deben incurrir los superhéroes para crear y preservar sus identidades secretas, asimismo, poseen una característica justificación moral y quizá pueden ser incluso moralmente encomiables; en efecto, antes que resultar simplemente aceptable aunque lamentable, son elogiables si razonablemente se los juzga necesarios para proteger de un perjuicio a personas inocentes, incluidos, de forma destacada, aquellos para con los cuales los superhéroes contraen obligaciones especiales, como los miembros de su familia, buenos amigos, colaboradores civiles y otros casos notables. En algunas circunstancias, mantener una identidad secreta puede ser lo correcto. Puede formar parte del repertorio conductual de una persona buena y honorable que se encuentra en situaciones extremas.[3]

3. En el capítulo 14 de este volumen, Christopher Robichaud reflexiona minuciosamente sobre cuáles serían los límites de esta justificación moral.

La interesante motivación de Superman

Muchos aficionados a los cómics y autores de estas obras han afirmado, en años recientes, que el caso de la identidad secreta de Superman es distinto al de los superhéroes corrientes. El argumento, característicamente, es que, en otros casos, la identidad del superhéroe es secundaria, en cuanto construida artificialmente, mientras que la identidad civil original y ordinaria es la genuina. Pero en el caso de Superman, ocurriría justo lo contrario: se trata de un extraterrestre con superpoderes, que no nació como Clark Kent, sino como Kal-El, y no nació en nuestro planeta, sino en el distante Krypton. Al llegar aquí adoptó la identidad civil corriente de Clark Kent, pero el personaje de Clark Kent es la máscara, mientras que el brillante traje azul con su ostentoso emblema coordinado nos presenta su identidad real y verdadera. El reportero tímido y apocado es solo eso, una artimaña sostenida para que la gente no sepa dónde trabaja Superman o dónde descansa cuando no se ha vestido y ha salido a cumplir con el deber.

Spider-Man era Peter Parker antes de que lo mordiera la araña que le otorgó los superpoderes y la correspondiente segunda identidad. Batman era Bruce Wayne mucho antes de adoptar los objetivos y desarrollar el conocimiento, poder, habilidades y vestimenta de alta costura que creó su identidad alternativa como Batman. Daredevil era primero el estudiante de nivel y tipo amable, y ese joven en particular adoptó su segunda identidad con un fin. Caso tras caso, vemos a gente normal que desarrolla superpoderes y viste una segunda identidad por diversas razones que resultan cruciales para la misión que han elegido desempeñar. La identidad real es la civil, pero no así Superman: Superman es diferente.

Una cuestión interesante sobre el caso de Superman es que, por descontado, en origen no concibió la identidad ocultadora de Clark Kent con la intención concreta de una meta específica. Jonathan y Martha Kent, la pareja de granjeros de Kansas, lo encontraron cuando era un bebé, abandonado en una nave espacial en medio de su campo de cereales, e hicieron lo que habría hecho cualquier buena persona del Medio Oeste estadounidense en unas circunstancias similares: no llamaron al periódico sensacionalista *National Enquirer* ni organizaron un espectáculo de circo, sino que se lo llevaron y le dieron el apellido de la familia. Todos conocemos la historia que hay detrás. En el planeta Krypton, el científico Jor-El descubrió que su mundo estaba a punto de perecer. Puso a su bebé recién nacido, Kal-El, en una nave especial creada para la ocasión (probablemente con todo un surtido de juguetes, biberones, vasitos especiales y cuanto pudiera necesitar) y lo lanzó al espacio, con la esperanza de que sobreviviera. El chiquillo completó el viaje interplanetario, de algún modo aterrizó sano y salvo en las afueras de la ciudad de Smallville y fue criado como hijo, con el nombre de Clark, por la familia Kent. Con el paso de los años, cuando empezó a darse cuenta de que poseía superpoderes, tuvo claro que debía esconder este hecho a todos, salvo a sus padres. Si lo supiera otra gente, lo más probable, desde luego, sería que se volvieran locos y cometieran cualquier estupidez perniciosa para todos los implicados.

Así pues, como joven, y más adelante, como adulto, Clark no quería que la gente supiera que él era en realidad Superman. Esto se puede parecer mucho a los casos de Matt Murdock, Peter Parker y tantos otros; una vez se dan cuenta de que tienen superpoderes, no quieren que el mundo lo sepa. Pero estos, a diferencia de Superman, normalmente ya tienen una identidad personal nuclear, normal y corriente, antes de adquirir esos poderes extraordinarios. En lo que respecta a Clark, los poderes precedieron a su identidad civil desarrollada y, además, su identidad real no era la de un humano. Así pues, su caso es único, al parecer: su identidad superheroica es su identidad real y nuclear.

Cuando Clark se marchó de su casa a Metrópolis, para experimentar la vida en la gran ciudad y hallar su destino, se enfrentó a una elección que todos debemos tomar cuando nos trasladamos a otra parte del país o una universidad lejana. ¿Quién seremos? ¿Cómo nos presentaremos? ¿Qué imagen cultivaremos? Naturalmente, nuestro chico de granja y pequeña ciudad, de origen extraterrestre, continuó usando el nombre de Clark Kent, pero también comenzó a cultivar asiduamente una personalidad especial, de maneras suaves y amables, con timidez social y una sensibilidad asustadiza que lo apartaría cuanto pudiera de cualquier imagen considerada remotamente heroica. De otro modo, sus falsas gafas negras de montura gruesa nunca habrían bastado, probablemente, para impedir que la gente lo reconociera como el Hombre de Acero, dada la identidad de altura, peso y color de tez y cabellos; sin olvidar el hecho llamativo de que se lo viera con suma frecuencia cerca de los lugares donde había actuado Superman, pareciera desvanecerse durante todo el jaleo y se lo volviera a ver cuando se había marchado el superhéroe con el pelo ligeramente revuelto y la pregunta siguiente: «¿Qué ha pasado mientras no estaba?». Afortunadamente para Clark, los habitantes de Metrópolis parecen ser bastante lentos a la hora de conectar los puntos.

¿Por qué eligió Superman, conscientemente, disfrazarse como el periodista Clark Kent? En primer lugar, para sus objetivos de lucha contra el crimen, está claro que le iba muy bien estar en una sala de redacción, al tanto de todas las historias en cuanto estallan y con la oportunidad de salir a la calle como periodista errante, en apariencia para cubrir una noticia, pero en realidad para originarla. Podría ser que, al menos en principio, guardar el secreto de quién es en realidad hubiera surgido en parte para proteger a su familia humana y toda la buena gente del *Daily Planet*, que de otro modo era muy probable que hubieran sufrido varias molestias más o menos graves: desde el aluvión de *paparazzi* y entrevistadores de famosos, que habrían acampado en el césped, a las diversas autoridades, charlatanes y vendedores, que acosarían con peticiones y demandas urgentes a su familia y amigos, para conseguir alguna clase de acceso privilegiado al superhéroe; y, sobre todo, la posibilidad muy seria de que se produjeran secuestros y venganzas letales, por parte de los personajes malvados a los que confiaba en frustrar y derrotar en no pocas ocasiones, pero ¿el lector no ha sospechado nunca que había algo más, aparte de esto?

Lo cierto es que Superman, de todos los grandes superhéroes, es el mejor situado para defender o rescatar a cualquier persona de su círculo interior a la que se pudiera amenazar con cualquier clase de daños. Con los sentidos superdesarrollados y la supervelocidad, unidos a la superfuerza, puede averiguar qué está pasando, presentarse en el lugar y resolverlo en un momento como nadie. Quizá parte del secreto sobre su identidad pretende ocultar su origen en el misterio. Después de todo, cuanta menos gente sepa nada sobre él y su origen, menos acceso podrán tener a información que pudiera comprometerlo, como por ejemplo el hecho de ser vulnerable a la kryptonita. Todo ser que no sea estrictamente omnipotente tiene que mantenerse a la defensiva y un elemento clave de cualquier buena defensa pasa por proteger la información que pudiera otorgar ventaja a un enemigo. Pero creo que la historia tampoco termina aquí; aún hay más.

Superman sabe que es extraterrestre. Se siente como un alienígena. Es el más extraño de nuestro mundo. Pero ha conocido y probado lo suficiente la vida y la condición humanas como para sentirse muy atraído por ellas, más aún, muy implicado en ellas. Jonathan y Martha Kent fueron padres buenos y cariñosos y Clark creció experimentando la amistad, la tristeza, la emoción, la felicidad, la esperanza y todas las emociones y relaciones normales de una vida genuinamente humana. En algún nivel, se diría que desea, con gran intensidad, ser humano; o, por lo menos, saber qué significa ser humano al modo más profundo e íntimo posible. Pero también comprende lo suficiente las reacciones humanas como para darse cuenta de que esto no será factible si lo perciben como lo que es en realidad. Tiene que encajar sin estridencia. No puede destacar de la manera en que lo haría si se conociera toda la verdad sobre su caso.

Imagine el lector una persona de su misma edad y apariencia, que se acercara a usted en una cafetería abarrotada o un restaurante de comida rápida lleno a rebosar, y le preguntara si puede compartir un espacio libre en su misma mesa. Usted apenas levanta la mirada, pero accede, y el extraño se sienta a comer. La intromisión le interrumpirá y alterará su estado emocional, hasta cierto punto, no muy importante. Notará la presencia de alguien que no conoce y quizá le haga sentir un tanto incómodo. Pero sería fácil saludar a la persona, entablar una conversación y, entonces, tras un rato, quizá incluso sienta que ha establecido una nueva amistad. Pero cojamos ahora este pequeño experimento de ideas y hagamos un ligero cambio. Al levantar la vista hacia el extranjero, ¡qué sorpresa más fenomenal! Se trata justamente de su estrella de cine favorita —o el músico que más hondo le llega—, alguien a quien nunca jamás habría pensado llegar a tener delante en persona, solo en el enorme póster de su habitación. La reacción emocional, probablemente, será por completo distinta. A usted le resultará extraordinariamente difícil actuar con naturalidad y desarrollar una relación mínimamente normal con esa persona. Esa es la diferencia que puede crear la otredad de la fama. El filósofo del siglo XVII Blaise Pascal (1623-1662) vio que todo esto es fruto de nuestra imaginación y no se debe a que la otra persona exista en una dimensión distinta de la realidad ni pertenezca a una raza extraterrestre.[4]

Pero cambiemos de nuevo la historia y hagamos que el extraño sea reconocible, precisamente, como un extraterrestre único, venido de otro planeta y provisto de tales superpoderes que es capaz de salvar, destruir, sanar o matar en un instante. Será imposible —o tan difícil como se alcance a imaginar— desarrollar una conversación normal y natural con ese ser alienígena y marcharse a casa sin tener los pelos más de punta que un cepillo. El restaurante, probablemente, se vaciaría como si hubiera un incendio, y la patrulla del Grupo Especial de Operaciones de la policía ocuparía el exterior a los pocos minutos, rodeando el local hasta la llegada del ejército y las autoridades del gobierno. En cambio, sería rarísimo que todo acabara en compartir una bolsa de patatas fritas con mayonesa y la historia de las vidas respectivas. En realidad, solo con que Batman —un ser plenamente humano, pero con un poder oscuro y amenazador— se plantara delante de usted en un aparcamiento poco iluminado, lo más probable es que la mera fuerza de su presencia pusiera su corazón a mil y bombeara adrenalina por todo su cuerpo. La piel se le pondría de gallina, temblaría usted del miedo y quién sabe si no se pondría a chillar o incluso se desmayaría. En otras palabras: sería dificilísimo, si no imposible, desarrollar nada ni remotamente similar a una relación normal.

4. Pascal, *Pensés*, trad. de A. J. Krailsheimer, Penguin, Londres, 1966, sección 44, pp. 38-42. (En castellano véase por ejemplo *Pensamientos*, Alianza, Madrid, 2004, trad. de Xavier Zubiri; *Pensamientos (antología)*, Valdemar, Madrid, 2001, trad. de Mauro Armiño.)

Multiplique solo eso varias veces y podrá hacerse una idea de lo difícil que resultaría, para un extraterrestre claramente superpoderoso, caminar entre nosotros en toda su otredad y sin embargo experimentar relaciones humanas ordinarias y, a través de estas, todo el espectro emocional de la condición humana. Si este ser anhelara poder disfrutar de la experiencia, debería aparecer entre nosotros tan bien disfrazado que pudiera mezclarse anónimamente y ser aceptado como uno más de nosotros. Según creo, justo esto es lo que Superman decidió hacer desde mucho tiempo atrás. Su verdadera identidad es, en efecto, la del Hombre de Acero, pero sospecho que al menos una parte importante de él desearía ser Clark Kent.

En el *Bhagavad-Gita*, gran texto sagrado del hinduismo, el ser último Krishna, que es semejante a un dios, adopta la apariencia de un simple conductor de carreta para ayudar a guiar al destacado héroe Arjuna en una importante encrucijada de su vida. Con esta identidad, Krishna puede sostener una conversación informal con Arjuna y el héroe escucha la sabiduría de este. En la Biblia, se nos dice que Dios Hijo, un ser literalmente divino, adoptó la forma de un hombre y nuestra condición al completo para experimentar lo mismo que experimentamos nosotros, sufrir lo que sufrimos y salvarnos de las consecuencias más graves de nuestras maneras más irresponsablemente egoístas, lo hizo transformándonos, como uno de nosotros y más que uno de nosotros, pero el Nuevo Testamento está lleno de lo que los teólogos denominan el «secreto mesiánico»: la reticencia de Cristo a revelar íntegramente qué y quién es en realidad, hasta que las personas que lo rodean están preparadas para comprenderlo y aceptarlo. Son temas que se reflejan, de varios modos, en muchas de las mejores narraciones de Superman a lo largo de las décadas. El mayor de los guardianes, el gran defensor y salvador, debe ser uno de nosotros al mismo tiempo que es más que nosotros.

Superman no pretende servir al mundo exactamente del modo en que lo querría hacer el Detective Marciano, o incluso el Dr. Manhattan de Alan Mooore, con toda su distante otredad. No quiere ser un Dios casi aristotélico, un motor inmóvil del mundo, aislado en su propia independencia autónoma. Anhela establecer una conexión existencial con nosotros. Quiere servirnos, realmente, como uno más de nosotros. Su identidad secreta como Clark Kent no es una simple treta más de superhéroe, un arma o instrumento más del superarsenal. Es una parte crucial de la voluntad y el empeño genuinos de vivir la aventura humana y proteger a la humanidad desde dentro. No puedo evitar creer que este deseo es el resultado del amor que le dieron sus padres humanos e incluso algunos de sus amigos de infancia. El poder transformador del hecho que ellos lo aceptaran plenamente y se comprometieran con él ha despertado en el superhombre un deseo de compartir la aceptación y el compromiso mutuos con más personas de este mundo.

Pasar de una identidad a otra

¿Puede Superman convertirse realmente en Clark Kent, más que con un disfraz? Me gustaría decir: «¡Sintonicen este programa la próxima semana para averiguarlo!», pero no puedo. Toca resolverlo aquí. Como dicen casi todos los superhéroes en algún momento de su carrera: «Esto es el fin». Es una broma, claro, aunque solo en parte. Para tener una idea más clara de si Superman podría llegar a cambiar de identidad esencial y convertirse primordialmente, de un modo u otro, en Clark Kent, veamos por un momento el caso de otro superhéroe icónico, Batman.

Superman y Batman son los Platón y Aristóteles del mundo de los cómics. Platón es el filósofo teórico del ideal, pensador espiritual ultramundano, que aleja nuestra mirada de los detalles de este mundo y se centra en el modelo celestial del Bien. Superman viene del cielo, personifica nuestros ideales y está siempre comprometido con el Bien, hasta tal punto que a menudo se alude a él como el «superhéroe *boy scout*». Aristóteles, por el contrario, es un pensador terrenal, de este mundo, interesado en las ciencias naturales e inmerso en lo real y lo práctico. Es habitual que se lo caracterice como inventor de la lógica, aunque en propiedad tal vez se lo describe mejor como uno de sus primeros descubridores y el primer maestro en la exposición de la materia. Análogamente, Batman es un superhéroe de este mundo, pragmático, luchador feroz que no vacila en usar todos los medios disponibles, al tiempo que es un maestro de la tecnología y las ciencias aplicadas, además de ser un detective excelso, que exhibe una lógica insuperable en todo lo que hace. Superman es el héroe más superpoderoso; Batman es el más humano, pues carece por completo de superpoderes. Sin embargo, Batman es quizá el único miembro de la Liga de la Justicia de América que sería capaz de someter a todos los demás, Superman incluido, si dejaran de servir al mundo como es debido y se desataran como las fuerzas destructivas que pueden llegar a ser. Así pues, de un modo extraño, Superman y Batman son equivalentes y complementarios.

Hemos empezado el estudio de las identidades secretas con la afirmación de muchos comentaristas para los cuales Superman es distinto de todos los demás superhéroes de identidad dual porque su identidad nuclear no es la cara civil sino la superheroica. Pero al final, quizá haya encontrado a un compañero que comparte esta categoría con él: Batman. Sin duda, Batman comenzó su vida como Bruce Wayne y solo más adelante se convirtió en el Caballero Oscuro. Sin embargo, esta segunda identidad emergió no por alguna clase de accidente trágico que lo dotó, misteriosamente, de superpoderes, como ocurre en el caso de tantos otros superhéroes; sino de años de esfuerzo deliberado y dolorosa transformación. Bruce Wayne actuaba en el nivel de los superhéroes al cultivar las cualidades humanas hasta su máxima extensión posible. De resultas de ello, se ha convertido en un espécimen perfecto, mental y físicamente, para un único objetivo: mantener la promesa que hizo a sus padres difuntos y hacer cuanto estuviera en su poder para combatir el crimen y la delincuencia. Esta misión lo consume hasta el punto de que convierte en mucho más difíciles otras experiencias y actividades humanas; algunas de ellas se tornan casi imposibles.[5]

Cuando se sigue la pista de Bruce Wayne a lo largo de los años, puede verse la transición de un rico industrial que parece tener algún escarceo en la lucha contra el crimen, a un justiciero plenamente comprometido y centrado que solo usa esta faceta de millonario Bruce Wayne —industrial, figura social y *playboy*— para mantener en marcha su vida real como superhéroe formado a sí mismo y justiciero a tiempo casi completo. En el inicio de su identidad dual, su identidad nuclear era, a todas luces, la de Bruce Wayne, y su identidad secundaria y alternativa, adoptada para un fin, era la de Batman, pero en la actualidad, tras muchos años en el camino, yo entiendo que se ha producido una transformación progresiva y sorprendente por la cual la identidad nuclear quizá ha pasado a ser la de Batman, mientras que la secundaria y alternativa, empleada solo para fines específicos, es la de Bruce Wayne. La imagen de Bruce quizá se haya convertido en la auténtica máscara, en

5. Véase el capítulo 9 de este volumen, donde se exploran las consecuencias de su misión en su capacidad de formar y mantener amistades.

este momento. Y si su transformación se ha producido en realidad, como sugiero, entonces Superman ya no es el único superhéroe cuya identidad primaria es la de un poderoso justiciero enmascarado. Ahora comparte la categoría con Batman.

Por descontado, esto permite el giro final de este capítulo: si esta transformación ha sido posible en el caso de Bruce Wayne y Batman, ¿por qué no ha de poder darse en el caso contrario de Superman y Clark Kent? Esto equivale a que podemos preguntarnos: dada su motivación y empeño, ¿qué puede impedir a Superman cambiar su existencia de forma que, en última instancia, termine siendo (al menos, en algún sentido importante) Clark Kent en su identidad nuclear? No sería, desde luego, lo más extraño que haya ocurrido en los relatos de superhéroes; pero sería de lo más sutil e instructivo que podría darse.

En realidad, creo que podríamos llegar a concluir, en estos dos casos, que la dualidad ha ocupado el lugar de una singularidad, pero con una unidad nueva, fusionada. Lo que quiero decir es que la identidad de Bruce Wayne puede haber evolucionado hasta el punto de que sea tan Batman como Bruce. Algunos de los amigos superheroicos de Batman parecen albergar dudas sobre lo saludable de tal transición, por lo que insisten en llamarle «Bruce» cuando están a solas con él, lejos de los oídos públicos, casi como si le estuvieran pidiendo que recordara la persona que empezó siendo su núcleo y que, al mismo tiempo, sería quizá algo más saludable que siguiera siendo.

Análogamente, Mark Waid me ha convencido de que tiene sentido ver a Superman como alguien que abraza interiormente su otredad alienígena como parte importante del camino de autenticidad y genuinidad en su propia vida.[6] Por

6. Véase el capítulo 1 de este volumen.

ello, si estoy en lo cierto al creer que una gran parte interior de Superman ansía una identificación más fuerte con el carácter humano (y no el de «otro»), hasta el punto de que a menudo anhela no ser más que Clark Kent, quizá lo que resulte, a la postre, no sea una transformación de identidad nuclear de kryptoniano a kanseño, sino más una dualidad similarmente fusionada que ampliaría lo que de otro modo sería una persona singular que se limitaría a usar un disfraz (en este caso, la apariencia de reportero) para fines específicos. Y, cuando se piensa en ello, ¿acaso no vemos muchos de nosotros esa misma clase de transformación en nuestras propias vidas, cuando lo que ha empezado siendo una máscara (o un disfraz o un papel especializado) se fusiona más con lo que en realidad somos, de modo que, a la postre, nuestra identidad nuclear crece hasta convertirse en algo más complejo e interesante?

En el cultivo de plantas híbridas ocurre a veces algo fascinante, que los botánicos denominan «heterosis»: es un fenómeno de fuerza superior, que se da en algunos casos de hibridación, en los que el nuevo individuo, la nueva creación mixta, puede poseer todos los puntos fuertes pero ninguna de las debilidades que la engendraron. Quizá Superman y Batman pueden experimentar esto, aunque sea cada uno a su modo, y obtienen algunas de las ventajas más hondas de lo que podemos concebir como integración de roles o expansión de la identidad. Según demuestra el caso de Batman, a veces puede ser peligroso, personalmente, integrar determinadas funciones en nuestras identidades nucleares, pero con el cuidado necesario, podemos expandir nuestras identidades de formas que nos refuerzan y permiten profundizar.

Independientemente de dónde podamos llegar en esta sorprendente cuestión de si Bruce Wayne podría llegar a convertirse, en lo más hondo de su ser, en Batman (de modo que, al igual que Superman tradicionalmente, su identidad civil sea la verdadera máscara) o de si Superman podría llegar finalmente a adquirir como identidad existencial nuclear la de Clark Kent, nuestra conclusión principal, en este punto, será al menos que las identidades secretas no son cuestión simple, sino que resultan mucho más interesentes de lo que podrían aparentar en un principio. Análogamente, las identidades personales (de cualquier clase) no son tan claras y directas como podríamos tener la tentación de suponer. Nuestras identidades nucleares pueden crecer, desarrollarse y adoptar nuevos elementos que ora nos refuerzan, ora nos debilitan.

Disfraces, máscaras y *personae* alternativos se pueden emplear por múltiples razones, pueden utilizarse éticamente, pueden resultar muy eficaces y quizá incluso transformadores. Todos conocemos relatos en los que agentes secretos del gobierno o policías encubiertos han vivido durante demasiado tiempo en sus identidades alternativas hasta «convertirse» en algo peor de lo que eran. ¿Por qué no puede producirse también una transformación justo en el otro sentido? Podría ser que adoptar el disfraz y emprender una acción comprometida con el propio deber como superhéroe enmascarado lograra efectuar verdaderamente un cambio interior de alguna clase en, al menos, la mayoría de los individuos cuyas escapadas justicieras y de salvamento del mundo nos han entretenido e iluminado durante décadas. También podría ocurrir que, al haberse esforzado durante el tiempo suficiente por vivir como Clark Kent, Superman pase a ser —real y profundamente— una persona que de otro modo jamás habría sido.

De todo esto cabría obtener aún otra conclusión, según parece: que nosotros mismos deberíamos llevar mucho cuidado si en alguna ocasión sentimos la tentación de vestirnos las mallas brillantes y la máscara y adoptar otro nombre. Toda máscara deja una huella en la persona que la exhibe. Y toda máscara puede llegar a ser más real de lo que hubiéramos imaginado nunca. Lo que llegamos a ser es el fruto de las actividades en las que nos comprometemos día a día. El gran filósofo Aristóteles lo sabía, también muchos otros pensadores perspicaces, a lo largo de los siglos, como Blaise Pascal y William James (1842-1910).[7] Si lográsemos mantener esta verdad en nuestro pensamiento en todo lo que emprendemos, seríamos capaces de controlar mucho más aquello en lo que nos convertimos.

7. Véase la famosa argumentación de la «apuesta de Pascal», en sus *Pensamientos*, fácilmente disponibles en varias traducciones. El filósofo y psicólogo William James hizo comentarios relevantes al respecto en muchos lugares, incluido su artículo «The Laws of Habit», en *Talks to Teachers on Psychology: And to Students on Some of Life's Ideals*, Holt, Nueva York, 1915. (Una edición anterior de *Los ideales de la vida* se había traducido al castellano en 1904, en 2 volúmenes publicados en Barcelona por Henrich y Cía; también es ya muy antigua la edición de *Psicología pedagógica (para maestros) sobre algunos ideales de la vida (para estudiantes)*, Luis Faure, Madrid, 1924. Otros libros del autor disponibles en ediciones ahora sí recientes son *Pragmatismo* o *Las variedades de la experiencia religiosa*. Sobre la «apuesta de Pascal», véase también el capítulo 5 de este volumen, de Tom Morris.)

¡Fantástico! ¡Esta podría ser la reunión de cerebros más importante de la historia de los cómics! ¡Sujétense el sombrero, que llegan las biografías de su vida!

Jeff Brenzel, desde una torre en lo más alto de la Liga de la Hiedra de América, viene con valentía a avivar el fuego de una ferviente y fanática devoción entre los asombrosos *alumni* de la antigua Universidad de Yale. Además de dirigir la Asociación de Alumnos de Yale en su búsqueda de progreso, ilustración y superpoder social internacional, usa su propia pericia impresionante en el razonamiento práctico para proteger a sus prodigios pedagógicos de las aulas frente a las duras dificultades dejadas en sus sendas por los pomposos pedantes pasados y presentes. Protegido por el prominente ético Alasdair MacIntyre, tras graduarse en Yale y desarrollar una carrera tan breve como superpoderosa, hoy Jeff posee un doctorado en filosofía moral por la Universidad de Notre Dame.

C. Stephen Evans es profesor de Filosofía y Humanidades en la Universidad de Baylor y es autor de numerosos libros sobre filosofía de la religión en general y, en particular, sobre Kierkegaard. Está casado con Jan Evans, profesora de español en Baylor, y es padre de tres hijos ya adultos (Kelley, Lise y Chaz) que han contribuido enormemente a su educación superheroica, uno de los pocos vacíos notables del doctorado que completó en Yale, tiempo atrás. Cuando no escribe o enseña, es habitual encontrarlo corriendo o en un campo de golf (y, en ocasiones, corriendo en el campo de golf, simulando que es un híbrido de Flash y *Tiger* Woods) o, si no, disfrutando de los admirables paisajes de Waco, Texas.

RICHARD HANLEY deseaba crecer desesperadamente para ser Magnus y luchar contra los robots en el 4000 d.C. Por desgracia, el problema de la identidad se interpuso en el camino y, vestido de filósofo profesional tímido y apocado en la Universidad de Delaware, ha optado por dedicar su vida a la búsqueda de una titularidad. Ha escrito sobre los viajes temporales, la ficción, la ficción científica y la ética; es autor de *The Metaphysics of Star Trek* y coeditor de *The Blackwell Guide to Philosophy of Language*, pero su verdadera pasión es examinar las teorías metafísicas de la identidad. Está a punto de hallar una solución que le permitirá (en cuanto arregle un problemilla con las luces) convertirse por fin en Magnus y dar su merecido a los robots. Eso, en cuanto a la parte fácil...; lo otro, «crecer», está resultando más difícil.

REBECCA HOUSEL, de día, es profesora de escritura y literatura en el norte del estado de Nueva York; de noche, es una superheroína mutante e investigadora en la Universidad de Nueva Gales del Sur. Ha escrito para la revista *Redbook* y ha publicado la serie *High Seas*, de cinco novelas infantiles. Ha participado en *Monty Python and Philosophy* (2006) y en la actualidad trabaja en un proyecto de dos volúmenes sobre mujeres guerreras. Los poderes cósmicos de Rebecca le permiten combatir el mal de tener un hijo adolescente a la vez que ayuda a pacientes con tumores cerebrales en el norte del estado de Nueva York, por medio de la Phoenix Fund at

Gilda's Club, una organización sin ánimo de lucro fundada por esta princesa-guerrera filosófica para ayudar a los pacientes a sobrevivir y mejorar su vida. Rebecca también patea traseros de los supermalos.

Keven Kinghorn es tutor en filosofía en la Universidad de Oxford, donde obtuvo un doctorado que aún hoy se niega a devolver. Sus amigos sospechan que la adicción a los cómics ha influido indebidamente su comprensión de la rivalidad entre Oxford y Cambridge, pues Keven tiene a la Universidad de Cambridge por enemigo jurado y está convencido de que es la raíz de todos los males del mundo. En fechas recientes le han prohibido acceder al restaurante del claustro por usar repetidamente la hora de la comida para intentar convencer a sus colegas oxonienses de la necesidad de formar una Liga de la Justicia que combata a la cohorte de supervillanos de Cambridge. Como era previsible, solo consiguió atraerse miradas de extrañeza. Se lo ha visto por última vez convertido en un feo gigante verdoso de camiseta rasgada, después de que Oxford perdiera con Cambridge en la regata anual del verano pasado.

C. Stephen Layman, mordido a menudo por arañas, está firmemente convencido de que esas experiencias le han otorgado un montón de poderes especiales; pero como no hay modo de detectarlos, sigue haciendo de profesor de filosofía en la Universidad de Seattle Pacific. Es autor de los libros *The Shape of the Good* y *The Power of Logic*, junto con numerosos artículos académicos de revistas profesionales. Después de todos estos años sigue siendo reticente a vestirse de *lycra*, aunque sin duda está completamente resuelto a usar todos sus poderes en pro del bien. Es curioso que una vez tuvo un estudiante llamado Peter Parker (y no nos lo hemos inventado).

Craig Lindahl-Urben completó una licenciatura en filosofía en el Reed College y, por una u otra razón, comprendió que no necesitaba doctorado para vivir una vida plena y sabia. En la actualidad es investigador independiente con residencia en el St. Olaf College, pero antes ha pasado muchos años en la industria informática, como propietario de una compañía de *software* y como ejecutivo de grandes compañías del sector. También ha sido redactor y director de un semanario en el que, a diferencia de su colega de ficción J. Jonah Jameson, le habría alegrado mucho que se dejaran caer Superman y Spider-Man. Lo máximo que logró fue la presencia de un sobrino en tercer grado de Jimmy Olsen.

Jeph Loeb sigue trabajando como guionista y productor de cine y televisión (con créditos tales como *Teen Wolf*, *Commando*, *Buffy: The Animated Series* y *Smallville*). Ha escrito algunos de los cómics más importantes y notorios de los tiempos recientes, como *Daredevil Yellow*, *Spider-Man Blue*, *Hulk Gray*, *Superman For All Seasons*, *Batman: The Long Halloween*, *Batman: Dark Victory* y *Catwoman: When In Rome*, por mencionar solo algunos de los proyectos rompedores en los que ha colaborado con el artista Tim Sale, y *Batman: Hush* (en el que cita a Aristóteles), con el ilustrador Jim Lee. En 2003, Jeph recibió un doctorado honorario en Artes de la prestigiosa Universidad de St. Edward's, en Austin, Texas, por su trabajo de acercar a los niños los iconos de la cultura pop. No está nada mal para un niño judío de la ciudad de Nueva York, que descubrió los cómics a los ocho años y desde entonces solo ha mirado hacia el cielo.

Matt Morris, chico maravilla, descubrió los cómics y a sus asombrosos creadores a los trece años. Como aspirante a autor, mantuvo correspondencia regular con algunos de los mejores autores e ilustradores de los principales cómics de superhéroes, que en ocasiones le preguntaron, apenas iniciada la secundaria, si tenía interés en un trabajo. A lo largo de los años, le ha ido bien creer en su talento sobrehumano. Ahora, tras una carrera académica que lo ha llevado de las playas de Wilmington (Carolina del Norte) a Harvard y de vuelta a Carolina, en Chapel Hill, continúa amando a los superhéroes y todo lo que representan. Aun en sus primeros días como director y productor cinematográfico extraordinariamente talentoso, ha cobrado fama de responder a la Batseñal e ir allí donde se le necesita. Matt no se llega a creer el número de horas por lo demás productivas que ha invertido en cábalas hipotéticas sobre qué superhéroes se impondrían a otros en una pelea. Este libro ha sido idea suya.

Tom Morris recuerda haber visto pasar un carromato de aspecto antiguo junto a su coche, en New Haven, Connecticut, hace años, cargado de residuos nucleares, justo antes de hallarse repentinamente provisto de poderes filosóficos. Esto es verdad de la buena, aunque él sería el último en replicar: *Post hoc ergo propter hoc*,[1] sobre todo porque casi nadie entendería lo que estaba diciendo. Según un buen número de cálculos, Tom es el filósofo público más activo del planeta, capaz de hablar a más personas sobre la sabiduría de los tiempos que cualquier otro filósofo desde los días de Ralph Waldo Emerson. Aporta perspicacia filosófica regularmente a cientos de miles de personas en enormes salas de convenciones de todo el territorio de Estados Unidos y, tras haber escrito muchos tomos académicos, también ha sido autor de libros tan populares como *Making Sense Of It All*, *True Success*, *Si Aris-*

---

1. Puro latín, claro. Es el nombre de una falacia famosa, que significa, por si alguien se lo pregunta: «después de esto, por tanto, debido a esto».

tóteles dirigiera General Motors, *Philosophy for Dummies*, *The Art of Achievement*, *The Stoic Art of Living* y el reciente *Si Harry Potter dirigiera General Electric*. Este doctorado en Yale está accesible a cualquier hora en su Fortaleza de la Soledad virtual, a través de un portal casi secreto, www.MorrisInstitute.com.

DENNIS O'NEIL es un premiado editor y autor de cómics. También ha sido periodista, crítico, guionista de televisión y novelista. Su libro más reciente es la adaptación novelística de la reciente película *Batman Begins*. Reputado por la forma en la que introdujo temas sociales en la corriente principal de los cómics de superhéroes, también guió a Batman en su regreso de la comedia televisiva al papel de oscuro vengador urbano. Ha ofrecido conferencias en docenas de universidades y, además de participar en el bloqueo naval de Cuba, escribir por un tiempo con el pseudónimo Sergius O'Shaugnessy e introducir numerosos cambios revolucionarios en los cómics de superhéroes (incluido el haber privado en cierta ocasión a la Mujer Maravilla tanto de sus poderes como de la ropa), vive una vida relativamente tranquila y normal.

CHRISTOPHER ROBICHAUD es doctorando en filosofía en el MIT (Instituto Tecnológico de Massachusetts). Se licenció en la Universidad John Carroll e hizo un máster en filosofía en la Universidad de Texas A&M. Cuando no piensa superconcentradamente en lo que en realidad es real o juega a las pelotitas antiestrés con sus colegas filósofos, Chris vaga errante por el Pasillo Infinito del MIT, con la desesperada esperanza de hallarse en el lugar preciso a la hora precisa en que un experimento salga terriblemente torcido y transforme su ser de filósofo corriente en el de un superhéroe de proporciones transcendentales. Si no llega a ocurrir, confía al menos en poder completar la tesis con la poca salud mental que le quede intacta.

A Craig Rousseau le debemos la concepción y el dibujo de la cubierta original de este volumen. Pero sus credenciales superheroicas van mucho más allá, como autor de *Impulse*, *Batman Beyond* y varios números de *Batman: Gotham Adventures*. También es conocido por sus aportaciones a, entre muchos cómics, *JLA Adventures 2*, un relato de Max Mercury en *Flash*, uno del Capitán Marvel en *Adventure Comics*, el gran arte de la animada *Return of the Joker*, *Ruule*, y los trabajos suyos utilizados en *Catwoman*, *Harley Quinn* y las corbatas de Navidad de Spider-Man y Hulk. Craig ha dibujado para Disney, con personajes tan superpoderosos como Britney Spears y las Dixie Chicks. Comparte el apellido con uno de los grandes pensadores del pasado, pero el emocionante trabajo que realiza en la serie de *Harry Johnson* tiene poco de filosófico. Pueden visitarlo en www.craigrousseau.com.

A Chris Ryall le decían siempre que leer cómics siendo adulto no le traería nada bueno. Sin embargo, como ha encontrado una manera de combinar la pasión con el ganarse los garbanzos, estas voces, que sonaban sobre todo en su propia cabeza, se han acallado. De día trabaja como redactor de la editora de cómics IDW Publishing y, bajo la cobertura de la noche, es redactor y autor en MoviePoopShoot.com, el aclamado sitio web de cultura pop del director de cine Kevin Smith.* Chris, su pacientísima esposa y su gato Fletch viven

---

* En el momento de traducir estas páginas, MoviePoopShoot.com redirige a asitecalledfred.com, de Ken Plume. A Kevin Smith se lo puede leer en su blog «My Boring Ass Life», en silentbobspeaks.com, y a Chris Ryall en «RyallTime», ryalltime.blogspot.com. (*N. de los t.*)

en San Diego, California, donde (por raro que sea) es fácil ver a superhéroes enmascarados por la calle.

Aeon J. Skoble es profesor asociado de filosofía en el State College de Bridgewater, en Massachusetts. Es coeditor de *Political Philosophy: Essential Selections* (1999), *Woody Allen and Philosophy* (2004) y *Los Simpson y la filosofía* (Blackie Books, 2009) y autor de una obra próxima sobre filosofía política. Escribe sobre teoría política y moral para publicaciones tanto académicas como populares y también ha aportado ensayos fulgurantes a libros recientes sobre *Seinfeld*, *El señor de los anillos* y el béisbol. Por su nombre eónico es fácil averiguar que tiene que ser un visitante intergaláctico. Y, sin duda, ha venido a este planeta a luchar en la interminable batalla en pro de la verdad, la justicia y el estilo americano.

A J. D. Smith le debemos el color de nuestra cubierta original. El supercolorista Smith, uno de los colosos del coloreado por ordenador, es una leyenda en el cosmos del cómic, por su trabajo en títulos de Top Cow como *Witchblade* y *Tomb Raider*, *Fathom*, de Aspen, *Ultimate Spider-Man*, *Deity* y *Dark Angel*, de Marvel, entre muchos otros logros impresionantes. Si Platón hubiera podido manejar el Photoshop, quizá habría abandonado la escritura para convertirse en una versión antigua de J. D. Smith: en ese universo alternativo, lo que perdía la filosofía lo habría ganado el arte. El trabajo que tan bien hace se puede ver en www.jdsmithcolor.com.

James B. South es catedrático del departamento de filosofía de la Universidad de Marquette, en Milwaukee, Wisconsin. Editó *Buffy the Vampire Slayer and Philosophy* (2003) y coeditó *James Bond and Philosophy* (2005). Trabaja primordialmente en la filosofía medieval y renacentista, con incursiones periódicas en la cultura popular (donde nunca es tarde para un renacimiento). Aún no ha logrado convencer a su mujer de que a Black Canary las mallas de redecilla le sientan igual de formidables que a Nightwing el kevlar. Como el transformismo justiciero no entra en su campo de estudio ni sus intereses actuales, optó por cambiar de tema sabiamente.

Charles Taliaferro, profesor de filosofía en el St. Olaf College, es autor y editor de siete libros, como el reciente *Evidence and Faith: Philosophy and Religion since the Seventeenth Century* (2005). Con la ayuda de su bravo y leal perro Tiépolo, Charles ha emprendido una batalla interminable contra el odio y la crueldad, por no mencionar los juguetes de perro supervillanamente caros. Su última publicación es *Love, Love, Love, and Other Essays* (Cowley Press, 2006). Charles es un maestro tan cautivador que si el auténtico (vamos, el de los cómics) Peter Parker asistiera a sus clases, probablemente habría pasado de la ciencia como de la peste para convertirse en un superfenómeno de la filosofía (seguramente, para disgusto de su estimada y siempre práctica tía May).

Felix Tallon escribe bajo pseudónimo. Se cuenta que es un estudiante de doctorado en la Universidad de St. Andrews, en Escocia, donde estudia la interrelación de la teología y las artes. También se dice que se parece extraordinariamente a un famoso actor británico, protagonista de muchas películas notables, incluidas varias comedias románticas destacadas. Pero lo llamaremos Felix, como nos ha pedido. También ha participado en otro libro de esta serie, *Hitchcock and Philosophy*, con un artículo sobre *Psicosis*. En sus ratos libres gobierna con mano de hierro el país balcánico de Latveria.

Michael Thau pasó muchos años como gurú de aula de los aspirantes a estudiantes de filosofía de la UCLA y ahora crea su propio, único y existencial templo de sabiduría en la universidad más idónea para el caso, la de Temple. Hablar con Mike sobre buena parte de la filosofía académica contemporánea se parece a charlar con Batman sobre el mundo del crimen. En cuanto abran algunas salas en el manicomio de Arkham, está listo para enseñar la puerta a más de un colega de universidad. Mike tiene un doctorado en filosofía de la Universidad de Princeton y es autor de *Consciousness and Cognition* (2002), así como de numerosos ensayos rompedores y ciertamente brillantes sobre estos y otros temas no menos abstrusos.

A Scott Tipton, sus padres le regalaron unas figuritas de acción de la casa Mego, un Spider-Man y un Batman, allá por la Navidad de 1976, y el resto, en fin, es historia. Scott es graduado de la Universidad de California en Santa Barbara, editor asociado de la revista de cultura y entretenimiento popular MoviePoopShoot.com y autor de su columna semanal más popular, la de historia de los cómics, «COMICS 101».* Scott también es director de comunicaciones y asesor de diseño de Toynami, un fabricante de figuritas de acción y coleccionables basadas en una larga lista de películas y series de animación populares. Con toda una vida como coleccionista de juguetes y cómics, Scott se ha denominado a sí mismo «historiador del cómic» y le enorgullece ir encontrando nuevas formas de aprovechar una juventud malgastada.

Mark Waid nació en 1962 en Hueytown, Alabama. Compró su primer cómic a los cuatro años de edad y desde enton-

* Véase http://www.comics101.com/ (*N. de los t.*)

ces nunca se le ha pasado por la cabeza la posibilidad de *no* comprar cómics. En los créditos de lo que ha escrito se incluyen, entre muchas otras obras, *X-Men*, *Flash*, *JLA*, *Captain America*, el superventas *Kingdom Come*, *Fantastic Four* y *Superman*. En todo su tiempo libre ayuda sin descanso al planeta para que siga girando sobre su eje. Aunque no recuerda más de nueve presidentes de su país, Waid posee un saber enciclopédico sobre la historia y las anécdotas de los cómics y actúa como historiador no oficial de DC. El orgullo que le causa este logro ha disminuido en proporción directa a su edad.

Jerry Walls es graduado en Houghton, Princeton, Yale y Notre Dame. Aunque tarde, al fin comprendió que el objetivo de licenciarse es encontrar trabajo y, ahora, desde los días de su doctorado, enseña filosofía en el Seminario Teológico de Asbury, además de otras muchas cosas en cualquier punto del globo. Jerry ha escrito varios libros notables sobre el Cielo, el Infierno y algunos lugares de por en medio y es *Senior Fellow* en el Morris Institute for Human Values, poderosa institución que lleva la filosofía a las vidas de la gente por toda nuestra cultura. A diferencia del Capitán Marvel, no necesita exclamar «¡SHAZAM!» para conseguir sus poderes y, a diferencia de Gomer Pyle, no va por ahí exclamándolo una y otra vez.

Búho Nocturno. *Véase* Nite Owl
Bullseye, 103, 104
Busiek, Kurt, 246, 252
Butler. *Véase* Alfred
Byrne, John, 183

Caballero Oscuro. *Véase* Batman
Cambios, Libro de los. Véase I Ching
Campbell, Joseph, 125, 127-128, 130, 131, 134, 135, 142, 143
Canario Negro, 129, 147, 160, 381. *Véase también* Lance, Dinah
Cantar de los cantares, 206
Capitán América, 56, 95, 123, 381
Capitán Marvel, 56, 206-210, 213, 214, 216, 218, 381. *Véase también* Batson, Billy
carrera espacial, 190
Carter, Lynda, 56
Casablanca, 218
catolicismo, 81-106
Catwoman, 177-179, 182
Cazadora, 147, 160
Cerebro, 139
Chica Invisible, 108, 381, 382. *Véase también* Storm (-Richards), Sue
Cíclope, 138, 143, 256, 261
Clocktower. *Véase* Torre del Reloj
Código del cómic, 231-232

Comediante (personaje), 69, 75, 76
Comodín (Batman). *Véase* Joker
Conde Drácula. *Véase* Drácula
consecuencias no intencionadas. *Véase* ley de las consecuencias no intencionadas
Consolación de la filosofía, La, 208. *Véase también* Boecio
Cosa, la, 109, 187. *Véase también* Grimm, Ben
cosmología, 368
costumbres, 42-43
Crimson Viper, 47, 48, 50, 57, 58
criptonita. *Véase* kryptonita
Crisis, 362-367, 369, 371, 372, 373, 376
cristianismo, 316, 330. *Véase también* Jesús
Cristo. *Véase* Jesús
Critón, 290
Crosby, Cathy Lee, 56
Cruzado de la Capa. *Véase* Batman
cuántica, mecánica. *Véase* mecánica cuántica
4 Fantásticos, los, 11, 55, 61, 66, 108-110, 114, 116, 117, 121, 123, 124, 129, 185-202, 228, 234, 246, 284, 345
4 Fantásticos (cómics): n.º 256, 113
Cyclops. *Véase* Cíclope

Wingfoot, Wyatt, 200
Wolfman, Marv, 365, 367, 372, 375, 376, 377
Wolverine. *Véase* Lobezno
Wonder Woman. *Véase* Mujer Maravilla

Xavier, Profesor Charles, 126, 127, 130, 136, 138, 139, 140, 142, 143, 256, 257-258, 263. *Véase también* Escuela Xavier de Jóvenes Superdotados
X-Men (Patrulla X), 11, 66, 125, 126, 127-128, 129, 130, 136, 137, 138, 139, 141, 142, 143, 228, 235, 247, 256-259, 260, 263, 264, 265, 268, 271, 354
X-Men (cómics y novelas gráficas): *Giant-Size X-Men* n.º 1, 129; *Ms. Marvel* n.º 14, 135; *X-Men* n.º 1, 137
X-Men (película de 2000), 126, 127, 128, 129, 136, 138, 139, 258
X2 (película de 2003), 126, 127-128, 129, 130, 132, 133, 135, 137, 138, 139, 140, 142, 143-144

Zorro, el, 379